2021年版

ポケット
教育小六法

編集代表
伊藤良高
編集副代表
大津尚志・橋本一雄
編集委員
荒井英治郎・池上徹・岡田愛
香﨑智郁代・塩野谷斉・冨江英俊
永野典詞・森本哲也

晃洋書房

総目次

第1編　総　則

第2編　学校教育

第7編　教育行財政

第8編　児童・社会福祉

第9編　関　連　法

附　録

凡　例

1　本書は、主要には大学・短大等で教育学関連科目を学ぶ学生のために編集したものである。
2　現在、教育・保育・社会福祉関係職にある人たちが常時携帯して利用できることにも配慮した。
3　教員・保育士等の採用試験には、教育法規・教育制度に関する出題が多いが、それへの対応も考慮して編集した。
4　法令の選択及び条文の抜粋は、編集会議の合意のもとに行った。
5　各法令の重要条文のみを抽出し、章名や節名、準用規定、附則などは、原則として除外した。
6　条文見出しが、本来法令に付されているものは、そのまま上欄に記し、本来付されていない法令については〔　〕と表示した。
7　項番号について、法令原文にあるものは2・3…、法令原文にないものは②・③…として区別した。
8　法令の公布年月日と番号を法令題名の下に略記した。また、公布後の改正については、原則として、二〇二一年一月一日時点で最新の改正のみ記した。

《例》　●学校教育法（昭和二二・三・三一　法二六）
最終改正　令元―法四四

9　条文は、原則として、二〇二一年一月一日現在公布済みで、同四月一日時点で施行されているものとした。

第1編　総　　則

●日本国憲法（昭二一・一一・三公布 昭二二・五・三施行）

日本国民は、正当に選挙された国会における代表者を通じて行動し、われらとわれらの子孫のために、諸国民との協和による成果と、わが国全土にわたつて自由のもたらす恵沢を確保し、政府の行為によつて再び戦争の惨禍が起ることのないやうにすることを決意し、ここに主権が国民に存することを宣言し、この憲法を確定する。そもそも国政は、国民の厳粛な信託によるものであつて、その権威は国民に由来し、その権力は国民の代表者がこれを行使し、その福利は国民がこれを享受する。これは人類普遍の原理であり、この憲法は、かかる原理に基くものである。われらは、これに反する一切の憲法、法令及び詔勅を排除する。

日本国民は、恒久の平和を念願し、人間相互の関係を支配する崇高な理想を深く自覚するのであつて、平和を愛する諸国民の公正と信義に信頼して、われらの安全と生存を保持しようと決意した。われらは、平和を維持し、専制と隷従、圧迫と偏狭を地上から永遠に除去しようと努めてゐる国際社会において、名誉ある地位を占めたいと思ふ。われらは、全世界の国民が、ひとしく恐怖と欠乏から免かれ、平和のうちに生存する権利を有することを確認する。

われらは、いづれの国家も、自国のことのみに専念して他国を無視してはならないのであつて、政治道徳の法則は、普遍的なものであり、この法則に従ふことは、自国の主権を維持し、他国と対等関係に立たうとする各国の責務であると信ずる。

日本国民は、国家の名誉にかけ、全力をあげてこの崇高な理想と目的を達成することを誓ふ。

第一章　天　皇

〔天皇の地位・国民主権〕

第一条　天皇は、日本国の象徴であり日本国民統合の象徴であつて、この地位は、主権の存する日本国民の総意に基く。

〔皇位の継承〕

第二条　皇位は、世襲のものであつて、国会の議決した皇室典範の定めるところにより、これを継承する。

〔天皇の国事行為に対する内閣の助言と承認〕

第三条　天皇の国事に関するすべての行為には、内閣の助言と承認を必要とし、内閣が、その責任を負ふ。

〔天皇の権能の限界、天皇の国事行為の委任〕

第四条　天皇は、この憲法の定める国事に関する行為のみを行ひ、国政に関する権能を有しない。

②　天皇は、法律の定めるところにより、その国事に関する行為を委任することができる。

〔摂政〕

第五条　皇室典範の定めるところにより摂政を置くときは、摂政は、天皇の名でその国事に関する行為を行ふ。この場合には、前条第一項の規定を準用する。

〔天皇の任命権〕

第六条　天皇は、国会の指名に基いて、内閣総理大臣を任命する。

②　天皇は、内閣の指名に基いて、最高裁判所の長たる裁判官を任命する。

〔天皇の国事行為〕

第七条　天皇は、内閣の助言と承認により、国民のために、左の国事に関する行為を行ふ。

一　憲法改正、法律、政令及び条約を公布すること。

二　国会を召集すること。

三　衆議院を解散すること。

四　国会議員の総選挙の施行を公示すること。

五　国務大臣及び法律の定めるその他の官吏の任免並びに全権委任状及び大使及び公使の信任状を認証すること。

六　大赦、特赦、減刑、刑の執行の免除及び復権を認証すること。

七　栄典を授与すること。
八　批准書及び法律の定めるその他の外交文書を認証すること。
九　外国の大使及び公使を接受すること。
十　儀式を行ふこと。

〔皇室の財産授受〕
第八条　皇室に財産を譲り渡し、又は皇室が、財産を譲り受け、若しくは賜与することは、国会の議決に基かなければならない。

第二章　戦争の放棄

〔戦争の放棄、戦力の不保持、交戦権の否認〕
第九条　日本国民は、正義と秩序を基調とする国際平和を誠実に希求し、国権の発動たる戦争と、武力による威嚇又は武力の行使は、国際紛争を解決する手段としては、永久にこれを放棄する。
②　前項の目的を達するため、陸海空軍その他の戦力は、これを保持しない。国の交戦権は、これを認めない。

第三章　国民の権利及び義務

〔国民の要件〕
第十条　日本国民たる要件は、法律でこれを定める。

〔基本的人権の享有〕
第十一条　国民は、すべての基本的人権の享有を妨げられない。この憲法が国民に保障する基本的人権は、侵すことのできない永久の権利として、現在及び将来の国民に与へられる。

〔自由・権利の保持の責任とその濫用の禁止〕
第十二条　この憲法が国民に保障する自由及び権利は、国民の不断の努力によつて、これを保持しなければならない。又、国民は、これを濫用してはならないのであつて、常に公共の福祉のためにこれを利用する責任を負ふ。

〔個人の尊重、幸福追求権、公共の福祉〕

第十三条　すべて国民は、個人として尊重される。生命、自由及び幸福追求に対する国民の権利については、公共の福祉に反しない限り、立法その他の国政の上で、最大の尊重を必要とする。

〔法の下の平等、貴族制度の禁止、栄典〕

第十四条　すべて国民は、法の下に平等であつて、人種、信条、性別、社会的身分又は門地により、政治的、経済的又は社会的関係において、差別されない。

②　華族その他の貴族の制度は、これを認めない。

③　栄誉、勲章その他の栄典の授与は、いかなる特権も伴はない。栄典の授与は、現にこれを有し、又は将来これを受ける者の一代に限り、その効力を有する。

〔公務員の選定・罷免権、公務員の本質、普通選挙・秘密投票の保障〕

第十五条　公務員を選定し、及びこれを罷免することは、国民固有の権利である。

②　すべて公務員は、全体の奉仕者であつて、一部の奉仕者ではない。

③　公務員の選挙については、成年者による普通選挙を保障する。

④　すべて選挙における投票の秘密は、これを侵してはならない。選挙人は、その選択に関し公的にも私的にも責任を問はれない。

〔請願権〕

第十六条　何人も、損害の救済、公務員の罷免、法律、命令又は規則の制定、廃止又は改正その他の事項に関し、平穏に請願する権利を有し、何人も、かかる請願をしたためにいかなる差別待遇も受けない。

〔国及び公共団体の賠償責任〕

第十七条　何人も、公務員の不法行為により、損害を受けたときは、法律の定めるところにより、国又は公共団体に、その賠償を求めることができる。

〔奴隷的拘束及び苦役からの自由〕

第十八条　何人も、いかなる奴隷的拘束も受けない。又、犯罪に因る処罰の場合を除いては、その意に反する苦役に服させられない。

〔思想・良心の自由〕

第十九条　思想及び良心の自由は、これを侵してはならない。

〔信教の自由と政教分離〕

第二十条　信教の自由は、何人に対してもこれを保障する。いかなる宗教団体も、国から特権を受け、又は政治上の権力を行使してはならない。

② 何人も、宗教上の行為、祝典、儀式又は行事に参加することを強制されない。

③ 国及びその機関は、宗教教育その他いかなる宗教的活動もしてはならない。

〔集会・結社・表現の自由、検閲の禁止、通信の秘密〕

第二十一条　集会、結社及び言論、出版その他一切の表現の自由は、これを保障する。

② 検閲は、これをしてはならない。通信の秘密は、これを侵してはならない。

〔居住、移転及び職業選択の自由〕

第二十二条　何人も、公共の福祉に反しない限り、居住、移転及び職業選択の自由を有する。

② 何人も、外国に移住し、又は国籍を離脱する自由を侵されない。

〔学問の自由〕

第二十三条　学問の自由は、これを保障する。

〔家族生活における個人の尊厳と両性の平等〕

第二十四条　婚姻は、両性の合意のみに基いて成立し、夫婦が同等の権利を有することを基本として、相互の協力により、維持されなければならない。

② 配偶者の選択、財産権、相続、住居の選定、離婚並びに婚姻及び家族に関するその他の事項に関しては、法律は、個人の尊厳と両性の本質的平等に立脚して、制定されなければならない。

〔生存権、国の社会環境向上義務〕

第二十五条　すべて国民は、健康で文化的な最低限度の生活を営む権利を有する。

② 国は、すべての生活部面について、社会福祉、社会保障及び公衆衛生の向上及び増進に努めなければならない。

〔教育を受ける権利・教育の義務〕

第二十六条　すべて国民は、法律の定めるところにより、その能力に応じて、ひとしく教育を受ける権利を有する。

② すべて国民は、法律の定めるところにより、その保護する子女に普通教育を受けさせる義務を

負ふ。義務教育は、これを無償とする。

〔勤労の権利・義務、勤労条件の基準、児童酷使の禁止〕

第二十七条 すべて国民は、勤労の権利を有し、義務を負ふ。

② 賃金、就業時間、休息その他の勤労条件に関する基準は、法律でこれを定める。

③ 児童は、これを酷使してはならない。

〔労働基本権〕

第二十八条 勤労者の団結する権利及び団体交渉その他の団体行動をする権利は、これを保障する。

〔財産権〕

第二十九条 財産権は、これを侵してはならない。

② 財産権の内容は、公共の福祉に適合するやうに、法律でこれを定める。

③ 私有財産は、正当な補償の下に、これを公共のために用ひることができる。

〔納税の義務〕

第三十条 国民は、法律の定めるところにより、納税の義務を負ふ。

〔法定手続の保障〕

第三十一条 何人も、法律の定める手続によらなければ、その生命若しくは自由を奪はれ、又はその他の刑罰を科せられない。

〔裁判を受ける権利〕

第三十二条 何人も、裁判所において裁判を受ける権利を奪はれない。

〔人身の自由の保障―逮捕の要件〕

第三十三条 何人も、現行犯として逮捕される場合を除いては、権限を有する司法官憲が発し、且つ理由となつてゐる犯罪を明示する令状によらなければ、逮捕されない。

〔人身の自由の保障―拘留・拘禁の要件、拘禁理由の開示〕

第三十四条 何人も、理由を直ちに告げられ、且つ、直ちに弁護人に依頼する権利を与へられなければ、抑留又は拘禁されない。又、何人も、正当な理由がなければ、拘禁されず、要求があれば、その理由は、直ちに本人及びその弁護人の出席する公開の法廷で示されなければならない。

〔住居の不可侵〕

第三十五条 何人も、その住居、書類及び所持品について、侵入、捜索及び押収を受けることのない権利は、第三十三条の場合を除いては、正当な理由に基いて発せられ、且つ捜索する場所及び押収する物を明示する令状がなければ、侵されない。

② 捜索又は押収は、権限を有する司法官憲が発する各別の令状により、これを行ふ。

〔拷問・残虐刑の禁止〕
第三十六条 公務員による拷問及び残虐な刑罰は、絶対にこれを禁ずる。

〔刑事被告人の権利〕
第三十七条 すべて刑事事件においては、被告人は、公平な裁判所の迅速な公開裁判を受ける権利を有する。

② 刑事被告人は、すべての証人に対して審問する機会を充分に与へられ、又、公費で自己のために強制的手続により証人を求める権利を有する。

③ 刑事被告人は、いかなる場合にも、資格を有する弁護人を依頼することができる。被告人が自らこれを依頼することができないときは、国でこれを附する。

〔不利益供述の不強要、自白の証拠能力〕
第三十八条 何人も、自己に不利益な供述を強要されない。

② 強制、拷問若しくは脅迫による自白又は不当に長く抑留若しくは拘禁された後の自白は、これを証拠とすることができない。

③ 何人も、自己に不利益な唯一の証拠が本人の自白である場合には、有罪とされ、又は刑罰を科せられない。

〔遡及処罰の禁止・一事不再理〕
第三十九条 何人も、実行の時に適法であつた行為又は既に無罪とされた行為については、刑事上の責任を問はれない。又、同一の犯罪について、重ねて刑事上の責任を問はれない。

〔刑事補償〕
第四十条 何人も、抑留又は拘禁された後、無罪の裁判を受けたときは、法律の定めるところにより、国にその補償を求めることができる。

第四章　国　会

〔国会の地位・立法権〕
第四十一条 国会は、国権の最高機関であつて、国の唯一の立法機関である。

〔両院制〕
第四十二条　国会は、衆議院及び参議院の両議院でこれを構成する。

〔両議院の組織〕
第四十三条　両議院は、全国民を代表する選挙された議員でこれを組織する。
②　両議院の議員の定数は、法律でこれを定める。

〔議員及び選挙人の資格〕
第四十四条　両議院の議員及びその選挙人の資格は、法律でこれを定める。但し、人種、信条、性別、社会的身分、門地、教育、財産又は収入によつて差別してはならない。

〔衆議院議員の任期〕
第四十五条　衆議院議員の任期は、四年とする。但し、衆議院解散の場合には、その期間満了前に終了する。

〔参議院議員の任期〕
第四十六条　参議院議員の任期は、六年とし、三年ごとに議員の半数を改選する。

〔選挙に関する事項〕
第四十七条　選挙区、投票の方法その他両議院の議員の選挙に関する事項は、法律でこれを定める。

〔両議院議員兼職の禁止〕
第四十八条　何人も、同時に両議院の議員たることはできない。

〔議員の歳費〕
第四十九条　両議院の議員は、法律の定めるところにより、国庫から相当額の歳費を受ける。

〔議員の不逮捕特権〕
第五十条　両議院の議員は、法律の定める場合を除いては、国会の会期中逮捕されず、会期前に逮捕された議員は、その議院の要求があれば、会期中これを釈放しなければならない。

〔議員の免責特権〕
第五十一条　両議院の議員は、議院で行つた演説、討論又は表決について、院外で責任を問はれない。

〔常会〕
第五十二条　国会の常会は、毎年一回これを召集する。

〔臨時会〕
第五十三条　内閣は、国会の臨時会の召集を決定することができる。いづれかの議院の総議員の四分の一以上の要求があれば、内閣は、その召集を決定しなければならない。

〔衆議院の解散・特別会、参議院の
第五十四条　衆議院が解散されたときは、解散の日から四十日以内に、衆議院議員の総選挙を行ひ、その選挙の日から三十日以内に、国会を召集しなければならない。

〔緊急集会〕

② 衆議院が解散されたときは、参議院は、同時に閉会となる。但し、内閣は、国に緊急の必要があるときは、参議院の緊急集会を求めることができる。

③ 前項但書の緊急集会において採られた措置は、臨時のものであつて、次の国会開会の後十日以内に、衆議院の同意がない場合には、その効力を失ふ。

〔議員の資格争訟〕

第五十五条 両議院は、各々その議員の資格に関する争訟を裁判する。但し、議員の議席を失はせるには、出席議員の三分の二以上の多数による議決を必要とする。

〔定足数、表決〕

第五十六条 両議院は、各々その総議員の三分の一以上の出席がなければ、議事を開き議決することができない。

② 両議院の議事は、この憲法に特別の定のある場合を除いては、出席議員の過半数でこれを決し、可否同数のときは、議長の決するところによる。

〔会議の公開、会議録、表決の記載〕

第五十七条 両議院の会議は、公開とする。但し、出席議員の三分の二以上の多数で議決したときは、秘密会を開くことができる。

② 両議院は、各々その会議の記録を保存し、秘密会の記録の中で特に秘密を要すると認められるもの以外は、これを公表し、且つ一般に頒布しなければならない。

③ 出席議員の五分の一以上の要求があれば、各議員の表決は、これを会議録に記載しなければならない。

〔役員の選任、議院規則・懲罰〕

第五十八条 両議院は、各々その議長その他の役員を選任する。

② 両議院は、各々その会議その他の手続及び内部の規律に関する規則を定め、又、院内の秩序をみだした議員を懲罰することができる。但し、議員を除名するには、出席議員の三分の二以上の多数による議決を必要とする。

〔法律案の議決、衆議院の優越〕

第五十九条　法律案は、この憲法に特別の定のある場合を除いては、両議院で可決したとき法律となる。

② 衆議院で可決し、参議院でこれと異なつた議決をした法律案は、衆議院で出席議員の三分の二以上の多数で再び可決したときは、法律となる。

③ 前項の規定は、法律の定めるところにより、衆議院が、両議院の協議会を開くことを求めることを妨げない。

④ 参議院が、衆議院の可決した法律案を受け取つた後、国会休会中の期間を除いて六十日以内に、議決しないときは、衆議院は、参議院がその法律案を否決したものとみなすことができる。

〔衆議院の予算先議と優越〕

第六十条　予算は、さきに衆議院に提出しなければならない。

② 予算について、参議院で衆議院と異なつた議決をした場合に、法律の定めるところにより、両議院の協議会を開いても意見が一致しないとき、又は参議院が、衆議院の可決した予算を受け取つた後、国会休会中の期間を除いて三十日以内に、議決しないときは、衆議院の議決を国会の議決とする。

〔条約の承認に関する衆議院の優越〕

第六十一条　条約の締結に必要な国会の承認については、前条第二項の規定を準用する。

〔議院の国政調査権〕

第六十二条　両議院は、各々国政に関する調査を行ひ、これに関して、証人の出頭及び証言並びに記録の提出を要求することができる。

〔国務大臣の議院出席の権利と義務〕

第六十三条　内閣総理大臣その他の国務大臣は、両議院の一に議席を有すると有しないとにかかはらず、何時でも議案について発言するため議院に出席することができる。又、答弁又は説明のため出席を求められたときは、出席しなければならない。

〔弾劾裁判所〕

第六十四条　国会は、罷免の訴追を受けた裁判官を裁判するため、両議院の議員で組織する弾劾裁判所を設ける。

②　弾劾に関する事項は、法律でこれを定める。

第五章　内　閣

〔行政権〕

第六十五条　行政権は、内閣に属する。

〔内閣の組織、国会に対する連帯責任〕

第六十六条　内閣は、法律の定めるところにより、その首長たる内閣総理大臣及びその他の国務大臣でこれを組織する。

②　内閣総理大臣その他の国務大臣は、文民でなければならない。

③　内閣は、行政権の行使について、国会に対し連帯して責任を負ふ。

〔内閣総理大臣の指名、衆議院の優越〕

第六十七条　内閣総理大臣は、国会議員の中から国会の議決で、これを指名する。この指名は、他のすべての案件に先だつて、これを行ふ。

②　衆議院と参議院とが異なつた指名の議決をした場合に、法律の定めるところにより、両議院の協議会を開いても意見が一致しないとき、又は衆議院が指名の議決をした後、国会休会中の期間を除いて十日以内に、参議院が、指名の議決をしないときは、衆議院の議決を国会の議決とする。

〔国務大臣の任命、罷免〕

第六十八条　内閣総理大臣は、国務大臣を任命する。但し、その過半数は、国会議員の中から選ばれなければならない。

②　内閣総理大臣は、任意に国務大臣を罷免することができる。

〔内閣不信任決議の効果〕

第六十九条　内閣は、衆議院で不信任の決議案を可決し、又は信任の決議案を否決したときは、十日以内に衆議院が解散されない限り、総辞職をしなければならない。

〔内閣総理大臣の欠缺又は総選挙と内閣の総辞職〕

第七十条　内閣総理大臣が欠けたとき、又は衆議院議員総選挙の後に初めて国会の召集があつたときは、内閣は、総辞職をしなければならない。

〔総辞職後の内閣〕

第七十一条　前二条の場合には、内閣は、あらたに内閣総理大臣が任命されるまで引き続きその職務を行ふ。

〔内閣総理大臣の職務〕

第七十二条　内閣総理大臣は、内閣を代表して議案を国会に提出し、一般国務及び外交関係について国会に報告し、並びに行政各部を指揮監督する。

〔内閣の職務〕

第七十三条　内閣は、他の一般行政事務の外、左の事務を行ふ。

一　法律を誠実に執行し、国務を総理すること。

二　外交関係を処理すること。

三　条約を締結すること。但し、事前に、時宜によつては事後に、国会の承認を経ることを必要とする。

四　法律の定める基準に従ひ、官吏に関する事務を掌理すること。

五　予算を作成して国会に提出すること。

六　この憲法及び法律の規定を実施するために、政令を制定すること。但し、政令には、特にその法律の委任がある場合を除いては、罰則を設けることができない。

七　大赦、特赦、減刑、刑の執行の免除及び復権を決定すること。

〔法律・政令の署名〕

第七十四条　法律及び政令には、すべて主任の国務大臣が署名し、内閣総理大臣が連署することを必要とする。

〔国務大臣の訴追〕

第七十五条　国務大臣は、その在任中、内閣総理大臣の同意がなければ、訴追されない。但し、これがため、訴追の権利は、害されない。

第六章　司　法

〔司法権・裁判所、特別裁判所の禁止、裁判官の独立〕

第七十六条　すべて司法権は、最高裁判所及び法律の定めるところにより設置する下級裁判所に属する。

② 特別裁判所は、これを設置することができない。行政機関は、終審として裁判を行ふことができない。

③ すべて裁判官は、その良心に従ひ独立してその職権を行ひ、この憲法及び法律にのみ拘束される。

〔最高裁判所の規則制定権〕

第七十七条　最高裁判所は、訴訟に関する手続、弁護士、裁判所の内部規律及び司法事務処理に関する事項について、規則を定める権限を有する。

② 検察官は、最高裁判所の定める規則に従はなければならない。

③ 最高裁判所は、下級裁判所に関する規則を定める権限を、下級裁判所に委任することができる。

〔裁判官の身分保障〕

第七十八条　裁判官は、裁判により、心身の故障のために職務を執ることができないと決定された場合を除いては、公の弾劾によらなければ罷免されない。裁判官の懲戒処分は、行政機関がこれを行ふことはできない。

〔最高裁判所の構成、国民審査、定年、報酬〕

第七十九条　最高裁判所は、その長たる裁判官及び法律の定める員数のその他の裁判官でこれを構成し、その長たる裁判官以外の裁判官は、内閣でこれを任命する。

② 最高裁判所の裁判官の任命は、その任命後初めて行はれる衆議院議員総選挙の際国民の審査に付し、その後十年を経過した後初めて行はれる衆議院議員総選挙の際更に審査に付し、その後も同様とする。

③　前項の場合において、投票者の多数が裁判官の罷免を可とするときは、その裁判官は、罷免される。

④　審査に関する事項は、法律でこれを定める。

⑤　最高裁判所の裁判官は、法律の定める年齢に達した時に退官する。

⑥　最高裁判所の裁判官は、すべて定期に相当額の報酬を受ける。この報酬は、在任中、これを減額することができない。

〔下級裁判所の裁判官、任期・定年、報酬〕

第八十条　下級裁判所の裁判官は、最高裁判所の指名した者の名簿によつて、内閣でこれを任命する。その裁判官は、任期を十年とし、再任されることができる。但し、法律の定める年齢に達した時には退官する。

②　下級裁判所の裁判官は、すべて定期に相当額の報酬を受ける。この報酬は、在任中、これを減額することができない。

〔違憲審査制〕

第八十一条　最高裁判所は、一切の法律、命令、規則又は処分が憲法に適合するかしないかを決定する権限を有する終審裁判所である。

〔裁判の公開〕

第八十二条　裁判の対審及び判決は、公開法廷でこれを行ふ。

②　裁判所が、裁判官の全員一致で、公の秩序又は善良の風俗を害する虞があると決した場合には、対審は、公開しないでこれを行ふことができる。但し、政治犯罪、出版に関する犯罪又はこの憲法第三章で保障する国民の権利が問題となつてゐる事件の対審は、常にこれを公開しなければならない。

第七章　財　政

〔財政処理の基本原則〕

第八十三条　国の財政を処理する権限は、国会の議決に基いて、これを行使しなければならない。

〔租税法律主義〕

第八十四条　あらたに租税を課し、又は現行の租税を変更するには、法律又は法律の定める条件によることを必要とする。

〔国費の支出及び国の債務負担〕

第八十五条　国費を支出し、又は国が債務を負担するには、国会の議決に基くことを必要とする。

〔予算〕

第八十六条　内閣は、毎会計年度の予算を作成し、国会に提出して、その審議を受け議決を経なければならない。

〔予備費〕

第八十七条　予見し難い予算の不足に充てるため、国会の議決に基いて予備費を設け、内閣の責任でこれを支出することができる。

② すべて予備費の支出については、内閣は、事後に国会の承諾を得なければならない。

〔皇室財産・皇室経費〕

第八十八条　すべて皇室財産は、国に属する。すべて皇室の費用は、予算に計上して国会の議決を経なければならない。

〔公の財産の支出・利用の制限〕

第八十九条　公金その他の公の財産は、宗教上の組織若しくは団体の使用、便益若しくは維持のため、又は公の支配に属しない慈善、教育若しくは博愛の事業に対し、これを支出し、又はその利用に供してはならない。

〔決算審査、会計検査院〕

第九十条　国の収入支出の決算は、すべて毎年会計検査院がこれを検査し、内閣は、次の年度に、その検査報告とともに、これを国会に提出しなければならない。

② 会計検査院の組織及び権限は、法律でこれを定める。

〔内閣の財政状況報告〕

第九十一条 内閣は、国会及び国民に対し、定期に、少くとも毎年一回、国の財政状況について報告しなければならない。

第八章　地方自治

〔地方自治の基本原則〕

第九十二条 地方公共団体の組織及び運営に関する事項は、地方自治の本旨に基いて、法律でこれを定める。

〔地方公共団体の機関、その直接選挙〕

第九十三条 地方公共団体には、法律の定めるところにより、その議事機関として議会を設置する。

② 地方公共団体の長、その議会の議員及び法律の定めるその他の吏員は、その地方公共団体の住民が、直接これを選挙する。

〔地方公共団体の権能〕

第九十四条 地方公共団体は、その財産を管理し、事務を処理し、及び行政を執行する権能を有し、法律の範囲内で条例を制定することができる。

〔特別法の住民投票〕

第九十五条 一の地方公共団体のみに適用される特別法は、法律の定めるところにより、その地方公共団体の住民の投票においてその過半数の同意を得なければ、国会は、これを制定することができない。

第九章　改　正

〔憲法改正の手続、その公布〕

第九十六条 この憲法の改正は、各議院の総議員の三分の二以上の賛成で、国会が、これを発議し、国民に提案してその承認を経なければならない。この承認には、特別の国民投票又は国会の定める選挙の際行はれる投票において、その過半数の賛成を必要とする。

② 憲法改正について前項の承認を経たときは、天皇は、国民の名で、この憲法と一体を成すものとして、直ちにこれを公布する。

第十章　最高法規

〔基本的人権の本質〕

第九十七条　この憲法が日本国民に保障する基本的人権は、人類の多年にわたる自由獲得の努力の成果であつて、これらの権利は、過去幾多の試錬に堪へ、現在及び将来の国民に対し、侵すことのできない永久の権利として信託されたものである。

〔憲法の最高法規性、条約及び国際法規の遵守〕

第九十八条　この憲法は、国の最高法規であつて、その条規に反する法律、命令、詔勅及び国務に関するその他の行為の全部又は一部は、その効力を有しない。

② 日本国が締結した条約及び確立された国際法規は、これを誠実に遵守することを必要とする。

〔憲法尊重擁護の義務〕

第九十九条　天皇又は摂政及び国務大臣、国会議員、裁判官その他の公務員は、この憲法を尊重し擁護する義務を負ふ。

●教育基本法（平一八・一二・二二 法一二〇）

教育基本法（昭和二十二年法律第二十五号）の全部を改正する。我々日本国民は、たゆまぬ努力によって築いてきた民主的で文化的な国家を更に発展させるとともに、世界の平和と人類の福祉の向上に貢献することを願うものである。我々は、この理想を実現するため、個人の尊厳を重んじ、真理と正義を希求し、公共の精神を尊び、豊かな人間性と創造性を備えた人間の育成を期するとともに、伝統を継承し、新しい文化の創造を目指す教育を推進する。ここに、我々は、日本国憲法の精神にのっとり、我が国の未来を切り拓く教育の基本を確立し、その振興を図るため、この法律を制定する。

第一章　教育の目的及び理念

（教育の目的）

第一条　教育は、人格の完成を目指し、平和で民主的な国家及び社会の形成者として必要な資質を備えた心身ともに健康な国民の育成を期して行われなければならない。

（教育の目標）

第二条　教育は、その目的を実現するため、学問の自由を尊重しつつ、次に掲げる目標を達成するよう行われるものとする。

一　幅広い知識と教養を身に付け、真理を求める態度を養い、豊かな情操と道徳心を培うとともに、健やかな身体を養うこと。

二　個人の価値を尊重して、その能力を伸ばし、創造性を培い、自主及び自律の精神を養うとともに、職業及び生活との関連を重視し、勤労を重んずる態度を養うこと。

三　正義と責任、男女の平等、自他の敬愛と協力を重んずるとともに、公共の精神に基づき、主体的に社会の形成に参画し、その発展に寄与する態度を養うこと。

四　生命を尊び、自然を大切にし、環境の保全に寄与する態度を養うこと。

五　伝統と文化を尊重し、それらをはぐくんできた我が国と郷土を愛するとともに、他国を尊重し、国際社会の平和と発展に寄与する態度を養うこと。

（生涯学習の理念）

第三条　国民一人一人が、自己の人格を磨き、豊かな人生を送ることができるよう、その生涯にわたって、あらゆる機会に、あらゆる場所において学習することができ、その成果を適切に生かすことのできる社会の実現が図られなければならない。

（教育の機会均等）

第四条　すべて国民は、ひとしく、その能力に応じた教育を受ける機会を与えられなければならず、人種、信条、性別、社会的身分、経済的地位又は門地によって、教育上差別されない。

2　国及び地方公共団体は、障害のある者が、その障害の状態に応じ、十分な教育を受けられるよう、教育上必要な支援を講じなければならない。

3　国及び地方公共団体は、能力があるにもかかわらず、経済的理由によって修学が困難な者に対して、奨学の措置を講じなければならない。

第二章　教育の実施に関する基本

（義務教育）

第五条　国民は、その保護する子に、別に法律で定めるところにより、普通教育を受けさせる義務を負う。

2　義務教育として行われる普通教育は、各個人の有する能力を伸ばしつつ社会において自立的に生きる基礎を培い、また、国家及び社会の形成者として必要とされる基本的な資質を養うことを目的として行われるものとする。

3　国及び地方公共団体は、義務教育の機会を保障し、その水準を確保するため、適切な役割分担及び相互の協力の下、その実施に責任を負う。

4　国又は地方公共団体の設置する学校における義務教育については、授業料を徴収しない。

（学校教育）

第六条　法律に定める学校は、公の性質を有するものであって、国、地方公共団体及び法律に定める法人のみが、これを設置することができる。

2　前項の学校においては、教育の目標が達成されるよう、教育を受ける者の心身の発達に応じて、体系的な教育が組織的に行われなければならない。この場合において、教育を受ける者が、学校生活を営む上で必要な規律を重んずるとともに、自ら進んで学習に取り組む意欲を高めることを重視して行われなければならない。

（大学）
第七条　大学は、学術の中心として、高い教養と専門的能力を培うとともに、深く真理を探究して新たな知見を創造し、これらの成果を広く社会に提供することにより、社会の発展に寄与するものとする。

2　大学については、自主性、自律性その他の大学における教育及び研究の特性が尊重されなければならない。

（私立学校）
第八条　私立学校の有する公の性質及び学校教育において果たす重要な役割にかんがみ、国及び地方公共団体は、その自主性を尊重しつつ、助成その他の適当な方法によって私立学校教育の振興に努めなければならない。

（教員）
第九条　法律に定める学校の教員は、自己の崇高な使命を深く自覚し、絶えず研究と修養に励み、その職責の遂行に努めなければならない。

2　前項の教員については、その使命と職責の重要性にかんがみ、その身分は尊重され、待遇の適正が期せられるとともに、養成と研修の充実が図られなければならない。

（家庭教育）
第十条　父母その他の保護者は、子の教育について第一義的責任を有するものであって、生活のために必要な習慣を身に付けさせるとともに、自立心を育成し、心身の調和のとれた発達を図るよう努めるものとする。

2　国及び地方公共団体は、家庭教育の自主性を尊重しつつ、保護者に対する学習の機会及び情報の提供その他の家庭教育を支援するために必要な施策を講ずるよう努めなければならない。

（幼児期の教育）
第十一条　幼児期の教育は、生涯にわたる人格形成の基礎を培う重要なものであることにかんがみ、国及び地方公共団体は、幼児の健やかな成長に資する良好な環境の整備その他適当な方法によって、その振興に努めなければならない。

（社会教育）

第十二条　個人の要望や社会の要請にこたえ、社会において行われる教育は、国及び地方公共団体によって奨励されなければならない。

2　国及び地方公共団体は、図書館、博物館、公民館その他の社会教育施設の設置、学校の施設の利用、学習の機会及び情報の提供その他の適当な方法によって社会教育の振興に努めなければならない。

（学校、家庭及び地域住民等の相互の連携協力）

第十三条　学校、家庭及び地域住民その他の関係者は、教育におけるそれぞれの役割と責任を自覚するとともに、相互の連携及び協力に努めるものとする。

（政治教育）

第十四条　良識ある公民として必要な政治的教養は、教育上尊重されなければならない。

2　法律に定める学校は、特定の政党を支持し、又はこれに反対するための政治教育その他政治的活動をしてはならない。

（宗教教育）

第十五条　宗教に関する寛容の態度、宗教に関する一般的な教養及び宗教の社会生活における地位は、教育上尊重されなければならない。

2　国及び地方公共団体が設置する学校は、特定の宗教のための宗教教育その他宗教的活動をしてはならない。

第三章　教育行政

（教育行政）

第十六条　教育は、不当な支配に服することなく、この法律及び他の法律の定めるところにより行われるべきものであり、教育行政は、国と地方公共団体との適切な役割分担及び相互の協力の下、公正かつ適正に行われなければならない。

2　国は、全国的な教育の機会均等と教育水準の維持向上を図るため、教育に関する施策を総合的に策定し、実施しなければならない。

3　地方公共団体は、その地域における教育の振興を図るため、その実情に応じた教育に関する施策を策定し、実施しなければならない。

4　国及び地方公共団体は、教育が円滑かつ継続的に実施されるよう、必要な財政上の措置を講じなければならない。

（教育振興基本計画）

第十七条　政府は、教育の振興に関する施策の総合的かつ計画的な推進を図るため、教育の振興に関する施策についての基本的な方針及び講ずべき施策その他必要な事項について、基本的な計画を定め、これを国会に報告するとともに、公表しなければならない。

2　地方公共団体は、前項の計画を参酌し、その地域の実情に応じ、当該地方公共団体における教育の振興のための施策に関する基本的な計画を定めるよう努めなければならない。

第四章　法令の制定

第十八条　この法律に規定する諸条項を実施するため、必要な法令が制定されなければならない。

●児童憲章（昭二六・五・五制定）

われらは、日本国憲法の精神にしたがい、児童に対する正しい観念を確立し、すべての児童の幸福をはかるために、この憲章を定める。

児童は、人として尊ばれる。
児童は、社会の一員として重んぜられる。
児童は、よい環境のなかで育てられる。

一、すべての児童は、心身ともに健やかにうまれ、育てられ、その生活を保障される。
二、すべての児童は、家庭で、正しい愛情と知識と技術をもつて育てられ、家庭に恵まれない児童には、これにかわる環境が与えられる。
三、すべての児童は、適当な栄養と住居と被服が与えられ、また、疾病と災害からまもられる。
四、すべての児童は、個性と能力に応じて教育され、社会の一員としての責任を自主的に果たすように、みちびかれる。
五、すべての児童は、自然を愛し、科学と芸術を尊ぶように、みちびかれ、また、道徳的心情がつちかわれる。
六、すべての児童は、就学のみちを確保され、また、十分に整つた教育の施設を用意される。
七、すべての児童は、職業指導を受ける機会が与えられる。
八、すべての児童は、その労働において、心身の発育が阻害されず、教育を受ける機会が失われず、また、児童としての生活がさまたげられないように、十分に保護される。
九、すべての児童は、よい遊び場と文化財を用意され、わるい環境からまもられる。
十、すべての児童は、虐待・酷使・放任その他不当な取扱からまもられる。あやまちをおかした児童は、適切に保護指導される。
十一、すべての児童は、身体が不自由な場合、または精神の機能が不十分な場合に、適切な治療と教育と保護が与えられる。
十二、すべての児童は、愛とまことによつて結ばれ、よい国民として人類の平和と文化に貢献するように、みちびかれる。

●世界人権宣言（一九四八・一二・一〇 国連第三回総会で採択）

第二十六条〔教育〕

1　すべて人は、教育を受ける権利を有する。教育は、少なくとも初等の及び基礎的の段階においては、無償でなければならない。初等教育は、義務的でなければならない。技術教育及び職業教育は、一般に利用できるものでなければならず、また、高等教育は、能力に応じ、すべての者にひとしく開放されていなければならない。

2　教育は、人格の完全な発展並びに人権及び基本的自由の尊重の強化を目的としなければならない。教育は、すべての国又は人種的若しくは宗教的集団の相互間の理解、寛容及び友好関係を増進し、かつ、平和の維持のため、国際連合の活動を促進するものでなければならない。

3　親は、子に与える教育の種類を選択する優先的権利を有する。

●児童権利宣言（一九五九・一一・二〇 国連第一四回総会で採択）

国際連合の諸国民は、国際連合憲章において、基本的人権と人間の尊厳及び価値とに関する信念をあらためて確認し、かつ、一層大きな自由の中で社会的進歩と生活水準の向上とを促進することを決意したので、（略）ここに、国際連合総会は、

児童が、幸福な生活を送り、かつ、自己と社会の福利のためにこの宣言に掲げる権利と自由を享有できるようにするため、この児童権利宣言を公布し、また、両親、個人としての男女、民間団体、地方行政機関及び政府に対し、これらの権利を認識し、次の原則に従つて漸進的に執られる立法その他の措置によつてこれらの権利を守るよう努力することを要請する。

第一条　児童は、この宣言に掲げるすべての権利を有する。すべての児童は、いかなる例外もなく、自己又はその家庭のいづれについても、その人種、皮膚の色、性、言語、宗教、政治上その他の意見、国民的若しくは社会的出身、財産、門地その他の地位のため差別を受けることなく、これらの権利を与えられなければならない。

第二条　児童は、特別の保護を受け、また、健全、かつ、正常な方法及び自由と尊厳の状態の下で身体的、知能的、道徳的、精神的及び社会的に成長することができるための機会及び便益を、法律その他の手段によつて与えられなければならない。この目的のために法律を制定するに当つては、児童の最善の利益について、最高の考慮が払われなければならない。

第三条　児童は、その出生の時から姓名及び国籍をもつ権利を有する。

第四条　児童は、社会保障の恩恵を受ける権利を有する。児童は、健康に発育し、かつ、成長する権利を有する。この目的のため、児童とその母は、出産前後の適当な世話を含む特別の世話及び保護を与えられなければならない。児童は、適当な栄養、住居、レクリエーション及び医療を与えられる権利を有する。

第五条　身体的、精神的又は社会的に障害のある児童は、その特殊な事情により必要とされる特別の治療、教育及び保護を与えられなければならない。

第六条　児童は、その人格の完全な、かつ、調和した発展のため、愛情と理解とを必要とする。児童は、できるかぎり、その両親の愛護と責任の下で、また、いかなる場合においても、愛情と道徳的及び物質的保障とのある環境の下で育てられなければならない。幼児は、例外的な場合を除き、その母から引き離されてはならない。社会及び公の機関は、家庭のない児童及び適当な生活維持の方法のない児童に対して特別の養護を与える義務を有する。子供の多い家庭に属する児童については、その援助のため、国その他の機関による費用の負担が望ましい。

第七条　児童は、教育を受ける権利を有する。その教育は、少なくとも初等の段階においては、無償、かつ、義務的でなければならない。児童は、その一般的な教養を高め、機会均等の原則に基づいて、その能力、判断力並びに道徳的及び社会的責任感を発達させ、社会の有用な一員となりうるような教育を与えられなければならない。

② 児童の教育及び指導について責任を有する者は、児童の最善の利益をその指導の原則としなければならない。その責任は、まず第一に児童の両親にある。

③ 児童は、遊戯及びレクリエーションのための充分な機会を与えられる権利を有する。その遊戯及びレクリエーションは、教育と同じような目的に向けられなければな

らない。社会及び公の機関は、この権利の享有を促進するために努力しなければならない。

第八条　児童は、あらゆる状況にあつて、最初に保護及び救済を受けるべき者の中に含められなければならない。

第九条　児童は、あらゆる放任、虐待及び搾取から保護されなければならない。児童は、いかなる形態においても売買の対象にされてはならない。

②　児童は、適当な最低年令に達する前に雇用されてはならない。児童は、いかなる場合にも、その健康及び教育に有害であり、又その身体的、精神的若しくは道徳的発達を妨げる職業若しくは雇用に、従事させられ又は従事することを許されてはならない。

第十条　児童は、人種的、宗教的その他の形態による差別を助長するおそれのある慣行から保護されなければならない。児童は、理解、寛容、諸国民間の友愛、平和及び四海同胞の精神の下に、また、その力と才能が、人類のために捧げられるべきであるという充分な意識の中で、育てられなければならない。

●国際人権規約（一九六六・一二・一六 国連第二一回総会で採択）

経済的、社会的及び文化的権利に関する国際規約（A規約）（昭五四・八・四　条約第六号）

この規約の締約国は、

国際連合憲章において宣明された原則によれば、人類社会のすべての構成員の固有の尊厳及び平等のかつ奪い得ない権利を認めることが世界における自由、正義及び平和の基礎をなすものであることを考慮し、

これらの権利が人間の固有の尊厳に由来することを認め、

世界人権宣言によれば、自由な人間は恐怖及び欠乏からの自由を享受するものであるとの理想は、すべての者がその市民的及び政治的権利とともに経済的、社会的及び文化的権利を享有することのできる条件が作り出される場合に初めて達成されることになることを認め、

人権及び自由の普遍的な尊重及び遵守を助長すべき義務を国際連合憲章に基づき諸国が負つていることを考慮し、

個人が、他人に対し及びその属する社会に対して義務を

負うこと並びにこの規約において認められる権利の増進及び擁護のために努力する責任を有することを認識して、次のとおり協定する。

第十条〔家族・母親・児童の保護〕

この規約の締約国は、次のことを認める。

1　できる限り広範な保護及び援助が、社会の自然かつ基礎的な単位である家族に対し、特に、家族の形成のために並びに扶養児童の養育及び教育について責任を有する間に、与えられるべきである。婚姻は、両当事者の自由な合意に基づいて成立するものでなければならない。

2　産前産後の合理的な期間においては、特別な保護が母親に与えられるべきである。働いている母親には、その期間において、有給休暇又は相当な社会保障給付を伴う休暇が与えられるべきである。

3　保護及び援助のための特別な措置が、出生その他の事情を理由とするいかなる差別もなく、すべての児童及び年少者のためにとられるべきである。児童及び年少者は、経済的及び社会的な搾取から保護されるべきである。

第十三条〔教育についての権利〕

1　この規約の締約国は、教育についてのすべての者の権利を認める。締約国は、教育が人格の完成及び人格の尊厳についての意識の十分な発達を指向し並びに人権及び基本的自由の尊重を強化すべきことに同意する。更に、締約国は、教育が、すべての者に対し、自由な社会に効果的に参加すること、諸国民の間及び人種的、種族的又は宗教的集団の間の理解、寛容及び友好を促進すること並びに平和の維持のための国際連合の活動を助長することを可能にすべきことに同意する。

2　この規約の締約国は、1の権利の完全な実現を達成するため、次のことを認める。

(a)　初等教育は、義務的なものとし、すべての者に対して無償のものとすること。

(b)　種々の形態の中等教育（技術的及び職業的中等教育を含む。）は、すべての適当な方法により、特に、無償教育の漸進的な導入により、一般的に利用可能であり、かつ、すべての者に対して機会が与えられるものとすること。

(c)　高等教育は、すべての適当な方法により、特に、無償教育の漸進的な導入により、能力に応じ、すべての者に対して均等に機会が与えられるものとすること。

(d) 基礎教育は、初等教育を受けなかつた者又はその全課程を修了しなかつた者のため、できる限り奨励され又は強化されること。

(e) すべての段階にわたる学校制度の発展を積極的に追求し、適当な奨学金制度を設立し及び教育職員の物質的条件を不断に改善すること。

3 この規約の締約国は、父母及び場合により法定保護者が、公の機関によつて設置される学校以外の学校であつて国によつて定められ又は承認される最低限度の教育上の基準に適合するものを児童のために選択する自由並びに自己の信念に従つて児童の宗教的及び道徳的教育を確保する自由を有することを尊重することを約束する。

4 この条のいかなる規定も、個人及び団体が教育機関を設置し及び管理する自由を妨げるものと解してはならない。ただし、常に、1に定める原則が遵守されること及び当該教育機関において行われる教育が国によつて定められる最低限度の基準に適合することを条件とする。

第十四条〔無償の義務教育確保のための計画〕

この規約の締約国となる時にその本土地域又はその管轄の下にある他の地域において無償の初等義務教育を確保するに至つていない各締約国は、すべての者に対する無償の義務教育の原則をその計画中に定める合理的な期間内に漸進的に実施するための詳細な行動計画を二年以内に作成しかつ採用することを約束する。

市民的及び政治的権利に関する国際規約（B規約）

（昭五四・八・四　条約第七号）

第十六条〔人として認められる権利〕

すべての者は、すべての場所において、法律の前に人として認められる権利を有する。

第二十四条〔児童の権利〕

1 すべての児童は、人種、皮膚の色、性、言語、宗教、国民的若しくは社会的出身、財産又は出生によるいかなる差別もなしに、未成年者としての地位に必要とされる保護の措置であつて家族、社会及び国による措置についての権利を有する。

2 すべての児童は、出生の後直ちに登録され、かつ、氏名を有する。

3 すべての児童は、国籍を取得する権利を有する。

●「経済的、社会的及び文化的権利に関する国際規約」及び「市民的及び政治的権利に関する国際規約」の日本国による批准等に関する件

（昭五四・八・四
外務省告示一八七）

1 日本国は、経済的、社会的及び文化的権利に関する国際規約第七条(d)の規定の適用に当たり、この規定にいう「公の休日についての報酬」に拘束されない権利を留保する。

2 日本国は、経済的、社会的及び文化的権利に関する国際規約第八条1(d)の規定に拘束されない権利を留保する。ただし、日本国政府による同規約の批准の時に日本国の法令により前記の規定にいう権利が与えられている部門については、この限りでない。

3 日本国は、経済的、社会的及び文化的権利に関する国際規約第十三条2(b)及び(c)の規定の適用に当たり、これらの規定にいう「特に、無償教育の漸進的な導入により」に拘束されない権利を留保する。

4 日本国政府は、結社の自由及び団結権の保護に関する条約の批准に際し同条約第九条にいう「警察」には日本国の消防が含まれると解する旨の立場をとったことを想起し、経済的、社会的及び文化的権利に関する国際規約第八条2及び市民的及び政治的権利に関する国際規約第二十二条2にいう「警察の構成員」には日本国の消防職員が含まれると解釈するものであることを宣言する。

●経済的、社会的及び文化的権利に関する国際規約第十三条2(b)及び(c)の規定に係る日本国による留保の撤回に関する件

（平二四・九・一四
外務省告示三一八）

日本国政府は、昭和四十一年十二月十六日にニューヨークで作成された「経済的、社会的及び文化的権利に関する国際規約」の批准書を寄託した際に、同規約第十三条2(b)及び(c)の規定の適用に当たり、これらの規定にいう「特に、無償教育の漸進的な導入により」に拘束されない権利を留保していたところ、同留保を撤回する旨を平成二十四年九月十一日に国際連合事務総長に通告した。よって、日本国は、平成二十四年九月十一日から、これらの規定の適用に当たり、これらの規定にいう「特に、無償教育の漸進的な導入により」に拘束される。

●児童（子ども）の権利に関する条約

（一九八九・一一・二〇国連総会で採択）
（一九九四・五・二二日本で発効）

最終改正　平成一五―条約三、外告一八三

第一条　〔児童の定義〕
この条約の適用上、児童とは、十八歳未満のすべての者をいう。ただし、当該児童で、その者に適用される法律によりより早く成年に達したものを除く。

第三条　〔児童の最善の利益〕
1　児童に関するすべての措置をとるに当たっては、公的若しくは私的な社会福祉施設、裁判所、行政当局又は立法機関のいずれによって行われるものであっても、児童の最善の利益が主として考慮されるものとする。
2　締約国は、児童の父母、法定保護者又は児童について法的に責任を有する他の者の権利及び義務を考慮に入れて、児童の福祉に必要な保護及び養護を確保することを約束し、このため、すべての適当な立法上及び行政上の措置をとる。
3　締約国は、児童の養護又は保護のための施設、役務の提供及び設備が、特に安全及び健康の分野に関し並びにこれらの職員の数及び適格性並びに適正な監督に関し権限のある当局の設定した基準に適合することを確保する。

第十二条　〔意見表明権〕
1　締約国は、自己の意見を形成する能力のある児童がその児童に影響を及ぼすすべての事項について自由に自己の意見を表明する権利を確保する。この場合において、児童の意見は、その児童の年齢及び成熟度に従って相応に考慮されるものとする。

第二十三条　〔障害児の権利〕
1　締約国は、精神的又は身体的な障害を有する児童が、その尊厳を確保し、自立を促進し及び社会への積極的な参加を容易にする条件の下で十分かつ相応な生活を享受すべきであることを認める。

第二十八条　〔教育への権利〕
1　締約国は、教育についての児童の権利を認めるものとし、この権利を漸進的にかつ機会の平等を基礎として達成するため、特に、

(a) 初等教育を義務的なものとし、すべての者に対して無償のものとする。
(b) 種々の形態の中等教育（一般教育及び職業教育を含む。）の発展を奨励し、すべての児童に対し、これらの中等教育が利用可能であり、かつ、これらを利用する機会が与えられるものとし、例えば、無償教育の導入、必要な場合における財政的援助の提供のような適当な措置をとる。
(c) すべての適当な方法により、能力に応じ、すべての者に対して高等教育を利用する機会が与えられるものとする。
(d) すべての児童に対し、教育及び職業に関する情報及び指導が利用可能であり、かつ、これらを利用する機会が与えられるものとする。
(e) 定期的な登校及び中途退学率の減少を奨励するための措置をとる。

2 締約国は、学校の規律が児童の人間の尊厳に適合する方法で及びこの条約に従って運用されることを確保するためのすべての適当な措置をとる。

3 締約国は、特に全世界における無知及び非識字の廃絶に寄与し並びに科学上及び技術上の知識並びに最新の教育方法の利用を容易にするため、教育に関する事項についての国際協力を促進し、及び奨励する。これに関しては、特に、開発途上国の必要を考慮する。

第二十九条〔教育の目的〕

1 締約国は、児童の教育が次のことを指向すべきことに同意する。
(a) 児童の人格、才能並びに精神的及び身体的な能力をその可能な最大限度まで発達させること。
(b) 人権及び基本的自由並びに国際連合憲章にうたう原則の尊重を育成すること。
(c) 児童の父母、児童の文化的同一性、言語及び価値観、児童の居住国及び出身国の国民的価値観並びに自己の文明と異なる文明に対する尊重を育成すること。
(d) すべての人民の間の、種族的、国民的及び宗教的集団の間の並びに原住民である者の間の理解、平和、寛容、両性の平等及び友好の精神に従い、自由な社会における責任ある生活のために児童に準備させること。
(e) 自然環境の尊重を育成すること。

●障害者の権利に関する条約

（二〇〇六・一二・一三国連総会で採択
二〇一四・二・一九日本で発効）

第一条　目的

この条約は、全ての障害者によるあらゆる人権及び基本的自由の完全かつ平等な享有を促進し、保護し、及び確保すること並びに障害者の固有の尊厳の尊重を促進することを目的とする。

障害者には、長期的な身体的、精神的、知的又は感覚的な機能障害であって、様々な障壁との相互作用により他の者との平等を基礎として社会に完全かつ効果的に参加することを妨げ得るものを有する者を含む。

第三条　一般原則

この条約の原則は、次のとおりとする。

(a)　固有の尊厳、個人の自律（自ら選択する自由を含む。）及び個人の自立の尊重

(b)　無差別

(c)　社会への完全かつ効果的な参加及び包容

(d)　差異の尊重並びに人間の多様性の一部及び人類の一員としての障害者の受入れ

(e)　機会の均等

(f)　施設及びサービス等の利用の容易さ

(g)　男女の平等

(h)　障害のある児童の発達しつつある能力の尊重及び障害のある児童がその同一性を保持する権利の尊重

第二十四条　教育

1　締約国は、教育についての障害者の権利を認める。締約国は、この権利を差別なしに、かつ、機会の均等を基礎として実現するため、障害者を包容するあらゆる段階の教育制度及び生涯学習を確保する。当該教育制度及び生涯学習は、次のことを目的とする。

(a)　人間の潜在能力並びに尊厳及び自己の価値についての意識を十分に発達させ、並びに人権、基本的自由及び人間の多様性の尊重を強化すること。

(b)　障害者が、その人格、才能及び創造力並びに精神的及び身体的な能力をその可能な最大限度まで発達させること。

(c)　障害者が自由な社会に効果的に参加することを可能とすること。

2　締約国は、1の権利の実現に当たり、次のことを確保する。

(a)　障害者が障害に基づいて一般的な教育制度から排除されないこと及び障害のある児童が障害に基づいて無償のかつ義務的な初等教育から又は中等教育から排除されないこと。

(b)　障害者が、他の者との平等を基礎として、自己の生活する地域社会において、障害者を包容し、質が高く、かつ、無償の初等教育を享受することができること及び中等教育を享受することができること。

(c)　個人に必要とされる合理的配慮が提供されること。

(d)　障害者が、その効果的な教育を容易にするために必要な支援を一般的な教育制度の下で受けること。

(e)　学問的及び社会的な発達を最大にする環境において、完全な包容という目標に合致する効果的で個別化された支援措置がとられること。

●国際連合教育科学文化機関憲章（ユネスコ憲章）

（一九四五・一一・一六国連会議で採択
一九五一・一〇・六日本で発効）

最終改正　平一四―外告二五八

この憲章の当事国政府は、その国民に代つて次のとおり宣言する。

戦争は人の心の中で生れるものであるから、人の心の中に平和のとりでを築かなければならない。

相互の風習と生活を知らないことは、人類の歴史を通じて世界の諸人民の間に疑惑と不信をおこした共通の原因であり、この疑惑と不信のために、諸人民の不一致があまりにもしばしば戦争となつた。

ここに終りを告げた恐るべき大戦争は、人間の尊厳・平等・相互の尊重という民主主義の原理を否認し、これらの原理の代りに、無知と偏見を通じて人間と人種の不平等という教義をひろめることによつて可能にされた戦争であつた。

文化の広い普及と正義・自由・平和のための人類の教育

とは、人間の尊厳に欠くことのできないものであり、且つ、すべての国民が相互の援助及び相互の関心の精神をもつて果さなければならない神聖な義務である。

政府の政治的及び経済的取極のみに基く平和は、世界の諸人民の、一致した、しかも永続する誠実な支持を確保できる平和ではない。よつて、平和は、失われないためには、人類の知的及び精神的連帯の上に築かなければならない。

これらの理由によつて、この憲章の当事国は、すべての人に教育の充分で平等な機会が与えられ、客観的真理が拘束を受けずに探究され、且つ、思想と知識が自由に交換されるべきことを信じて、その国民の間における伝達の方法を発展させ及び増加させること並びに相互に理解し及び相互の生活を一層真実に一層完全に知るためにこの伝達の方法を用いることに一致し及び決意している。

その結果、当事国は、世界の諸人民の教育、科学及び文化上の関係を通じて、国際連合の設立の目的であり、且つ、その憲章が宣言している国際平和と人類の共通の福祉という目的を促進するために、ここに国際連合教育科学文化機関を創設する。

第一条　目的及び任務

1　この機関の目的は、国際連合憲章が世界の諸人民に対して人種、性、言語又は宗教の差別なく確認している正義、法の支配、人権及び基本的自由に対する普遍的な尊重を助長するために教育、科学及び文化を通じて諸国民の間の協力を促進することによつて、平和及び安全に貢献することである。

2　この目的を実現するために、この機関は、次のことを行う。

(a)　大衆通報（マス・コミユニケーシヨン）のあらゆる方法を通じて諸人民に相互に知り且つ理解することを促進する仕事に協力すること並びにこの目的で言語及び表象による思想の自由な交流を促進するために必要な国際協定を勧告すること。

(b)　次のようにして一般の教育と文化の普及とに新しい刺激を与えること。

加盟国の要請によつて教育事業の発展のためにその国と協力すること。

人種、性又は経済的若くは社会的な差別にかかわらない教育の機会均等の理想を進めるために、諸国民の間における協力の関係をつくること。

自由の責任に対して世界の児童を準備させるのに最も適した教育方法を示唆すること。

(c) 次のようにして知識を維持し、増進し、且つ、普及すること。

世界の遺産である図書、芸術作品並びに歴史及び科学の記念物の保存及び保護を確保し、且つ、関係諸国民に対して必要な国際条約を勧告すること。

教育、科学及び文化の分野で活動している人々の国際的交換並びに出版物、芸術的及び科学的に意義のある物その他の参考資料の交換を含む知的活動のすべての部門における諸国民の間の協力を奨励すること。

いずれの国で作成された印刷物及び刊行物でもすべての国の人民が利用できるようにする国際協力の方法を発案すること。

3 この機関の加盟国の文化及び教育制度の独立、統一性及び実りの多い多様性を維持するために、この機関は、加盟国の国内管轄権に本質的に属する事項に干渉することを禁止される。

第2編　学校教育

●学校教育法（昭二二・三・三一 法二六）

最終改正　令元—法四四

第一章　総　則

〔学校の範囲〕

第一条　この法律で、学校とは、幼稚園、小学校、中学校、義務教育学校、高等学校、中等教育学校、特別支援学校、大学及び高等専門学校とする。

〔学校の設置者〕

第二条　学校は、国（国立大学法人法（平成十五年法律第百十二号）第二条第一項に規定する国立大学法人及び独立行政法人国立高等専門学校機構を含む。以下同じ。）、地方公共団体（地方独立行政法人法（平成十五年法律第百十八号）第六十八条第一項に規定する公立大学法人（以下「公立大学法人」という。）を含む。次項及び第百二十七条において同じ。）及び私立学校法（昭和二十四年法律第二百七十号）第三条に規定する学校法人（以下「学校法人」という。）のみが、これを設置することができる。

② この法律で、国立学校とは、国の設置する学校を、公立学校とは、地方公共団体の設置する学校を、私立学校とは、学校法人の設置する学校をいう。

〔学校の設置〕

第三条　学校を設置しようとする者は、学校の種類に応じ、文部科学大臣の定める設備、編制その他に関する設置基準に従い、これを設置しなければならない。

〔学校の管理、経費の負担〕

第五条　学校の設置者は、その設置する学校を管理し、法令に特別の定のある場合を除いては、その学校の経費を負担する。

〈専修に準用〉〔授業料〕

第六条　学校においては、授業料を徴収することができる。ただし、国立又は公立の小学校及び中学校、義務教育学校、中等教育学校の前期課程又は特別支援学校の小学部及び中学部における義務教育については、これを徴収することができない。

〈専修に準用〉

〈校長・教員の配置〉

第七条 学校には、校長及び相当数の教員を置かなければならない。

〈校長・教員の資格〉

第八条 校長及び教員（教育職員免許法（昭和二十四年法律第百四十七号）の適用を受ける者を除く。）の資格に関する事項は、別に法律で定めるもののほか、文部科学大臣がこれを定める。

〈校長・教員の欠格事由〉

〈専修に準用〉

第九条 次の各号のいずれかに該当する者は、校長又は教員となることができない。

一 禁錮以上の刑に処せられた者

二 教育職員免許法第十条第一項第二号又は第三号に該当することにより免許状がその効力を失い、当該失効の日から三年を経過しない者

三 教育職員免許法第十一条第一項から第三項までの規定により免許状取上げの処分を受け、三年を経過しない者

四 日本国憲法施行の日以後において、日本国憲法又はその下に成立した政府を暴力で破壊することを主張する政党その他の団体を結成し、又はこれに加入した者

〈私立学校長の届出〉

〈専修に準用〉

第十条 私立学校は、校長を定め、大学及び高等専門学校にあつては文部科学大臣に、大学及び高等専門学校以外の学校にあつては都道府県知事に届け出なければならない。

〈児童・生徒・学生の懲戒・体罰の禁止〉

〈専修に準用〉

第十一条 校長及び教員は、教育上必要があると認めるときは、文部科学大臣の定めるところにより、児童、生徒及び学生に懲戒を加えることができる。ただし、体罰を加えることはできない。

〈健康診断〉

〈専修に準用〉

第十二条 学校においては、別に法律で定めるところにより、幼児、児童、生徒及び学生並びに職員の健康の保持増進を図るため、健康診断を行い、その他その保健に必要な措置を講じなければならない。

第二章　義務教育

〔教育を受けさせる義務〕

第十六条　保護者（子に対して親権を行う者（親権を行う者のないときは、未成年後見人）をいう。以下同じ。）は、次条に定めるところにより、子に九年の普通教育を受けさせる義務を負う。

〔義務教育の期間〕

第十七条　保護者は、子の満六歳に達した日の翌日以後における最初の学年の初めから、満十二歳に達した日の属する学年の終わりまで、これを小学校、義務教育学校の前期課程又は特別支援学校の小学部に就学させる義務を負う。ただし、子が、満十二歳に達した日の属する学年の終わりまでに小学校の課程、義務教育学校の前期課程又は特別支援学校の小学部の課程を修了しないときは、満十五歳に達した日の属する学年の終わり（それまでの間においてこれらの課程を修了したときは、その修了した日の属する学年の終わり）までとする。

② 保護者は、子が小学校の課程、義務教育学校の前期課程又は特別支援学校の小学部の課程を修了した日の翌日以後における最初の学年の初めから、満十五歳に達した日の属する学年の終わりまで、これを中学校、義務教育学校の後期課程、中等教育学校の前期課程又は特別支援学校の中学部に就学させる義務を負う。

③ 前二項の義務の履行の督促その他これらの義務の履行に関し必要な事項は、政令で定める。

〔就学義務の猶予・免除〕

第十八条　前条第一項又は第二項の規定によつて、保護者が就学させなければならない子（以下それぞれ「学齢児童」又は「学齢生徒」という。）で、病弱、発育不完全その他やむを得ない事由のため、就学困難と認められる者の保護者に対しては、市町村の教育委員会は、文部科学大臣の定めるところにより、同条第一項又は第二項の義務を猶予又は免除することができる。

〔就学の援助〕

第十九条　経済的理由によつて、就学困難と認められる学齢児童又は学齢生徒の保護者に対しては、市町村は、必要な援助を与えなければならない。

〔使用者の就学保障義務〕

第二十条　学齢児童又は学齢生徒を使用する者は、その使用によつて、当該学齢児童又は学齢生徒が、義務教育を受けることを妨げてはならない。

〔義務教育の目標〕

第二十一条　義務教育として行われる普通教育は、教育基本法（平成十八年法律第百二十号）第五条第二項に規定する目的を実現するため、次に掲げる目標を達成するよう行われるものとする。

一　学校内外における社会的活動を促進し、自主、自律及び協同の精神、規範意識、公正な判断力並びに公共の精神に基づき主体的に社会の形成に参画し、その発展に寄与する態度を養うこと。

二　学校内外における自然体験活動を促進し、生命及び自然を尊重する精神並びに環境の保全に寄与する態度を養うこと。

三　我が国と郷土の現状と歴史について、正しい理解に導き、伝統と文化を尊重し、それらをはぐくんできた我が国と郷土を愛する態度を養うとともに、進んで外国の文化の理解を通じて、他国を尊重し、国際社会の平和と発展に寄与する態度を養うこと。

四　家族と家庭の役割、生活に必要な衣、食、住、情報、産業その他の事項について基礎的な理解と技能を養うこと。

五　読書に親しませ、生活に必要な国語を正しく理解し、使用する基礎的な能力を養うこと。

六　生活に必要な数量的な関係を正しく理解し、処理する基礎的な能力を養うこと。

七　生活にかかわる自然現象について、観察及び実験を通じて、科学的に理解し、処理する基礎的な能力を養うこと。

八　健康、安全で幸福な生活のために必要な習慣を養うとともに、運動を通じて体力を養い、心身の調和的発達を図ること。

九　生活を明るく豊かにする音楽、美術、文芸その他の芸術について基礎的な理解と技能を養うこと。
十　職業についての基礎的な知識と技能、勤労を重んずる態度及び個性に応じて将来の進路を選択する能力を養うこと。

第三章　幼稚園

〔幼稚園の目的〕
第二十二条　幼稚園は、義務教育及びその後の教育の基礎を培うものとして、幼児を保育し、幼児の健やかな成長のために適当な環境を与えて、その心身の発達を助長することを目的とする。

〔幼稚園の目標〕
第二十三条　幼稚園における教育は、前条に規定する目的を実現するため、次に掲げる目標を達成するよう行われるものとする。
一　健康、安全で幸福な生活のために必要な基本的な習慣を養い、身体諸機能の調和的発達を図ること。
二　集団生活を通じて、喜んでこれに参加する態度を養うとともに家族や身近な人への信頼感を深め、自主、自律及び協同の精神並びに規範意識の芽生えを養うこと。
三　身近な社会生活、生命及び自然に対する興味を養い、それらに対する正しい理解と態度及び思考力の芽生えを養うこと。
四　日常の会話や、絵本、童話等に親しむことを通じて、言葉の使い方を正しく導くとともに、相手の話を理解しようとする態度を養うこと。
五　音楽、身体による表現、造形等に親しむことを通じて、豊かな感性と表現力の芽生えを養うこと。

第二十四条　幼稚園においては、第二十二条に規定する目的を実現するための教育を行うほか、幼児期の教育に関する各般の問題につき、保護者及び地域住民その他の関係者からの相談に応じ、必要な情報の提供及び助言を行うなど、家庭及び地域における幼児期の教育の支援に努めるものとする。〔家庭及び地域への教育支援〕

第二十五条　幼稚園の教育課程その他の保育内容に関する事項は、第二十二条及び第二十三条の規定に従い、文部科学大臣が定める。〔幼稚園の教育課程〕

第二十六条　幼稚園に入園することのできる者は、満三歳から、小学校就学の始期に達するまでの幼児とする。〔入園資格〕〈特に準用〉

第二十七条　幼稚園には、園長、教頭及び教諭を置かなければならない。〔教職員〕〈特に準用〉

②　幼稚園には、前項に規定するもののほか、副園長、主幹教諭、指導教諭、養護教諭、栄養教諭、事務職員、養護助教諭その他必要な職員を置くことができる。

③　第一項の規定にかかわらず、副園長を置くときその他特別の事情のあるときは、教頭を置かないことができる。

④　園長は、園務をつかさどり、所属職員を監督する。

⑤　副園長は、園長を助け、命を受けて園務をつかさどる。

⑥　教頭は、園長（副園長を置く幼稚園にあつては、園長及び副園長）を助け、園務を整理し、及び必要に応じ幼児の保育をつかさどる。

⑦　主幹教諭は、園長（副園長を置く幼稚園にあつては、園長及び副園長）及び教頭を助け、命を受けて園務の一部を整理し、並びに幼児の保育をつかさどる。

⑧　指導教諭は、幼児の保育をつかさどり、並びに教諭その他の職員に対して、保育の改善及び充

実のために必要な指導及び助言を行う。

⑨　教諭は、幼児の保育をつかさどる。

⑩　特別の事情のあるときは、第一項の規定にかかわらず、教諭に代えて助教諭又は講師を置くことができる。

⑪　学校の実情に照らし必要があると認めるときは、第七項の規定にかかわらず、園長（副園長を置く幼稚園にあつては、園長及び副園長）及び教頭を助け、命を受けて園務の一部を整理し、並びに幼児の養護又は栄養の指導及び管理をつかさどる主幹教諭を置くことができる。

第四章　小学校

〔小学校の目的〕

第二十九条　小学校は、心身の発達に応じて、義務教育として行われる普通教育のうち基礎的なものを施すことを目的とする。

〔小学校の目標〕〈2、中・義務・高・中等に準用〉

第三十条　小学校における教育は、前条に規定する目的を実現するために必要な程度において第二十一条各号に掲げる目標を達成するよう行われるものとする。

②　前項の場合においては、生涯にわたり学習する基盤が培われるよう、基礎的な知識及び技能を習得させるとともに、これらを活用して課題を解決するために必要な思考力、判断力、表現力その他の能力をはぐくみ、主体的に学習に取り組む態度を養うことに、特に意を用いなければならない。

〔体験的学習活動〕〈中・義務・高・中等・特に準用〉

第三十一条　小学校においては、前条第一項の規定による目標の達成に資するよう、教育指導を行うに当たり、児童の体験的な学習活動、特にボランティア活動など社会奉仕体験活動、自然体験活動その他の体験活動の充実に努めるものとする。この場合において、社会教育関係団体その他の関係団体及び関係機関との連携に十分配慮しなければならない。

〔修業年限〕〈特に準用〉

第三十二条　小学校の修業年限は、六年とする。

〔教育課程〕

第三十三条　小学校の教育課程に関する事項は、第二十九条及び第三十条の規定に従い、文部科学大臣が定める。

〔教科書・教材の使用〕〈中・義務・高・中等・特に準用〉

第三十四条　小学校においては、文部科学大臣の検定を経た教科用図書又は文部科学省が著作の名義を有する教科用図書を使用しなければならない。

② 前項に規定する教科用図書（以下この条において「教科用図書」という。）の内容を文部科学大臣の定めるところにより記録した電磁的記録（電子的方式、磁気的方式その他人の知覚によつては認識することができない方式で作られる記録であつて、電子計算機による情報処理の用に供されるものをいう。）である教材がある場合には、同項の規定にかかわらず、文部科学大臣の定めるところにより、児童の教育の充実を図るため必要があると認められる教育課程の一部において、教科用図書に代えて当該教材を使用することができる。

③ 前項に規定する場合において、視覚障害、発達障害その他の文部科学大臣の定める事由により教科用図書を使用して学習することが困難な児童に対し、教科用図書に用いられた文字、図形等の拡大又は音声への変換その他の同項に規定する教材を電子計算機において用いることにより可能となる方法で指導することにより当該児童の学習上の困難の程度を低減させる必要があると認められるときは、文部科学大臣の定めるところにより、教育課程の全部又は一部において、教科用図書に代えて当該教材を使用することができる。

④ 教科用図書及び第二項に規定する教材以外の教材で、有益適切なものは、これを使用することができる。

⑤ 第一項の検定の申請に係る教科用図書に関し調査審議させるための審議会等（国家行政組織法（昭和二十三年法律第百二十号）第八条に規定する機関をいう。以下同じ。）については、政令で定める。

〔出席停止〕〈中・義務に準用〉

第三十五条 市町村の教育委員会は、次に掲げる行為の一又は二以上を繰り返し行う等性行不良であつて他の児童の教育に妨げがあると認める児童があるときは、その保護者に対して、児童の出席停止を命ずることができる。

一 他の児童に傷害、心身の苦痛又は財産上の損失を与える行為

二 職員に傷害又は心身の苦痛を与える行為

三 施設又は設備を損壊する行為

四 授業その他の教育活動の実施を妨げる行為

② 市町村の教育委員会は、前項の規定により出席停止を命ずる場合には、あらかじめ保護者の意見を聴取するとともに、理由及び期間を記載した文書を交付しなければならない。

③ 前項に規定するもののほか、出席停止の命令の手続に関し必要な事項は、教育委員会規則で定めるものとする。

④ 市町村の教育委員会は、出席停止の命令に係る児童の出席停止の期間における学習に対する支援その他の教育上必要な措置を講ずるものとする。

〔学齢未満の子の入学禁止〕〈義務・特に準用〉

第三十六条 学齢に達しない子は、小学校に入学させることができない。

〔教職員〕〈6、8、12～17幼に準用〉

第三十七条 小学校には、校長、教頭、教諭、養護教諭及び事務職員を置かなければならない。

② 小学校には、前項に規定するもののほか、副校長、主幹教諭、指導教諭、栄養教諭その他必要

〈中に準用〉
〈義務に準用〉
〈4～17、19高・中等に準用〉
〈特に準用〉
〈14大・高専に準用〉

な職員を置くことができる。

③ 第一項の規定にかかわらず、副校長を置くときその他特別の事情のあるときは教頭を、養護をつかさどる主幹教諭を置くときは養護教諭を、特別の事情のあるときは事務職員を、それぞれ置かないことができる。

④ 校長は、校務をつかさどり、所属職員を監督する。

⑤ 副校長は、校長を助け、命を受けて校務をつかさどる。

⑥ 副校長は、校長に事故があるときはその職務を代理し、校長が欠けたときはその職務を行う。この場合において、副校長が二人以上あるときは、あらかじめ校長が定めた順序で、その職務を代理し、又は行う。

⑦ 教頭は、校長（副校長を置く小学校にあつては、校長及び副校長）を助け、校務を整理し、及び必要に応じ児童の教育をつかさどる。

⑧ 教頭は、校長（副校長を置く小学校にあつては、校長及び副校長）に事故があるときは校長の職務を代理し、校長（副校長を置く小学校にあつては、校長及び副校長）が欠けたときは校長の職務を行う。この場合において、教頭が二人以上あるときは、あらかじめ校長が定めた順序で、校長の職務を代理し、又は行う。

⑨ 主幹教諭は、校長（副校長を置く小学校にあつては、校長及び副校長）及び教頭を助け、命を受けて校務の一部を整理し、並びに児童の教育をつかさどる。

⑩ 指導教諭は、児童の教育をつかさどり、並びに教諭その他の職員に対して、教育指導の改善及び充実のために必要な指導及び助言を行う。

⑪ 教諭は、児童の教育をつかさどる。

⑫　養護教諭は、児童の養護をつかさどる。
⑬　栄養教諭は、児童の栄養の指導及び管理をつかさどる。
⑭　事務職員は、事務をつかさどる。
⑮　助教諭は、教諭の職務を助ける。
⑯　講師は、教諭又は助教諭に準ずる職務に従事する。
⑰　養護助教諭は、養護教諭の職務を助ける。
⑱　特別の事情のあるときは、第一項の規定にかかわらず、教諭に代えて助教諭又は講師を、養護教諭に代えて養護助教諭を置くことができる。
⑲　学校の実情に照らし必要があると認めるときは、第九項の規定にかかわらず、校長（副校長を置く小学校にあつては、校長及び副校長）及び教頭を助け、命を受けて校務の一部を整理し、並びに児童の養護又は栄養の指導及び管理をつかさどる主幹教諭を置くことができる。

〔設置義務〕〈中に準用〉

第三十八条　市町村は、その区域内にある学齢児童を就学させるに必要な小学校を設置しなければならない。ただし、教育上有益かつ適切であると認めるときは、義務教育学校の設置をもつてこれに代えることができる。

〔学校組合〕〈中に準用〉

第三十九条　市町村は、適当と認めるときは、前条の規定による事務の全部又は一部を処理するため、市町村の組合を設けることができる。

〔学齢児童の教育事務の委託〕〈中に準用〉

第四十条　市町村は、前二条の規定によることを不可能又は不適当と認めるときは、小学校又は義務教育学校の設置に代え、学齢児童の全部又は一部の教育事務を、他の市町村又は前条の市町村の組合に委託することができる。
②　前項の場合においては、地方自治法第二百五十二条の十四第三項において準用する同法第二百

五十二条の二の二第二項中「都道府県知事」とあるのは、「都道府県知事及び都道府県の教育委員会」と読み替えるものとする。

〔小学校の設置の補助〕〈中に準用〉

第四十一条 町村が、前二条の規定による負担に堪えないと都道府県の教育委員会が認めるときは、都道府県は、その町村に対して、必要な補助を与えなければならない。

〔小学校の学校評価〕〈幼・中・義務・高・中等・特・専修に準用〉

第四十二条 小学校は、文部科学大臣の定めるところにより当該小学校の教育活動その他の学校運営の状況について評価を行い、その結果に基づき学校運営の改善を図るため必要な措置を講ずることにより、その教育水準の向上に努めなければならない。

〔保護者等との連携協力〕〈幼・中・義務・高・中等・特・専修に準用〉

第四十三条 小学校は、当該小学校に関する保護者及び地域住民その他の関係者の理解を深めるとともに、これらの者との連携及び協力の推進に資するため、当該小学校の教育活動その他の学校運営の状況に関する情報を積極的に提供するものとする。

〔私立小学校の所管〕〈幼・中・義務・高・中等・特・専修に準用〉

第四十四条 私立の小学校は、都道府県知事の所管に属する。

第五章　中学校

〔中学校の目的〕

第四十五条 中学校は、小学校における教育の基礎の上に、心身の発達に応じて、義務教育として行われる普通教育を施すことを目的とする。

〔中学校の目標〕

第四十六条 中学校における教育は、前条に規定する目的を実現するため、第二十一条各号に掲げる目標を達成するよう行われるものとする。

〔修業年限〕〈特に準用〉

第四十七条 中学校の修業年限は、三年とする。

〔教育課程〕
第四十八条　中学校の教育課程に関する事項は、第四十五条及び第四十六条の規定並びに次条において読み替えて準用する第三十条第二項の規定に従い、文部科学大臣が定める。

第五章の二　義務教育学校

〔義務教育学校の目的〕
第四十九条の二　義務教育学校は、心身の発達に応じて、義務教育として行われる普通教育を基礎的なものから一貫して施すことを目的とする。

〔義務教育学校の目標〕
第四十九条の三　義務教育学校における教育は、前条に規定する目的を実現するため、第二十一条各号に掲げる目標を達成するよう行われるものとする。

〔修業年限〕
第四十九条の四　義務教育学校の修業年限は、九年とする。

〔課程の区分〕
第四十九条の五　義務教育学校の課程は、これを前期六年の前期課程及び後期三年の後期課程に区分する。

〔各課程の目標〕
第四十九条の六　義務教育学校の前期課程における教育は、第四十九条の二に規定する目的のうち、心身の発達に応じて、義務教育として行われる普通教育のうち基礎的なものを施すことを実現するために必要な程度において第二十一条各号に掲げる目標を達成するよう行われるものとする。

②　義務教育学校の後期課程における教育は、第四十九条の二に規定する目的のうち、前期課程における教育の基礎の上に、心身の発達に応じて、義務教育として行われる普通教育を施すことを実現するため、第二十一条各号に掲げる目標を達成するよう行われるものとする。

〔教育課程〕
第四十九条の七　義務教育学校の前期課程及び後期課程の教育課程に関する事項は、第四十九条の二、第四十九条の三及び前条の規定並びに次条において読み替えて準用する第三十条第二項の規定に従い、文部科学大臣が定める。

第六章　高等学校

〔高等学校の目的〕

第五十条　高等学校は、中学校における教育の基礎の上に、心身の発達及び進路に応じて、高度な普通教育及び専門教育を施すことを目的とする。

〔高等学校の目標〕

第五十一条　高等学校における教育は、前条に規定する目的を実現するため、次に掲げる目標を達成するよう行われるものとする。

一　義務教育として行われる普通教育の成果を更に発展拡充させて、豊かな人間性、創造性及び健やかな身体を養い、国家及び社会の形成者として必要な資質を養うこと。

二　社会において果たさなければならない使命の自覚に基づき、個性に応じて将来の進路を決定させ、一般的な教養を高め、専門的な知識、技術及び技能を習得させること。

三　個性の確立に努めるとともに、社会について、広く深い理解と健全な批判力を養い、社会の発展に寄与する態度を養うこと。

〔学科・教育課程〕

第五十二条　高等学校の学科及び教育課程に関する事項は、前二条の規定及び第六十二条において読み替えて準用する第三十条第二項の規定に従い、文部科学大臣が定める。

〔定時制の課程〕
〔中等後期に準用〕

第五十三条　高等学校には、全日制の課程のほか、定時制の課程を置くことができる。

②　高等学校には、定時制の課程のみを置くことができる。

〔通信制の課程〕
〔中等後期に準用〕

第五十四条　高等学校には、全日制の課程又は定時制の課程のほか、通信制の課程を置くことができる。

②　高等学校には、通信制の課程のみを置くことができる。

③　市（指定都市を除く。以下この項において同じ。）町村（市町村が単独で又は他の市町村と共

〔技能教育〕〈中等後期に準用〉

〔修業年限〕〈特に準用〉

〔入学資格〕〈特

同して設立する公立大学法人を含む。）の設置する高等学校については都道府県の教育委員会、私立の高等学校については都道府県知事は、高等学校の通信制の課程のうち、当該高等学校の所在する都道府県の区域内に住所を有する者のほか、全国的に他の都道府県の区域内に住所を有する者を併せて生徒とするものその他政令で定めるもの（以下この項において「広域の通信制の課程」という。）に係る第四条第一項に規定する認可（政令で定める事項に係るものに限る。）を行うときは、あらかじめ、文部科学大臣に届け出なければならない。都道府県（都道府県が単独で又は他の地方公共団体と共同して設立する公立大学法人を含む。）又は指定都市（指定都市が単独で又は他の指定都市若しくは市町村と共同して設立する公立大学法人を含む。）の設置する高等学校の広域の通信制の課程について、当該都道府県又は指定都市の教育委員会（公立大学法人の設置する高等学校にあつては、当該公立大学法人）がこの項前段の政令で定める事項を行うときも、同様とする。

④ 通信制の課程に関し必要な事項は、文部科学大臣が、これを定める。

第五十五条 高等学校の定時制の課程又は通信制の課程に在学する生徒が、技能教育のための施設で当該施設の所在地の都道府県の教育委員会の指定するものにおいて教育を受けているときは、校長は、文部科学大臣の定めるところにより、当該施設における学習を当該高等学校における教科の一部の履修とみなすことができる。

② 前項の施設の指定に関し必要な事項は、政令で、これを定める。

第五十六条 高等学校の修業年限は、全日制の課程については、三年とし、定時制の課程及び通信制の課程については、三年以上とする。

第五十七条 高等学校に入学することのできる者は、中学校若しくはこれに準ずる学校若しくは義務教育学校を卒業した者若しくは中等教育学校の前期課程を修了した者又は文部科学大臣の定めるところにより、これと同等以上の学力があると認められた者とする。

に準用〉

〔専攻科・別科〕
〈中等後期・特に準用〉

第五十八条　高等学校には、専攻科及び別科を置くことができる。

② 高等学校の専攻科は、高等学校若しくはこれに準ずる学校若しくは中等教育学校を卒業した者又は文部科学大臣の定めるところにより、これと同等以上の学力があると認められた者に対して、精深な程度において、特別の事項を教授し、その研究を指導することを目的とし、その修業年限は、一年以上とする。

③ 高等学校の別科は、前条に規定する入学資格を有する者に対して、簡易な程度において、特別の技能教育を施すことを目的とし、その修業年限は、一年以上とする。

〔大学への編入学〕

第五十八条の二　高等学校の専攻科の課程（修業年限が二年以上であることその他の文部科学大臣の定める基準を満たすものに限る。）を修了した者（第九十条第一項に規定する者に限る。）は、文部科学大臣の定めるところにより、大学に編入学することができる。

〔入学・退学・転学等〕〈中等・特・高専に準用〉

第五十九条　高等学校に関する入学、退学、転学その他必要な事項は、文部科学大臣が、これを定める。

〔教職員〕
〈3、5、中等後期に準用〉

第六十条　高等学校には、校長、教頭、教諭及び事務職員を置かなければならない。

② 高等学校には、前項に規定するもののほか、副校長、主幹教諭、指導教諭、養護教諭、栄養教諭、養護助教諭、実習助手、技術職員その他必要な職員を置くことができる。

〈特に準用〉

③ 第一項の規定にかかわらず、副校長を置くときは、教頭を置かないことができる。

〈6大・高専に準用〉

④ 実習助手は、実験又は実習について、教諭の職務を助ける。

⑤　特別の事情のあるときは、第一項の規定にかかわらず、教諭に代えて助教諭又は講師を置くことができる。

⑥　技術職員は、技術に従事する。

〔二以上の課程の教頭の設置〕〈中等後期に準用〉

第六十一条　高等学校に、全日制の課程、定時制の課程又は通信制の課程のうち二以上の課程を置くときは、それぞれの課程に関する校務を分担して整理する教頭を置かなければならない。ただし、命を受けて当該課程に関する校務をつかさどる副校長が置かれる一の課程については、この限りでない。

第七章　中等教育学校

〔中等教育学校の目的〕

第六十三条　中等教育学校は、小学校における教育の基礎の上に、心身の発達及び進路に応じて、義務教育として行われる普通教育並びに高度な普通教育及び専門教育を一貫して施すことを目的とする。

〔中等教育学校の目標〕

第六十四条　中等教育学校における教育は、前条に規定する目的を実現するため、次に掲げる目標を達成するよう行われるものとする。

一　豊かな人間性、創造性及び健やかな身体を養い、国家及び社会の形成者として必要な資質を養うこと。

二　社会において果たさなければならない使命の自覚に基づき、個性に応じて将来の進路を決定させ、一般的な教養を高め、専門的な知識、技術及び技能を習得させること。

三　個性の確立に努めるとともに、社会について、広く深い理解と健全な批判力を養い、社会の発展に寄与する態度を養うこと。

〔修業年限〕
第六十五条 中等教育学校の修業年限は、六年とする。

〔課程の区分〕
第六十六条 中等教育学校の課程は、これを前期三年の前期課程及び後期三年の後期課程に区分する。

〔各課程の目標〕
第六十七条 中等教育学校の前期課程における教育は、第六十三条に規定する目的のうち、小学校における教育の基礎の上に、心身の発達に応じて、義務教育として行われる普通教育を施すことを実現するため、第二十一条各号に掲げる目標を達成するよう行われるものとする。

② 中等教育学校の後期課程における教育は、第六十三条に規定する目的のうち、心身の発達及び進路に応じて、高度な普通教育及び専門教育を施すことを実現するため、第六十四条各号に掲げる目標を達成するよう行われるものとする。

〔教育課程〕
第六十八条 中等教育学校の前期課程の教育課程に関する事項並びに後期課程の学科及び教育課程に関する事項は、第六十三条、第六十四条及び前条の規定並びに第七十条第一項において読み替えて準用する第三十条第二項の規定に従い、文部科学大臣が定める。

〔教職員〕
第六十九条 中等教育学校には、校長、教頭、教諭、養護教諭及び事務職員を置かなければならない。

② 中等教育学校には、前項に規定するもののほか、副校長、主幹教諭、指導教諭、栄養教諭、実習助手、技術職員その他必要な職員を置くことができる。

③ 第一項の規定にかかわらず、副校長を置くときは教頭を、養護をつかさどる主幹教諭を置くときは養護教諭を、それぞれ置かないことができる。

④ 特別の事情のあるときは、第一項の規定にかかわらず、教諭に代えて助教諭又は講師を、養護教諭に代えて養護助教諭を置くことができる。

〔中学・高校一貫教育〕
第七十一条 同一の設置者が設置する中学校及び高等学校においては、文部科学大臣の定めるところにより、中等教育学校に準じて、中学校における教育と高等学校における教育を一貫して施すことができる。

第八章　特別支援教育

〔特別支援学校の目的〕

第七十二条　特別支援学校は、視覚障害者、聴覚障害者、知的障害者、肢体不自由者又は病弱者（身体虚弱者を含む。以下同じ。）に対して、幼稚園、小学校、中学校又は高等学校に準ずる教育を施すとともに、障害による学習上又は生活上の困難を克服し自立を図るために必要な知識技能を授けることを目的とする。

〔教育内容の明示〕

第七十三条　特別支援学校においては、文部科学大臣の定めるところにより、前条に規定する者に対する教育のうち当該学校が行うものを明らかにするものとする。

〔特別支援学校への助言・援助〕

第七十四条　特別支援学校においては、第七十二条に規定する目的を実現するための教育を行うほか、幼稚園、小学校、中学校、義務教育学校、高等学校又は中等教育学校の要請に応じて、第八十一条第一項に規定する幼児、児童又は生徒の教育に関し必要な助言又は援助を行うよう努めるものとする。

〔障害の程度〕

第七十五条　第七十二条に規定する視覚障害者、聴覚障害者、知的障害者、肢体不自由者又は病弱者の障害の程度は、政令で定める。

〔小学部・中学部・幼稚部・高等部〕

第七十六条　特別支援学校には、小学部及び中学部を置かなければならない。ただし、特別の必要のある場合においては、そのいずれかのみを置くことができる。

②　特別支援学校には、小学部及び中学部のほか、幼稚部又は高等部を置くことができ、また、特別の必要のある場合においては、前項の規定にかかわらず、小学部及び中学部を置かないで幼稚部又は高等部のみを置くことができる。

〔教育課程・保育内容・学科〕
第七十七条　特別支援学校の幼稚部の教育課程その他の保育内容、小学部及び中学部の教育課程又は高等部の学科及び教育課程に関する事項は、幼稚園、小学校、中学校又は高等学校に準じて、文部科学大臣が定める。

〔寄宿舎の設置〕
第七十八条　特別支援学校には、寄宿舎を設けなければならない。ただし、特別の事情のあるときは、これを設けないことができる。

〔寄宿舎指導員〕
第七十九条　寄宿舎を設ける特別支援学校には、寄宿舎指導員を置かなければならない。

②　寄宿舎指導員は、寄宿舎における幼児、児童又は生徒の日常生活上の世話及び生活指導に従事する。

〔特別支援学校の設置義務〕
第八十条　都道府県は、その区域内にある学齢児童及び学齢生徒のうち、視覚障害者、聴覚障害者、知的障害者、肢体不自由者又は病弱者で、その障害が第七十五条の政令で定める程度のものを就学させるに必要な特別支援学校を設置しなければならない。

〔特別支援学級〕
第八十一条　幼稚園、小学校、中学校、義務教育学校、高等学校及び中等教育学校においては、次項各号のいずれかに該当する幼児、児童及び生徒その他教育上特別の支援を必要とする幼児、児童及び生徒に対し、文部科学大臣の定めるところにより、障害による学習上又は生活上の困難を克服するための教育を行うものとする。

②　小学校、中学校、義務教育学校、高等学校及び中等教育学校には、次の各号のいずれかに該当する児童及び生徒のために、特別支援学級を置くことができる。

一　知的障害者
二　肢体不自由者
三　身体虚弱者

四　弱視者
五　難聴者
六　その他障害のある者で、特別支援学級において教育を行うことが適当なもの
③　前項に規定する学校においては、疾病により療養中の児童及び生徒に対して、特別支援学級を設け、又は教員を派遣して、教育を行うことができる。

第九章　大　学

〔大学の目的〕
第八十三条　大学は、学術の中心として、広く知識を授けるとともに、深く専門の学芸を教授研究し、知的、道徳的及び応用的能力を展開させることを目的とする。
②　大学は、その目的を実現するための教育研究を行い、その成果を広く社会に提供することにより、社会の発展に寄与するものとする。

〔専門職大学の目的〕
第八十三条の二　前条の大学のうち、深く専門の学芸を教授研究し、専門性が求められる職業を担うための実践的かつ応用的な能力を展開させることを目的とするものは、専門職大学とする。
②　専門職大学は、文部科学大臣の定めるところにより、その専門性が求められる職業に就いている者、当該職業に関連する事業を行う者その他の関係者の協力を得て、教育課程を編成し、及び実施し、並びに教員の資質の向上を図るものとする。
③　専門職大学には、第八十七条第二項に規定する課程を置くことができない。

〔大学院の目的・専門職大学院〕
第九十九条　大学院は、学術の理論及び応用を教授研究し、その深奥をきわめ、又は高度の専門性が求められる職業を担うための深い学識及び卓越した能力を培い、文化の進展に寄与することを目的とする。

② 大学院のうち、学術の理論及び応用を教授研究し、高度の専門性が求められる職業を担うための深い学識及び卓越した能力を培うことを目的とするものは、専門職大学院とする。

③ 専門職大学院は、文部科学大臣の定めるところにより、その高度の専門性が求められる職業に就いている者、当該職業に関連する事業を行う者その他の関係者の協力を得て、教育課程を編成し、及び実施し、並びに教員の資質の向上を図るものとする。

第十章　高等専門学校

〔高等専門学校の目的〕

第百十五条　高等専門学校は、深く専門の学芸を教授し、職業に必要な能力を育成することを目的とする。

② 高等専門学校は、その目的を実現するための教育を行い、その成果を広く社会に提供することにより、社会の発展に寄与するものとする。

第十一章　専修学校

〔専修学校の目的等〕

第百二十四条　第一条に掲げるもの以外の教育施設で、職業若しくは実際生活に必要な能力を育成し、又は教養の向上を図ることを目的として次の各号に該当する組織的な教育を行うもの（当該教育を行うにつき他の法律に特別の規定があるもの及び我が国に居住する外国人を専ら対象とするものを除く。）は、専修学校とする。

一　修業年限が一年以上であること。

二　授業時数が文部科学大臣の定める授業時数以上であること。

三　教育を受ける者が常時四十人以上であること。

〔専修学校の課程〕

第百二十五条　専修学校には、高等課程、専門課程又は一般課程を置く。

② 専修学校の高等課程においては、中学校若しくはこれに準ずる学校若しくは義務教育学校を卒業した者若しくは中等教育学校の前期課程を修了した者又は文部科学大臣の定めるところによりこれと同等以上の学力があると認められた者に対して、中学校における教育の基礎の上に、心身の発達に応じて前条の教育を行うものとする。

③ 専修学校の専門課程においては、高等学校若しくはこれに準ずる学校若しくは中等教育学校を卒業した者又は文部科学大臣の定めるところによりこれに準ずる学力があると認められた者に対して、高等学校における教育の基礎の上に、前条の教育を行うものとする。

④ 専修学校の一般課程においては、高等課程又は専門課程の教育以外の前条の教育を行うものとする。

〔高等専修学校・専門学校〕

第百二十六条　高等課程を置く専修学校は、高等専修学校と称することができる。

② 専門課程を置く専修学校は、専門学校と称することができる。

第十二章　雑　則

〔各種学校〕

第百三十四条　第一条に掲げるもの以外のもので、学校教育に類する教育を行うもの（当該教育を行うにつき他の法律に特別の規定があるもの及び第百二十四条に規定する専修学校の教育を行うものを除く。）は、各種学校とする。

〔社会教育への利用〕

第百三十七条　学校教育上支障のない限り、学校には、社会教育に関する施設を附置し、又は学校の施設を社会教育その他公共のために、利用させることができる。

第十三章　罰則

〔就学義務違反〕
第百四十四条　第十七条第一項又は第二項の義務の履行の督促を受け、なお履行しない者は、十万円以下の罰金に処する。

〔就学保障義務違反〕
第百四十五条　第二十条の規定に違反した者は、十万円以下の罰金に処する。

●学校教育法施行令

（昭二八・一〇・三一）
（政令三四〇）
最終改正　令元—政一二八

第一章　就学義務

〔学齢簿の編製〕
第一条　市（特別区を含む。以下同じ。）町村の教育委員会は、当該市町村の区域内に住所を有する学齢児童及び学齢生徒（それぞれ学校教育法（以下「法」という。）第十八条に規定する学齢児童及び学齢生徒をいう。以下同じ。）について、学齢簿を編製しなければならない。

2　前項の規定による学齢簿の編製は、当該市町村の住民基本台帳に基づいて行なうものとする。

〔学齢簿の作成期日〕
第二条　市町村の教育委員会は、毎学年の初めから五月前までに、文部科学省令で定める日現在において、当該市町村に住所を有する者で前学年の初めから終わりまでの間に満六歳に達する者について、あらかじめ、前条第一項の学齢簿を作成しなければならない。この場合においては、同条第二項から第四項までの規定を準用する。

〔入学期日等の通
第五条　市町村の教育委員会は、就学予定者（法第十七条第一項又は第二項の規定により、翌学年

知、学校の指定）

の初めから小学校、中学校、義務教育学校、中等教育学校又は特別支援学校に就学させるべき者をいう。以下同じ。）のうち、認定特別支援学校就学者（視覚障害者、聴覚障害者、知的障害者、肢体不自由者又は病弱者（身体虚弱者を含む。）で、その障害が、第二十二条の三の表に規定する程度のもの（以下「視覚障害者等」という。）のうち、当該市町村の教育委員会が、その者の障害の状態、その者の教育上必要な支援の内容、地域における教育の体制の整備の状況その他の事情を勘案して、その住所の存する都道府県の設置する特別支援学校に就学させることが適当であると認める者をいう。以下同じ。）以外の者について、その保護者に対し、翌学年の初めから二月前までに、小学校、中学校又は義務教育学校の入学期日を通知しなければならない。

2　市町村の教育委員会は、当該市町村の設置する小学校及び義務教育学校の数の合計数が二以上である場合又は当該市町村の設置する中学校（法第七十一条の規定により高等学校における教育と一貫した教育を施すもの（以下「併設型中学校」という。）を除く。以下この項、次条第七号、第六条の三第一項、第七条及び第八条において同じ。）及び義務教育学校の数の合計数が二以上である場合においては、前項の通知において当該就学予定者の就学すべき小学校、中学校又は義務教育学校を指定しなければならない。

3　前二項の規定は、第九条第一項又は第十七条の届出のあつた就学予定者については、適用しない。

（特別支援学校への就学についての通知）

第十一条　市町村の教育委員会は、第二条に規定する者のうち認定特別支援学校就学者について、都道府県の教育委員会に対し、翌学年の初めから三月前までに、その氏名及び特別支援学校に就学させるべき旨を通知しなければならない。

（特別支援学校の入学期日等の通

第十四条　都道府県の教育委員会は、第十一条第一項（第十一条の二、第十一条の三、第十二条第二項及び第十二条の二第二項において準用する場合を含む。）の通知を受けた児童生徒等及び特別支援学校の新設、廃止等によりその就学させるべき特別支援学校を変更する必要を生じた児童生徒等について、その保護者に対し、第十一条第一項（第十一条の二において準用する場合を含む。）の通知を受けた児童生徒等にあつては翌学年の初めから二月前までに、その他の児童生徒等にあつては速やかに特別支援学校の入学期日を通知しなければならない。

〔知、学校の指定〕

2　都道府県の教育委員会は、当該都道府県の設置する特別支援学校が二校以上ある場合においては、前項の通知において当該児童生徒等を就学させるべき特別支援学校を指定しなければならない。

3　前二項の規定は、前条の通知を受けた児童生徒等については、適用しない。

〔保護者等の意見聴取〕

第十八条の二　市町村の教育委員会は、児童生徒等のうち視覚障害者等について、第五条（第六条（第二号を除く。）において準用する場合を含む。）又は第十一条第一項（第十一条の二、第十一条の三、第十二条第二項及び第十二条の二第二項において準用する場合を含む。）の通知をしようとするときは、その保護者及び教育学、医学、心理学その他の障害のある児童生徒等の就学に関する専門的知識を有する者の意見を聴くものとする。

〔校長の義務〕

第十九条　小学校、中学校、義務教育学校、中等教育学校及び特別支援学校の校長は、常に、その学校に在学する学齢児童又は学齢生徒の出席状況を明らかにしておかなければならない。

〔長期欠席者等の教育委員会への通知〕

第二十条　小学校、中学校、義務教育学校、中等教育学校及び特別支援学校の校長は、当該学校に在学する学齢児童又は学齢生徒が、休業日を除き引き続き七日間出席せず、その他その出席状況が良好でない場合において、その出席させないことについて保護者に正当な事由がないと認められるときは、速やかに、その旨を当該学齢児童又は学齢生徒の住所の存する市町村の教育委員会に通知しなければならない。

〔教育委員会の行う出席の督促等〕

第二十一条　市町村の教育委員会は、前条の通知を受けたときその他当該市町村に住所を有する学齢児童又は学齢生徒の保護者が法第十七条第一項又は第二項に規定する義務を怠つていると認められるときは、その保護者に対して、当該学齢児童又は学齢生徒の出席を督促しなければならない。

（全課程修了者の通知）

第二十二条　小学校、中学校、義務教育学校、中等教育学校及び特別支援学校の校長は、毎学年の終了後、速やかに、小学校、中学校、義務教育学校の前期課程若しくは後期課程、中等教育学校の前期課程又は特別支援学校の小学部若しくは中学部の全課程を修了した者の氏名をその者の住所の存する市町村の教育委員会に通知しなければならない。

第二章　視覚障害者等の障害の程度

（視覚障害者等の障害の程度）

第二十二条の三　法第七十五条の政令で定める視覚障害者、聴覚障害者、知的障害者、肢体不自由者又は病弱者の障害の程度は、次の表に掲げるとおりとする。

区分	障害の程度
視覚障害者	両眼の視力がおおむね〇・三未満のもの又は視力以外の視機能障害が高度のもののうち、拡大鏡等の使用によつても通常の文字、図形等の視覚による認識が不可能又は著しく困難な程度のもの
聴覚障害者	両耳の聴力レベルがおおむね六〇デシベル以上のもののうち、補聴器等の使用によつても通常の話声を解することが不可能又は著しく困難な程度のもの
知的障害者	一　知的発達の遅滞があり、他人との意思疎通が困難で日常生活を営むのに頻繁に援助を必要とする程度のもの 二　知的発達の遅滞の程度が前号に掲げる程度に達しないもののうち、社会生活への適応が著しく困難なもの

肢体不自由者	一　肢体不自由の状態が補装具の使用によつても歩行、筆記等日常生活における基本的な動作が不可能又は困難な程度のもの 二　肢体不自由の状態が前号に掲げる程度に達しないもののうち、常時の医学的観察指導を必要とする程度のもの
病弱者	一　慢性の呼吸器疾患、腎臓疾患及び神経疾患、悪性新生物その他の疾患の状態が継続して医療又は生活規制を必要とする程度のもの 二　身体虚弱の状態が継続して生活規制を必要とする程度のもの

第三章　認可、届出等

（法第四条第一項の政令で定める事項）

第二十三条　法第四条第一項（法第百三十四条第二項において準用する場合を含む。）の政令で定める事項（法第四条の二に規定する幼稚園に係るものを除く。）は、次のとおりとする。

一　市町村（市町村が単独で又は他の市町村と共同して設立する公立大学法人（地方独立行政法人法（平成十五年法律第百十八号）第六十八条第一項に規定する公立大学法人をいう。以下同じ。）を含む。以下この項及び第二十四条の三において同じ。）の設置する特別支援学校の位置の変更

二　高等学校（中等教育学校の後期課程を含む。第十号及び第二十四条において同じ。）の学科又は市町村の設置する特別支援学校の高等部の学科、専攻科若しくは別科の設置及び廃止

三　特別支援学校の幼稚部、小学部、中学部又は高等部の設置及び廃止

四　市町村の設置する特別支援学校の高等部の学級の編制及びその変更

五　特別支援学校の高等部における通信教育の開設及び廃止並びに大学における通信教育の開設
六　私立の大学の学部の学科の設置
七　専門職大学の課程（法第八十七条の二第一項の規定により前期課程及び後期課程に区分されたものに限る。次条第一項第一号ロにおいて同じ。）の設置及び変更
八　大学の大学院の研究科の専攻の設置及び当該専攻に係る課程（法第百四条第三項に規定する課程をいう。次条第一項第一号ハにおいて同じ。）の変更
九　高等専門学校の学科の設置
十　市町村の設置する高等学校、中等教育学校又は特別支援学校の分校の設置及び廃止

（法第五十四条第三項の政令で定める通信制の課程）

第二十四条　法第五十四条第三項の政令で定める高等学校の通信制の課程（法第四条第一項に規定する通信制の課程をいう。以下同じ。）は、当該高等学校の所在する都道府県の区域内に住所を有する者のほか、他の二以上の都道府県の区域内に住所を有する者を併せて生徒とするものとする。

（法第五十四条第三項の政令で定める事項）

第二十四条の二　法第五十四条第三項の政令で定める事項は、次のとおりとする。
一　学校の設置及び廃止
二　通信制の課程の設置及び廃止
三　設置者の変更
四　学則の記載事項のうち文部科学省令で定めるものに係る変更

（学期及び休業日）

第二十九条　公立の学校（大学を除く。以下この条において同じ。）の学期並びに夏季、冬季、学年末、農繁期等における休業日又は家庭及び地域における体験的な学習活動その他の学習活動のための休業日（次項において「体験的学習活動等休業日」という。）は、市町村又は都道府県の設置する学校にあつては当該市町村又は都道府県の教育委員会が、公立大学法人の設置する学校

にあつては当該公立大学法人の理事長が定める。

2　市町村又は都道府県の教育委員会は、体験的学習活動等休業日を定めるに当たつては、家庭及び地域における幼児、児童、生徒又は学生の体験的な学習活動その他の学習活動の体験的学習活動等休業日における円滑な実施及び充実を図るため、休業日の時期を適切に分散させて定めることその他の必要な措置を講ずるよう努めるものとする。

●学校教育法施行規則

（昭二二・五・二三　文部省令一一）
最終改正　令二―文科令一五

第一章　総　則

〔学校の施設・位置〕
第一条　学校には、その学校の目的を実現するために必要な校地、校舎、校具、運動場、図書館又は図書室、保健室その他の設備を設けなければならない。
②　学校の位置は、教育上適切な環境に、これを定めなければならない。

〔私立学校の届出〕
第二条　私立の学校の設置者は、その設置する大学又は高等専門学校について次に掲げる事由があるときは、その旨を文部科学大臣に届け出なければならない。
一　目的、名称、位置又は学則（収容定員に係るものを除く。）を変更しようとするとき。
二　分校を設置し、又は廃止しようとするとき。
三　大学の学部、大学院の研究科、短期大学の学科その他の組織の位置を、我が国から外国に、外国から我が国に、又は一の外国から他の外国に変更するとき。

四　大学における通信教育に関する規程を変更しようとするとき。
五　経費の見積り及び維持方法を変更しようとするとき。
六　校地、校舎その他直接教育の用に供する土地及び建物に関する権利を取得し、若しくは処分しようとするとき、又は用途の変更、改築等によりこれらの土地及び建物の現状に重要な変更を加えようとするとき。

〔学校設置の認可申請・届出の手続〕〈設置の認可申請について専修・各種に準用〉

第三条　学校の設置についての認可の申請又は届出は、それぞれ認可申請書又は届出書に、次の事項（市（特別区を含む。以下同じ。）町村立の小学校、中学校及び義務教育学校（市町村が単独で又は他の市町村と共同して設立する公立大学法人（地方独立行政法人法（平成十五年法律第百十八号）第六十八条第一項に規定する公立大学法人をいう。以下同じ。）の設置する小学校、中学校及び義務教育学校を含む。第七条において同じ。）については、第四号及び第五号の事項を除く。）を記載した書類及び校地、校舎その他直接保育又は教育の用に供する土地及び建物（以下「校地校舎等」という。）の図面を添えてしなければならない。
一　目的　二　名称　三　位置　四　学則　五　経費の見積り及び維持方法
六　開設の時期

〔学則の記載事項〕〈設置の認可申請について専修・各種に準用〉

第四条　前条の学則中には、少くとも、次の事項を記載しなければならない。
一　修業年限、学年、学期及び授業を行わない日（以下「休業日」という。）に関する事項
二　部科及び課程の組織に関する事項
三　教育課程及び授業日時数に関する事項
四　学習の評価及び課程修了の認定に関する事項
五　収容定員及び職員組織に関する事項

六　入学、退学、転学、休学及び卒業に関する事項
七　授業料、入学料その他の費用徴収に関する事項
八　賞罰に関する事項
九　寄宿舎に関する事項

〔校長の資格〕

第二十条　校長（学長及び高等専門学校の校長を除く。）の資格は、次の各号のいずれかに該当するものとする。

一　教育職員免許法（昭和二十四年法律第百四十七号）による教諭の専修免許状又は一種免許状（高等学校及び中等教育学校の校長にあつては、専修免許状）を有し、かつ、次に掲げる職（以下「教育に関する職」という。）に五年以上あつたこと

イ　学校教育法第一条に規定する学校及び同法第百二十四条に規定する専修学校の校長（就学前の子どもに関する教育、保育等の総合的な提供の推進に関する法律（平成十八年法律第七十七号）第二条第七項に規定する幼保連携型認定こども園（以下「幼保連携型認定こども園」という。）の園長を含む。）の職

ロ　学校教育法第一条に規定する学校及び幼保連携型認定こども園の教授、准教授、助教、副校長（幼保連携型認定こども園の副園長を含む。）、教頭、主幹教諭（幼保連携型認定こども園の主幹養護教諭及び主幹栄養教諭を含む。）、指導教諭、教諭、助教諭、養護教諭、養護助教諭、栄養教諭、主幹保育教諭、指導保育教諭、保育教諭、助保育教諭、講師（常時勤務の者に限る。）及び同法第百二十四条に規定する専修学校の教員（以下本条中「教員」という。）の職

ハ　学校教育法第一条に規定する学校及び幼保連携型認定こども園の事務職員（単純な労務に

雇用される者を除く。本条中以下同じ。）、実習助手、寄宿舎指導員及び学校栄養職員（学校給食法（昭和二十九年法律第百六十号）第七条に規定する職員のうち栄養教諭以外の者をいい、同法第六条に規定する施設の当該職員を含む。）の職

ニ　学校教育法等の一部を改正する法律（平成十九年法律第九十六号）第一条の規定による改正前の学校教育法第九十四条の規定により廃止された従前の法令の規定による学校及び旧教員養成諸学校官制（昭和二十一年勅令第二百八号）第一条の規定による教員養成諸学校の長の職

ホ　ニに掲げる学校及び教員養成諸学校における教員及び事務職員に相当する者の職

ヘ　海外に在留する邦人の子女のための在外教育施設（以下「在外教育施設」という。）で、文部科学大臣が小学校、中学校又は高等学校の課程と同等の課程を有するものとして認定したものにおけるイからハまでに掲げる者に準ずるものの職

ト　ヘに規定する職のほか、外国の学校におけるイからハまでに掲げる者に準ずるものの職

チ　少年院法（平成二十六年法律第五十八号）による少年院又は児童福祉法（昭和二十二年法律第百六十四号）による児童自立支援施設（児童福祉法等の一部を改正する法律（平成九年法律第七十四号）附則第七条第一項の規定により証明書を発行することができるもので、同条第二項の規定によりその例によることとされた同法による改正前の児童福祉法第四十八条第四項ただし書の規定による指定を受けたものを除く。）において教育を担当する者の職

リ　イからチまでに掲げるもののほか、国又は地方公共団体において教育事務又は教育を担当する国家公務員又は地方公務員（単純な労務に雇用される者を除く。）の職

ヌ　外国の官公庁におけるリに準ずる者の職

二　教育に関する職に十年以上あつたこと

〔私立学校長の資格の特例〕

第二十一条　私立学校の設置者は、前条の規定により難い特別の事情のあるときは、五年以上教育に関する職又は教育、学術に関する業務に従事し、かつ、教育に関し高い識見を有する者を校長として採用することができる。

〔教員免許状を有しない校長の任命採用〕

第二十二条　国立若しくは公立の学校の校長の任命権者又は私立学校の設置者は、学校の運営上特に必要がある場合には、前二条に規定するもののほか、第二十条各号に掲げる資格を有する者と同等の資質を有すると認める者を校長として任命し又は採用することができる。

〔副校長及び教頭の資格〕

第二十三条　前三条の規定は、副校長及び教頭の資格について準用する。

〔指導要録の作成〕

第二十四条　校長は、その学校に在学する児童等の指導要録（学校教育法施行令第三十一条に規定する児童等の学習及び健康の状況を記録した書類の原本をいう。以下同じ。）を作成しなければならない。

②　校長は、児童等が進学した場合においては、その作成に係る当該児童等の指導要録の抄本又は写しを作成し、これを進学先の校長に送付しなければならない。

③　校長は、児童等が転学した場合においては、その作成に係る当該児童等の指導要録の写しを作成し、その写し（転学してきた児童等については転学により送付を受けた指導要録（就学前の子どもに関する教育、保育等の総合的な提供の推進に関する法律施行令（平成二十六年政令第二百三号）第八条に規定する園児の学習及び健康の状況を記録した書類の原本を含む。）の写しを含む。）及び前項の抄本又は写しを転学先の校長、保育所の長又は認定こども園の長に送付しなければならない。

〔出席簿の作成〕〈専修に準用〉

第二十五条 校長（学長を除く。）は、当該学校に在学する児童等について出席簿を作成しなければならない。

〔懲戒〕〈専修・各種に準用〉

第二十六条 校長及び教員が児童等に懲戒を加えるに当つては、児童等の心身の発達に応ずる等教育上必要な配慮をしなければならない。

② 懲戒のうち、退学、停学及び訓告の処分は、校長（大学にあつては、学長の委任を受けた学部長を含む。）が行う。

③ 前項の退学は、公立の小学校、中学校（学校教育法第七十一条の規定により高等学校における教育と一貫した教育を施すもの（以下「併設型中学校」という。）を除く。）、義務教育学校又は特別支援学校に在学する学齢児童又は学齢生徒を除き、次の各号のいずれかに該当する児童等に対して行うことができる。

一 性行不良で改善の見込がないと認められる者

二 学力劣等で成業の見込がないと認められる者

三 正当の理由がなくて出席常でない者

四 学校の秩序を乱し、その他学生又は生徒としての本分に反した者

④ 第二項の停学は、学齢児童又は学齢生徒に対しては、行うことができない。

⑤ 学長は、学生に対する第二項の退学、停学及び訓告の処分の手続を定めなければならない。

第二章 義務教育

〔学齢簿の記載事項〕

第三十条 学校教育法施行令第一条第一項の学齢簿に記載（同条第三項の規定により磁気ディスクをもつて調製する学齢簿にあつては、記録。以下同じ。）をすべき事項は、次の各号に掲げる区

分に応じ、当該各号に掲げる事項とする。
一　学齢児童又は学齢生徒に関する事項　氏名、現住所、生年月日及び性別
二　保護者に関する事項　氏名、現住所及び保護者と学齢児童又は学齢生徒との関係
三　就学する学校に関する事項
イ　当該市町村の設置する小学校、中学校（併設型中学校を除く。）又は義務教育学校に就学する者について、当該学校の名称並びに当該学校に係る入学、転学及び卒業の年月日
ロ　学校教育法施行令第九条に定める手続により当該市町村の設置する小学校、中学校（併設型中学校を除く。）又は義務教育学校以外の小学校、中学校、義務教育学校又は中等教育学校に就学する者について、当該学校及びその設置者の名称並びに当該学校に係る入学、転学、退学及び卒業の年月日
ハ　特別支援学校の小学部又は中学部に就学する者について、当該学校及び部並びに当該学校の設置者の名称並びに当該部に係る入学、転学、退学及び卒業の年月日
四　就学の督促等に関する事項　学校教育法施行令第二十条又は第二十一条の規定に基づき就学状況が良好でない者等について、校長から通知を受けたとき、又は就学義務の履行を督促したときは、その旨及び通知を受け、又は督促した年月日
五　就学義務の猶予又は免除に関する事項　学校教育法第十八条の規定により保護者が就学させる義務を猶予又は免除された者について、猶予の年月日、事由及び期間又は免除の年月日及び事由並びに猶予又は免除された者のうち復学した者については、その年月日
六　その他必要な事項　市町村の教育委員会が学齢児童又は学齢生徒の就学に関し必要と認める事項

〔就学校の指定〕

第三十二条　市町村の教育委員会は、学校教育法施行令第五条第二項（同令第六条において準用する場合を含む。次項において同じ。）の規定により就学予定者の就学すべき小学校、中学校又は義務教育学校（次項において「就学校」という。）を指定する場合には、あらかじめ、その保護者の意見を聴取することができる。この場合においては、意見の聴取の手続に関し必要な事項を定め、公表するものとする。

2　市町村の教育委員会は、学校教育法施行令第五条第二項の規定による就学校の指定に係る通知において、その指定の変更についての同令第八条に規定する保護者の申立ができる旨を示すものとする。

〔就学校の変更〕

第三十三条　市町村の教育委員会は、学校教育法施行令第八条の規定により、その指定した小学校、中学校又は義務教育学校を変更することができる場合の要件及び手続に関し必要な事項を定め、公表するものとする。

〔就学義務の猶予・免除〕

第三十四条　学齢児童又は学齢生徒で、学校教育法第十八条に掲げる事由があるときは、その保護者は、就学義務の猶予又は免除を市町村の教育委員会に願い出なければならない。この場合においては、当該市町村の教育委員会の指定する医師その他の者の証明書等その事由を証するに足る書類を添えなければならない。

〔就学義務の猶予・免除後の編入〕
〈特（小・中）に準用〉

第三十五条　学校教育法第十八条の規定により保護者が就学させる義務を猶予又は免除された子について、当該猶予の期間が経過し、又は当該猶予若しくは免除が取り消されたときは、校長は、当該子を、その年齢及び心身の発達状況を考慮して、相当の学年に編入することができる。

第三章　幼稚園

〔幼稚園の設備、編制その他設置に関する事項〕

第三十六条　幼稚園の設備、編制その他設置に関する事項は、この章に定めるもののほか、幼稚園設置基準（昭和三十一年文部省令第三十二号）の定めるところによる。

〔教育週数〕

第三十七条　幼稚園の毎学年の教育週数は、特別の事情のある場合を除き、三十九週を下つてはならない。

〔教育課程〕

第三十八条　幼稚園の教育課程その他の保育内容については、この章に定めるもののほか、教育課程その他の保育内容の基準として文部科学大臣が別に公示する幼稚園教育要領によるものとする。

第四章　小学校

〔小学校の設備・編制その他設置に関する事項〕

第四十条　小学校の設備、編制その他設置に関する事項は、この節に定めるもののほか、小学校設置基準（平成十四年文部科学省令第十四号）の定めるところによる。

〔標準学級数〕〈中に準用〉

第四十一条　小学校の学級数は、十二学級以上十八学級以下を標準とする。ただし、地域の実態その他により特別の事情のあるときは、この限りでない。

〔校務分掌〕〈中・義務・高・中等・特に準用〉

第四十三条　小学校においては、調和のとれた学校運営が行われるためにふさわしい校務分掌の仕組みを整えるものとする。

〔教務主任・学年主任〕〈中・義務・高・中等・特に準用〉

第四十四条　小学校には、教務主任及び学年主任を置くものとする。

2　前項の規定にかかわらず、第四項に規定する教務主任の担当する校務を整理する主幹教諭を置くときその他特別の事情のあるときは教務主任を、第五項に規定する学年主任の担当する校務を整理する主幹教諭を置くときその他特別の事情のあるときは学年主任を、それぞれ置かないことができる。

3　教務主任及び学年主任は、指導教諭又は教諭をもつて、これに充てる。

4　教務主任は、校長の監督を受け、教育計画の立案その他の教務に関する事項について連絡調整及び指導、助言に当たる。

5　学年主任は、校長の監督を受け、当該学年の教育活動に関する事項について連絡調整及び指導、助言に当たる。

〔保健主事〕〈中・義務・高・中等・特に準用〉

第四十五条　小学校においては、保健主事を置くものとする。

2　前項の規定にかかわらず、第四項に規定する保健主事の担当する校務を整理する主幹教諭を置くときその他特別の事情のあるときは、保健主事を置かないことができる。

3　保健主事は、指導教諭、教諭又は養護教諭をもつて、これに充てる。

4　保健主事は、校長の監督を受け、小学校における保健に関する事項の管理に当たる。

〔事務長・事務主任〕〈中・義務に準用〉

第四十六条　小学校には、事務長又は事務主任を置くことができる。

2　事務長及び事務主任は、事務職員をもつて、これに充てる。

3　事務長は、校長の監督を受け、事務職員その他の職員が行う事務を総括する。

4　事務主任は、校長の監督を受け、事務に関する事項について連絡調整及び指導、助言に当たる。

〔校務を分担する主任〕〈中・義務・高・中等・特に準用〉

第四十七条　小学校においては、前三条に規定する教務主任、学年主任、保健主事及び事務主任のほか、必要に応じ、校務を分担する主任等を置くことができる。

〔職員会議〕〈幼・

第四十八条　小学校には、設置者の定めるところにより、校長の職務の円滑な執行に資するため、

〈中・義務・高・中等・特に準用〉

職員会議を置くことができる。

2　職員会議は、校長が主宰する。

〔学校評議員〕
〈幼・中・義務・高・中等・特に準用〉

第四十九条　小学校には、設置者の定めるところにより、学校評議員を置くことができる。

2　学校評議員は、校長の求めに応じ、学校運営に関し意見を述べることができる。

3　学校評議員は、当該小学校の職員以外の者で教育に関する理解及び識見を有するもののうちから、校長の推薦により、当該小学校の設置者が委嘱する。

〔教育課程の編成〕
〈2、中・義務・中等（前）・特〈小・中〉に準用〉

第五十条　小学校の教育課程は、国語、社会、算数、理科、生活、音楽、図画工作、家庭、体育及び外国語の各教科（以下この節において「各教科」という。）、特別の教科である道徳、外国語活動、総合的な学習の時間並びに特別活動によつて編成するものとする。

2　私立の小学校の教育課程を編成する場合は、前項の規定にかかわらず、宗教を加えることができる。この場合においては、宗教をもつて前項の特別の教科である道徳に代えることができる。

〔授業時数〕

第五十一条　小学校（第五十二条の二第二項に規定する中学校連携型小学校及び第七十九条の九第二項に規定する中学校併設型小学校を除く。）の各学年における各教科、特別の教科である道徳、外国語活動、総合的な学習の時間及び特別活動のそれぞれの授業時数並びに各学年におけるこれらの総授業時数は、別表第一に定める授業時数を標準とする。

〔教育課程の基準〕
〈義務（前）に準用〉

第五十二条　小学校の教育課程については、この節に定めるもののほか、教育課程の基準として文部科学大臣が別に公示する小学校学習指導要領によるものとする。

〔中学校連携型小学校〕

第五十二条の二　小学校（第七十九条の九第二項に規定する中学校併設型小学校を除く。）においては、中学校における教育との一貫性に配慮した教育を施すため、当該小学校の設置者が当該中学校の設置者との協議に基づき定めるところにより、教育課程を編成することができる。

〔教育課程編成の特例〕〈義務・特（小）に準用〉

〔履修困難な各教科の学習指導〕〈幼・中・義務・高・中等・特に準用〉

〔地域の特色を生かした教育課程の特例〕〈中・義務・中等（前）に準用〉

〔不登校児に対する教育課程の特例〕〈中・義務・中等（前）に準用〉

2　前項の規定により教育課程を編成する小学校（以下「中学校連携型小学校」という。）は、第七十四条の二第一項の規定により教育課程を編成する中学校と連携し、その教育課程を実施するものとする。

第五十三条　小学校においては、必要がある場合には、一部の各教科について、これらを合わせて授業を行うことができる。

第五十四条　児童が心身の状況によつて履修することが困難な各教科は、その児童の心身の状況に適合するように課さなければならない。

第五十五条の二　文部科学大臣が、小学校において、当該小学校又は当該小学校が設置されている地域の実態に照らし、より効果的な教育を実施するため、当該小学校又は当該地域の特色を生かした特別の教育課程を編成して教育を実施する必要があり、かつ、当該特別の教育課程について、教育基本法（平成十八年法律第百二十号）及び学校教育法第三十条第一項の規定等に照らして適切であり、児童の教育上適切な配慮がなされているものとして文部科学大臣が定める基準を満たしていると認める場合においては、文部科学大臣が別に定めるところにより、第五十条第一項、第五十一条（中学校連携型小学校にあつては第五十二条の三、第七十九条の九第二項に規定する中学校併設型小学校にあつては第七十九条の十二において準用する第七十九条の五第一項）又は第五十二条の規定の全部又は一部によらないことができる。

第五十六条　小学校において、学校生活への適応が困難であるため相当の期間小学校を欠席し引き続き欠席すると認められる児童を対象として、その実態に配慮した特別の教育課程を編成して教育を実施する必要があると文部科学大臣が認める場合においては、文部科学大臣が別に定めるところにより、第五十条第一項、第五十一条（中学校連携型小学校にあつては第五十二条の三、第七十九条の九第二項に規定する中学校併設型小学校にあつては第七十九条の十二において準用する第七十九条の五第一項）又は第五十二条の規定によらないことができる。

〔帰国・外国人児童に対する教育課程の特例〕〈中・義務・中等（前）に準用〉

第五十六条の二　小学校において、日本語に通じない児童のうち、当該児童の日本語を理解し、使用する能力に応じた特別の指導を行う必要があるものを教育する場合には、文部科学大臣が別に定めるところにより、第五十条第一項、第五十一条（中学校連携型小学校にあつては第五十二条の三、第七十九条の九第二項に規定する中学校併設型小学校にあつては第七十九条の十二において準用する第七十九条の五第一項）及び第五十二条の規定にかかわらず、特別の教育課程によることができる。

〔学齢経過者に対する教育課程の特例〕〈中・義務・中等（前）に準用〉

第五十六条の四　小学校において、学齢を経過した者のうち、その者の年齢、経験又は勤労の状況その他の実情に応じた特別の指導を行う必要があるものを夜間その他特別の時間において教育する場合には、文部科学大臣が別に定めるところにより、第五十条第一項、第五十一条（中学校連携型小学校にあつては第五十二条の三、第七十九条の九第二項に規定する中学校併設型小学校にあつては第七十九条の十二において準用する第七十九条の五第一項）及び第五十二条の規定にかかわらず、特別の教育課程によることができる。

〔デジタル教科書〕〈中・義務・高・中等・特に準用〉

第五十六条の五　学校教育法第三十四条第二項に規定する教材（以下この条において「教科用図書代替教材」という。）は、同条第一項に規定する教科用図書（以下この条において「教科用図書」という。）の発行者が、その発行する教科用図書の内容の全部（電磁的記録に記録することに伴つて変更が必要となる内容を除く。）をそのまま記録した電磁的記録である教材とする。

3　学校教育法第三十四条第三項に規定する文部科学大臣の定める事由は、次のとおりとする。

一　視覚障害、発達障害その他の障害

〔課程の修了・卒業の認定〕〈中・義務・高・中等・特・高専に準用〉

〔卒業証書の授与〕〈中・義務・高・中等・特・大・高専・専修に準用〉

〔学年〕〈幼・中・義務・高・中等・特・高専に準用〉

〔授業終始の時刻〕〈幼・中・義務・高・中等・特・高専・専修に準用〉

〔休業日〕〈幼・中・義務・高・中等・特・高専に準用〉

〔私立学校の休業日〕〈幼・中・義務・高・中等・特・高専に準用〉

二　日本語に通じないこと
三　前二号に掲げる事由に準ずるもの

第五十七条　小学校において、各学年の課程の修了又は卒業を認めるに当たつては、児童の平素の成績を評価して、これを定めなければならない。

第五十八条　校長は、小学校の全課程を修了したと認めた者には、卒業証書を授与しなければならない。

第五十九条　小学校の学年は、四月一日に始まり、翌年三月三十一日に終わる。

第六十条　授業終始の時刻は、校長が定める。

第六十一条　公立小学校における休業日は、次のとおりとする。ただし、第三号に掲げる日を除き、当該学校を設置する地方公共団体の教育委員会（公立大学法人の設置する小学校にあつては、当該公立大学法人の理事長。第三号において同じ。）が必要と認める場合は、この限りでない。

一　国民の祝日に関する法律（昭和二十三年法律第百七十八号）に規定する日
二　日曜日及び土曜日
三　学校教育法施行令第二十九条第一項の規定により教育委員会が定める日

第六十二条　私立小学校における学期及び休業日は、当該学校の学則で定める。

〔非常変災等による臨時休業〕〈幼・中・義務・高・中等・特に準用〉

〔講師の勤務形態〕〈幼・中・義務・高・中等・特に準用〉

〔学校用務員〕〈幼・中・義務・高・中等・特に準用〉

〔スクールカウンセラー〕〈中・義務・高・中等・特に準用〉

〔スクールソーシャルワーカー〕〈中・義務・高・中等・特に準用〉

〔学校評価〕〈幼・中・義務・高・中等・特・専修に準用〉

〔学校評価の結果公表〕〈幼・中・義務・高・中等・特・専修に準用〉

第六十三条　非常変災その他急迫の事情があるときは、校長は、臨時に授業を行わないことができる。この場合において、公立小学校についてはこの旨を当該学校を設置する地方公共団体の教育委員会（公立大学法人の設置する小学校にあつては、当該公立大学法人の理事長）に報告しなければならない。

第六十四条　講師は、常時勤務に服しないことができる。

第六十五条　学校用務員は、学校の環境の整備その他の用務に従事する。

第六十五条の二　スクールカウンセラーは、小学校における児童の心理に関する支援に従事する。

第六十五条の三　スクールソーシャルワーカーは、小学校における児童の福祉に関する支援に従事する。

第六十六条　小学校は、当該小学校の教育活動その他の学校運営の状況について、自ら評価を行い、その結果を公表するものとする。

2　前項の評価を行うに当たつては、小学校は、その実情に応じ、適切な項目を設定して行うものとする。

第六十七条　小学校は、前条第一項の規定による評価の結果を踏まえた当該小学校の児童の保護者その他の当該小学校の関係者（当該小学校の職員を除く。）による評価を行い、その結果を公表するよう努めるものとする。

〔学校評価の結果報告〕〈幼・中・義務・高・中等・特・専修に準用〉

第六十八条 小学校は、第六十六条第一項の規定による評価の結果及び前条の規定により評価を行つた場合はその結果を、当該小学校の設置者に報告するものとする。

第五章 中学校

〔中学校の設備・編制その他設置に関する事項〕

第六十九条 中学校の設備、編制その他設置に関する事項は、この章に定めるもののほか、中学校設置基準（平成十四年文部科学省令第十五号）の定めるところによる。

〔生徒指導主事〕〈義務・高・中等・特（中・高）に準用〉

第七十条 中学校には、生徒指導主事を置くものとする。

2 前項の規定にかかわらず、第四項に規定する生徒指導主事の担当する校務を整理する主幹教諭を置くときその他特別の事情のあるときは、生徒指導主事を置かないことができる。

3 生徒指導主事は、指導教諭又は教諭をもつて、これに充てる。

4 生徒指導主事は、校長の監督を受け、生徒指導に関する事項をつかさどり、当該事項について連絡調整及び指導、助言に当たる。

〔進路指導主事〕〈義務・高・中等・特（中・高）に準用〉

第七十一条 中学校には、進路指導主事を置くものとする。

2 前項の規定にかかわらず、第三項に規定する進路指導主事の担当する校務を整理する主幹教諭を置くときは、進路指導主事を置かないことができる。

3 進路指導主事は、指導教諭又は教諭をもつて、これに充てる。校長の監督を受け、生徒の職業選択の指導その他の進路の指導に関する事項をつかさどり、当該事項について連絡調整及び指導、助言に当たる。

〔教育課程の編成〕〈義務（後）・中

第七十二条 中学校の教育課程は、国語、社会、数学、理科、音楽、美術、保健体育、技術・家庭及び外国語の各教科（以下本章及び第七章中「各教科」という。）、特別の教科である道徳、総合

等（前）に準用〉

的な学習の時間並びに特別活動によつて編成するものとする。

〔授業時数〕

第七十三条　中学校（併設型中学校、第七十四条の二第二項に規定する小学校連携型中学校、第七十五条第二項に規定する連携型中学校及び第七十九条の九第二項に規定する小学校併設型中学校を除く。）の各学年における各教科、特別の教科である道徳、総合的な学習の時間及び特別活動のそれぞれの授業時数並びに各学年におけるこれらの総授業時数は、別表第二に定める授業時数を標準とする。

〔教育課程の基準〕〈義務（後）・中等（前）に準用〉

第七十四条　中学校の教育課程については、この章に定めるもののほか、教育課程の基準として文部科学大臣が別に公示する中学校学習指導要領によるものとする。

〔小学校連携型中学校〕

第七十四条の二　中学校（併設型中学校、第七十五条第二項に規定する連携型中学校及び第七十九条の九第二項に規定する小学校併設型中学校を除く。）においては、小学校における教育との一貫性に配慮した教育を施すため、当該中学校の設置者が当該小学校の設置者との協議に基づき定めるところにより、教育課程を編成することができる。

2　前項の規定により教育課程を編成する中学校（以下「小学校連携型中学校」という。）は、中学校連携型小学校と連携し、その教育課程を実施するものとする。

〔連携型中学校〕

第七十五条　中学校（併設型中学校、小学校連携型中学校及び第七十九条の九第二項に規定する小学校併設型中学校を除く。）においては、高等学校における教育との一貫性に配慮した教育を施すため、当該中学校の設置者が当該高等学校の設置者との協議に基づき定めるところにより、教育課程を編成することができる。

2　前項の規定により教育課程を編成する中学校（以下「連携型中学校」という。）は、第八十七条第一項の規定により教育課程を編成する高等学校と連携し、その教育課程を実施するものとする。

〔メディアを利用して行う授業〕〈義務（後）・中等（前）・特（中）に準用〉

第七十七条の二　中学校は、当該中学校又は当該中学校が設置されている地域の実態に照らし、より効果的な教育を実施するため必要がある場合であって、生徒の教育上適切な配慮がなされているものとして文部科学大臣が定める基準を満たしていると認められるときは、文部科学大臣が別に定めるところにより、授業を、多様なメディアを高度に利用して、当該授業を行う教室等以外の場所で履修させることができる。

〔調査書〕〈義務・中等（前）・特（中）に準用〉

第七十八条　校長は、中学校卒業後、高等学校、高等専門学校その他の学校に進学しようとする生徒のある場合には、調査書その他必要な書類をその生徒の進学しようとする学校の校長に送付しなければならない。ただし、第九十条第三項（第百三十五条第五項において準用する場合を含む。）及び同条第四項の規定に基づき、調査書を入学者の選抜のための資料としない場合は、調査書の送付を要しない。

〔部活動指導員〕〈義務（後）・中等・高・特に準用〉

第七十八条の二　部活動指導員は、中学校におけるスポーツ、文化、科学等に関する教育活動（中学校の教育課程として行われるものを除く。）に係る技術的な指導に従事する。

第五章の二　義務教育学校並びに中学校併設型小学校及び小学校併設型中学校

〔義務教育学校の設備・編制その他設置に関する事項〕

第七十九条の二　義務教育学校の前期課程の設備、編制その他設置に関する事項については、小学校設置基準の規定を準用する。

2　義務教育学校の後期課程の設備、編制その他設置に関する事項については、中学校設置基準の規定を準用する。

〔標準学級数〕

第七十九条の三　義務教育学校の学級数は、十八学級以上二十七学級以下を標準とする。ただし、地域の実態その他により特別の事情のあるときは、この限りでない。

〔教育課程の基準の特例〕
第七十九条の七 義務教育学校の教育課程については、この章に定めるもののほか、教育課程の基準の特例として文部科学大臣が別に定めるところによるものとする。

〔中学校併設型小学校・小学校併設型中学校〕
第七十九条の九 同一の設置者が設置する小学校（中学校連携型小学校を除く。）及び中学校（併設型中学校、小学校連携型中学校及び連携型中学校を除く。）においては、義務教育学校に準じて、小学校における教育と中学校における教育を一貫して施すことができる。

2 前項の規定により中学校における教育と一貫した教育を施す小学校（以下「中学校併設型小学校」という。）及び同項の規定により小学校における教育と一貫した教育を施す中学校（以下「小学校併設型中学校」という。）においては、小学校における教育と中学校における教育を一貫して施すためにふさわしい運営の仕組みを整えるものとする。

〔教育課程の基準の特例〕
第七十九条の十 中学校併設型小学校の教育課程については、第四章に定めるもののほか、教育課程の基準の特例として文部科学大臣が別に定めるところによるものとする。

2 小学校併設型中学校の教育課程については、第五章に定めるもののほか、教育課程の基準の特例として文部科学大臣が別に定めるところによるものとする。

〔教育課程の編成〕
第七十九条の十一 中学校併設型小学校及び小学校併設型中学校においては、小学校における教育と中学校における教育を一貫して施すため、設置者の定めるところにより、教育課程を編成するものとする。

第六章　高等学校

〔高等学校の設備・編
第八十条 高等学校の設備、編制、学科の種類その他設置に関する事項は、この節に定めるもののほか、高等学校設置基準（平成十六年文部科学省令第二十号）の定めるところによる。

〔事務長〕〈中等・特に準用〉

第八十二条 高等学校には、事務長を置くものとする。

2 事務長は、事務職員をもつて、これに充てる。

3 事務長は、校長の監督を受け、事務職員その他の職員が行う事務を総括する。

〔教育課程の編成〕

第八十三条 高等学校の教育課程は、別表第三に定める各教科に属する科目、総合的な学習の時間及び特別活動によつて編成するものとする。

〔教育課程の基準〕

第八十四条 高等学校の教育課程については、この章に定めるもののほか、教育課程の基準として文部科学大臣が別に公示する高等学校学習指導要領によるものとする。

〔不登校生徒等に対する教育課程の特例〕

第八十六条 高等学校において、学校生活への適応が困難であるため、相当の期間高等学校を欠席し引き続き欠席すると認められる生徒、高等学校を退学し、その後高等学校に入学していないと認められる者若しくは学校教育法第五十七条に規定する高等学校の入学資格を有するが、高等学校に入学していないと認められる者又は疾病による療養のため若しくは障害のため、相当の期間高等学校を欠席すると認められる生徒、高等学校を退学し、その後高等学校に入学していないと認められる者若しくは学校教育法第五十七条に規定する高等学校の入学資格を有するが、高等学校に入学していないと認められる者を対象として、その実態に配慮した特別の教育課程を編成して教育を実施する必要があると文部科学大臣が認める場合においては、文部科学大臣が別に定めるところにより、第八十三条又は第八十四条の規定によらないことができる。

〔連携型高等学校〕

第八十七条 高等学校（学校教育法第七十一条の規定により中学校における教育と一貫した教育を施すもの（以下「併設型高等学校」という。）を除く。）においては、中学校における教育との一

〔メディアを利用して行う授業〕〈中等（後）・特（高）に準用〉

〔入学の許可、入学者の選抜、学力検査〕〈1～3、特（高）に準用、1～2高専に準用〉

〔編入学の許可〕〈中等・特（高）・高専に準用〉

〔転学・転籍〕〈中等（後）・特

貫性に配慮した教育を施すため、当該高等学校の設置者が当該中学校の設置者との協議に基づき定めるところにより、教育課程を編成することができる。

2　前項の規定により教育課程を編成する高等学校（以下「連携型高等学校」という。）は、連携型中学校と連携し、その教育課程を実施するものとする。

第八十八条の三　高等学校は、文部科学大臣が別に定めるところにより、授業を、多様なメディアを高度に利用して、当該授業を行う教室等以外の場所で履修させることができる。

第九十条　高等学校の入学は、第七十八条の規定により送付された調査書その他必要な書類、選抜のための学力検査（以下この条において「学力検査」という。）の成績等を資料として行う入学者の選抜に基づいて、校長が許可する。

2　学力検査は、特別の事情のあるときは、行わないことができる。

3　調査書は、特別の事情のあるときは、入学者の選抜のための資料としないことができる。

4　連携型高等学校における入学者の選抜は、第七十五条第一項の規定により編成する教育課程に係る連携型中学校の生徒については、調査書及び学力検査の成績以外の資料により行うことができる。

5　公立の高等学校（公立大学法人の設置する高等学校を除く。）に係る学力検査は、当該高等学校を設置する都道府県又は市町村の教育委員会が行う。

第九十一条　第一学年の途中又は第二学年以上に入学を許可される者は、相当年齢に達し、当該学年に在学する者と同等以上の学力があると認められた者とする。

第九十二条　他の高等学校に転学を志望する生徒のあるときは、校長は、その事由を具し、生徒の在学証明書その他必要な書類を転学先の校長に送付しなければならない。転学先の校長は、教育上支障がない場合には、転学を許可することができる。
〈(高)に準用〉

2 全日制の課程、定時制の課程及び通信制の課程相互の間の転学又は転籍については、修得した単位に応じて、相当学年に転入することができる。
〈1、高専に準用〉

第九十三条 校長は、教育上有益と認めるときは、生徒が外国の高等学校に留学することを許可することができる。
〔留学〕〈中等(後)・特(高)に準用〉

2 校長は、前項の規定により留学することを許可された生徒について、外国の高等学校における履修を高等学校における履修とみなし、三十六単位を超えない範囲で単位の修得を認定することができる。

3 校長は、前項の規定により単位の修得を認定された生徒について、第百四条第一項において準用する第五十九条又は第百四条第二項に規定する学年の途中においても、各学年の課程の修了又は卒業を認めることができる。

第九十四条 生徒が、休学又は退学をしようとするときは、校長の許可を受けなければならない。
〔休・退学〕〈中等・特(高)・高専に準用〉

第九十五条 学校教育法第五十七条の規定により、高等学校入学に関し、中学校を卒業した者と同等以上の学力があると認められる者は、次の各号のいずれかに該当する者とする。
〔中学校卒業者と同等以上の学力があると認められる者〕〈特(高)・高専に準用〉

一 外国において、学校教育における九年の課程を修了した者

二 文部科学大臣が中学校の課程と同等の課程を有するものとして認定した在外教育施設の当該課程を修了した者

三 文部科学大臣の指定した者

四 就学義務猶予免除者等の中学校卒業程度認定規則(昭和四十一年文部省令第三十六号)によ

〔校長の全課程修了の認定〕〈中等(後)に準用〉

〔学習による単位授与の特例〕〈中等(後)・特(高)に準用〉

〔科目の単位の授与の特例〕〈中等(後)・特(高)に準用〉

り、中学校を卒業した者と同等以上の学力があると認定された者

五　その他高等学校において、中学校を卒業した者と同等以上の学力があると認めた者

第九十六条　校長は、生徒の高等学校の全課程の修了を認めるに当たつては、高等学校学習指導要領の定めるところにより、七十四単位以上を修得した者について行わなければならない。ただし、第八十五条、第八十五条の二又は第八十六条の規定により、高等学校の教育課程に関し第八十三条又は第八十四条の規定によらない場合においては、文部科学大臣が別に定めるところにより行うものとする。

第九十八条　校長は、教育上有益と認めるときは、当該校長の定めるところにより、生徒が行う次に掲げる学修を当該生徒の在学する高等学校における科目の履修とみなし、当該科目の単位を与えることができる。

一　大学、高等専門学校又は専修学校の高等課程若しくは専門課程における学修その他の教育施設等における学修で文部科学大臣が別に定めるもの

二　知識及び技能に関する審査で文部科学大臣が別に定めるものに係る学修

三　ボランティア活動その他の継続的に行われる活動（当該生徒の在学する高等学校の教育活動として行われるものを除く。）に係る学修で文部科学大臣が別に定めるもの

第百条　校長は、教育上有益と認めるときは、当該校長の定めるところにより、生徒が行う次に掲げる学修（当該生徒が入学する前に行つたものを含む。）を当該生徒の在学する高等学校における科目の履修とみなし、当該科目の単位を与えることができる。

一　高等学校卒業程度認定試験規則（平成十七年文部科学省令第一号）の定めるところにより合格点を得た試験科目（同令附則第二条の規定による廃止前の大学入学資格検定規程（昭和二十

六年文部省令第十三号。以下「旧規程」という。）の定めるところにより合格点を得た受検科目を含む。）に係る学修

二　高等学校の別科における学修で第八十四条の規定に基づき文部科学大臣が公示する高等学校学習指導要領の定めるところに準じて修得した科目に係る学修

〔通信教育〕〈2、中等（後）に準用〉

第百一条　通信制の課程の設備、編制その他に関し必要な事項は、この章に定めるもののほか、高等学校通信教育規程の定めるところによる。

2　第八十条（施設、設備及び編制に係るものに限る。）並びに第百四条において準用する第五十九条及び第六十一条から第六十三条までの規定は、通信制の課程に適用しない。

〔定時制・通信制の配慮〕〈中等（後）に準用〉

第百二条　高等学校の定時制の課程又は通信制の課程の修業年限を定めるに当たつては、勤労青年の教育上適切な配慮をするよう努めるものとする。

〔単位制高等学校〕〈1、中等（後）に準用〉

第百三条　高等学校においては、第百四条第一項において準用する第五十七条（各学年の課程の修了に係る部分に限る。）の規定にかかわらず、学年による教育課程の区分を設けないことができる。

2　前項の規定により学年による教育課程の区分を設けない場合における入学等に関する特例その他必要な事項は、単位制高等学校教育規程（昭和六十三年文部省令第六号）の定めるところによる。

第七章　中等教育学校並びに併設型中学校及び併設型高等学校

〔中等教育学校設置基準〕

第百五条　中等教育学校の設置基準は、この章に定めるもののほか、別に定める。

〔中等教育学校の設備・編制・学

第百六条　中等教育学校の前期課程の設備、編制その他設置に関する事項については、中学校設置基準の規定を準用する。

科・その他設置に関する事項〕

2　中等教育学校の後期課程の設備、編制、学科の種類その他設置に関する事項については、高等学校設置基準の規定を準用する。

〔授業時数〕〈併設型中に準用〉

第百七条　次条第一項において準用する第七十二条に規定する中等教育学校の前期課程の各学年における各教科、特別の教科である道徳、総合的な学習の時間及び特別活動のそれぞれの授業時数並びに各学年におけるこれらの総授業時数は、別表第四に定める授業時数を標準とする。

〔教育課程の基準の特例〕

第百九条　中等教育学校の教育課程については、この章に定めるもののほか、教育課程の基準の特例として文部科学大臣が別に定めるところによるものとする。

〔入学〕〈併設型中に準用〉

第百十条　中等教育学校の入学は、設置者の定めるところにより、校長が許可する。

2　前項の場合において、公立の中等教育学校については、学力検査を行わないものとする。

〔教育課程の基準の特例〕

第百十四条　併設型中学校の教育課程については、第五章に定めるもののほか、教育課程の基準の特例として文部科学大臣が別に定めるところによるものとする。

2　併設型高等学校の教育課程については、第六章に定めるもののほか、教育課程の基準の特例として文部科学大臣が別に定めるところによるものとする。

〔教育課程の編成〕

第百十五条　併設型中学校及び併設型高等学校においては、中学校における教育と高等学校における教育を一貫して施すため、設置者の定めるところにより、教育課程を編成するものとする。

〔併設型高等学校の入学者選抜〕

第百十六条　第九十条第一項の規定にかかわらず、併設型高等学校においては、当該高等学校に係る併設型中学校の生徒については入学者の選抜は行わないものとする。

第八章　特別支援教育

〔特別支援学校の設置基準・

第百十八条　特別支援学校の設置基準及び特別支援学級の設備編制は、この章に規定するもののほか、別に定める。

〔特別支援学級の設備編制〕

〔学則等〕

第百十九条　特別支援学校においては、学校教育法第七十二条に規定する者に対する教育のうち当該特別支援学校が行うものを学則その他の設置者の定める規則（次項において「学則等」という。）で定めるとともに、これについて保護者等に対して積極的に情報を提供するものとする。

2　前項の学則等を定めるに当たつては、当該特別支援学校の施設及び設備等の状況並びに当該特別支援学校の所在する地域における障害のある児童等の状況について考慮しなければならない。

〔特別支援学校の児童又は生徒の人数〕

第百二十条　特別支援学校の幼稚部において、主幹教諭、指導教諭又は教諭（以下「教諭等」という。）一人の保育する幼児数は、八人以下を標準とする。

2　特別支援学校の小学部又は中学部の一学級の児童又は生徒の数は、法令に特別の定めのある場合を除き、視覚障害者又は聴覚障害者である児童又は生徒に対する教育を行う学級にあつては十人以下を、知的障害者、肢体不自由者又は病弱者（身体虚弱者を含む。以下同じ。）である児童又は生徒に対する教育を行う学級にあつては十五人以下を標準とし、高等部の同時に授業を受ける一学級の生徒数は、十五人以下を標準とする。

〔特別支援学校の学級編制〕

第百二十一条　特別支援学校の小学部、中学部又は高等部の学級は、同学年の児童又は生徒で編制するものとする。ただし、特別の事情がある場合においては、数学年の児童又は生徒を一学級に編制することができる。

2　特別支援学校の幼稚部における保育は、特別の事情のある場合を除いては、視覚障害者、聴覚障害者、知的障害者、肢体不自由者及び病弱者の別ごとに行うものとする。

3　特別支援学校の小学部、中学部又は高等部の学級は、特別の事情のある場合を除いては、視覚障害者、聴覚障害者、知的障害者、肢体不自由者又は病弱者の別ごとに編制するものとする。

〔特別支援学校の教諭等の人数〕

第百二十二条　特別支援学校の幼稚部においては、同時に保育される幼児数八人につき教諭等を一人置くことを基準とする。

2　特別支援学校の小学部においては、校長のほか、一学級当たり教諭等を一人以上置かなければならない。

3　特別支援学校の中学部においては、一学級当たり教諭等を二人置くことを基準とする。

4　視覚障害者である生徒及び聴覚障害者である生徒に対する教育を行う特別支援学校の高等部においては、自立教科（理療、理学療法、理容その他の職業についての知識技能の修得に関する教科をいう。）を担任するため、必要な数の教員を置かなければならない。

5　前四項の場合において、特別の事情があり、かつ、教育上支障がないときは、校長、副校長若しくは教頭が教諭等を兼ね、又は助教諭若しくは講師をもつて教諭等に代えることができる。

〔小学部の教育課程〕

第百二十六条　特別支援学校の小学部の教育課程は、国語、社会、算数、理科、生活、音楽、図画工作、家庭、体育及び外国語の各教科、特別の教科である道徳、外国語活動、総合的な学習の時間、特別活動並びに自立活動によつて編成するものとする。

2　前項の規定にかかわらず、知的障害者である児童を教育する場合は、生活、国語、算数、音楽、図画工作及び体育の各教科、特別の教科である道徳、特別活動並びに自立活動によつて教育課程を編成するものとする。ただし、必要がある場合には、外国語活動を加えて教育課程を編成することができる。

〔中学部の教育課程〕

第百二十七条　特別支援学校の中学部の教育課程は、国語、社会、数学、理科、音楽、美術、保健体育、技術・家庭及び外国語の各教科、特別の教科である道徳、総合的な学習の時間、特別活動並びに自立活動によつて編成するものとする。

2　前項の規定にかかわらず、知的障害者である生徒を教育する場合は、国語、社会、数学、理科、音楽、美術、保健体育及び職業・家庭の各教科、特別の教科である道徳、総合的な学習の時間、特別活動並びに自立活動によつて教育課程を編成するものとする。ただし、必要がある場合には、外国語科を加えて教育課程を編成することができる。

〔高等部の教育課程〕

第百二十八条　特別支援学校の高等部の教育課程は、別表第三及び別表第五に定める各教科に属する科目、総合的な学習の時間、特別活動並びに自立活動によつて編成するものとする。

2　前項の規定にかかわらず、知的障害者である生徒を教育する場合は、国語、社会、数学、理科、音楽、美術、保健体育、職業、家庭、外国語、情報、家政、農業、工業、流通・サービス及び福祉の各教科、第百二十九条に規定する特別支援学校高等部学習指導要領で定めるこれら以外の教科及び道徳、総合的な学習の時間、特別活動並びに自立活動によつて教育課程を編成するものとする。

〔教育課程の基準〕

第百二十九条　特別支援学校の幼稚部の教育課程その他の保育内容並びに小学部、中学部及び高等部の教育課程については、この章に定めるもののほか、教育課程その他の保育内容又は教育課程の基準として文部科学大臣が別に公示する特別支援学校幼稚部教育要領、特別支援学校小学部・中学部学習指導要領及び特別支援学校高等部学習指導要領によるものとする。

〔教育課程編成の特例〕

第百三十条　特別支援学校の小学部、中学部又は高等部においては、特に必要がある場合は、第百二十六条から第百二十八条までに規定する各教科（次項において「各教科」という。）又は別表第三及び別表第五に定める各教科に属する科目の全部又は一部について、合わせて授業を行うことができる。

2　特別支援学校の小学部、中学部又は高等部においては、知的障害者である児童若しくは生徒又は複数の種類の障害を併せ有する児童若しくは生徒を教育する場合において特に必要があるときは、各教科、特別の教科である道徳（特別支援学校の高等部にあつては、前条に規定する特別支援学校高等部学習指導要領で定める道徳）、外国語活動、特別活動及び自立活動の全部又は一部について、合わせて授業を行うことができる。

〔特別の教育課程〕

第百三十一条　特別支援学校の小学部、中学部又は高等部において、複数の種類の障害を併せ有する児童若しくは生徒を教育する場合又は教員を派遣して教育を行う場合において、特に必要があるときは、第百二十六条から第百二十九条までの規定にかかわらず、特別の教育課程によることができる。

2　前項の規定により特別の教育課程による場合において、文部科学大臣の検定を経た教科用図書又は文部科学省が著作の名義を有する教科用図書を使用することが適当でないときは、当該学校の設置者の定めるところにより、他の適切な教科用図書を使用することができる。

〔特別支援学級の児童又は生徒の人数〕

第百三十六条　小学校、中学校若しくは義務教育学校又は中等教育学校の前期課程における特別支援学級の一学級の児童又は生徒の数は、法令に特別の定めのある場合を除き、十五人以下を標準とする。

〔特別支援学級の区分〕

第百三十七条　特別支援学級は、特別の事情のある場合を除いては、学校教育法第八十一条第二項各号に掲げる区分に従つて置くものとする。

〔特別支援学級の教育課程の特例〕

第百三十八条　小学校、中学校若しくは義務教育学校又は中等教育学校の前期課程における特別支援学級に係る教育課程については、特に必要がある場合は、第五十条第一項（第七十九条の六第一項において準用する場合を含む。）、第五十一条、第五十二条（第七十九条の六第一項において準用する場合を含む。）、第五十二条の三、第七十二条（第七十九条の六第二項及び第百八条第一項において準用する場合を含む。）、第七十三条、第七十四条（第七十九条の六第二項及び第百八条第一項において準用する場合を含む。）、第七十四条の三、第七十六条、第七十九条の五（第七十九条の十二において準用する場合を含む。）及び第百七条（第百十七条において準用する場合を含む。）の規定にかかわらず、特別の教育課程によることができる。

〔特別の教育課程〕

第百四十条　小学校、中学校、義務教育学校、高等学校又は中等教育学校において、次の各号のいずれかに該当する児童又は生徒（特別支援学級の児童及び生徒を除く。）のうち当該障害に応じた特別の指導を行う必要があるものを教育する場合には、文部科学大臣が別に定めるところにより、第五十条第一項（第七十九条の六第一項において準用する場合を含む。）、第五十一条、第五十二条（第七十九条の六第一項において準用する場合を含む。）、第五十二条の三、第七十二条（第七十九条の六第二項及び第百八条第一項において準用する場合を含む。）、第七十三条、第七十四条（第七十九条の六第二項及び第百八条第一項において準用する場合を含む。）、第七十四条の三、第七十六条、第七十九条の五（第七十九条の十二において準用する場合を含む。）、第八十三条及び第八十四条（第百八条第二項において準用する場合を含む。）並びに第百七条（第百十七条において準用する場合を含む。）の規定にかかわらず、特別の教育課程によることができる。

一　言語障害者　二　自閉症者　三　情緒障害者　四　弱視者　五　難聴者　六　学習障害者　七　注意欠陥多動性障害者　八　その他障害のある者で、この条の規定により特別の教育課程による教育を行うことが適当なもの

〔小学校の標準授業時数〕

別表第一（第五十一条関係）

区分		第一学年	第二学年	第三学年	第四学年	第五学年	第六学年
各教科の授業時数	国語	三〇六	三一五	二四五	二四五	一七五	一七五
	社会			七〇	九〇	一〇〇	一〇五
	算数	一三六	一七五	一七五	一七五	一七五	一七五
	理科			九〇	一〇五	一〇五	一〇五
	生活	一〇二	一〇五				
	音楽	六八	七〇	六〇	六〇	五〇	五〇
	図画工作	六八	七〇	六〇	六〇	五〇	五〇
	家庭					六〇	五五
	体育	一〇二	一〇五	一〇五	一〇五	九〇	九〇
	外国語					七〇	七〇
特別の教科である道徳の授業時数		三四	三五	三五	三五	三五	三五
外国語活動の授業時数				三五	三五		
総合的な学習の時間の授業時数				七〇	七〇	七〇	七〇
特別活動の授業時数		三四	三五	三五	三五	三五	三五
総授業時数		八五〇	九一〇	九八〇	一〇一五	一〇一五	一〇一五

備考

一　この表の授業時数の一単位時間は、四十五分とする。

二　特別活動の授業時数は、小学校学習指導要領で定める学級活動（学校給食に係るものを除く。）に充てるものとする。

三　第五十条第二項の場合において、特別の教科である道徳のほかに宗教を加えるときは、宗教の授業時数をもつてこの表の特別の教科である道徳の授業時数の一部に代えることができる。（別表第二から別表第二の三まで及び別表第四の場合においても同様とする。）

〔中学校の標準授業時数〕

別表第二（第七十三条関係）

区分		第一学年	第二学年	第三学年
各教科の授業時数	国語	一四〇	一四〇	一〇五
	社会	一〇五	一〇五	一四〇
	数学	一四〇	一〇五	一四〇
	理科	一〇五	一四〇	一四〇
	音楽	四五	三五	三五
	美術	四五	三五	三五
	保健体育	一〇五	一〇五	一〇五
	技術・家庭	七〇	七〇	三五
	外国語	一四〇	一四〇	一四〇
特別の教科である道徳の授業時数		三五	三五	三五
総合的な学習の時間の授業時数		五〇	七〇	七〇
特別活動の授業時数		三五	三五	三五
総授業時数		一〇一五	一〇一五	一〇一五

備考

一　この表の授業時数の一単位時間は、五十分とする。

二　特別活動の授業時数は、中学校学習指導要領で定める学級活動（学校給食に係るものを除く。）に充てるものとする。

●義務教育の段階における普通教育に相当する教育の機会の確保等に関する法律

（平二八・一二・一四　法一〇五）

（学校以外の場における学習活動等を行う不登校児童生徒に対する支援）

第十三条　国及び地方公共団体は、不登校児童生徒が学校以外の場において行う多様で適切な学習活動の重要性に鑑み、個々の不登校児童生徒の休養の必要性を踏まえ、当該不登校児童生徒の状況に応じた学習活動が行われることとなるよう、当該不登校児童生徒及びその保護者（学校教育法第十六条に規定する保護者をいう。）に対する必要な情報の提供、助言その他の支援を行うために必要な措置を講ずるものとする。

●国立大学法人法

（平一五・七・一六
法一一二）

最終改正　令元―法一一

（目的）

第一条　この法律は、大学の教育研究に対する国民の要請にこたえるとともに、我が国の高等教育及び学術研究の水準の向上と均衡ある発展を図るため、国立大学を設置して教育研究を行う国立大学法人の組織及び運営並びに大学共同利用機関を設置して大学の共同利用に供する大学共同利用機関法人の組織及び運営について定めることを目的とする。

（定義）

第二条　この法律において「国立大学法人」とは、国立大学を設置することを目的として、この法律の定めるところにより設立される法人をいう。

2　この法律において「国立大学」とは、別表第一の第二欄に掲げる大学をいう。

3　この法律において「大学共同利用機関法人」とは、大学共同利用機関を設置することを目的として、この法律の定めるところにより設立される法人をいう。

●就学前の子どもに関する教育、保育等の総合的な提供の推進に関する法律

（平一八・六・一五
法七七）

最終改正　令元―法二六

第一章　総則

（目的）

第一条　この法律は、幼児期の教育及び保育が生涯にわたる人格形成の基礎を培う重要なものであること並びに我が国における急速な少子化の進行並びに家庭及び地域を取り巻く環境の変化に伴

い小学校就学前の子どもの教育及び保育に対する需要が多様なものとなっていることに鑑み、地域における創意工夫を生かしつつ、小学校就学前の子どもに対する教育及び保育並びに保護者に対する子育て支援の総合的な提供を推進するための措置を講じ、もって地域において子どもが健やかに育成される環境の整備に資することを目的とする。

（定義）

第二条　この法律において「子ども」とは、小学校就学の始期に達するまでの者をいう。

2　この法律において「幼稚園」とは、学校教育法（昭和二十二年法律第二十六号）第一条に規定する幼稚園をいう。

3　この法律において「保育所」とは、児童福祉法（昭和二十二年法律第百六十四号）第三十九条第一項に規定する保育所をいう。

4　この法律において「保育機能施設」とは、児童福祉法第五十九条第一項に規定する施設のうち同法第三十九条第一項に規定する業務を目的とするもの（少数の子どもを対象とするものその他の主務省令で定めるものを除く。）をいう。

5　この法律において「保育所等」とは、保育所又は保育機能施設をいう。

6　この法律において「認定こども園」とは、次条第一項又は第三項の認定を受けた施設、同条第十一項の規定による公示がされた施設及び幼保連携型認定こども園をいう。

7　この法律において「幼保連携型認定こども園」とは、義務教育及びその後の教育の基礎を培うものとしての満三歳以上の子どもに対する教育並びに保育を必要とする子どもに対する保育を一体的に行い、これらの子どもの健やかな成長が図られるよう適当な環境を与えて、その心身の発達を助長するとともに、保護者に対する子育ての支援を行うことを目的として、この法律の定めるところにより設置される施設をいう。

8　この法律において「教育」とは、教育基本法（平成十八年法律第百二十号）第六条第一項に規定する法律に定める学校（第九条において単に「学校」という。）において行われる教育をいう。
9　この法律において「保育」とは、児童福祉法第六条の三第七項に規定する保育をいう。
10　この法律において「保育を必要とする子ども」とは、児童福祉法第六条の三第九項第一号に規定する保育を必要とする乳児・幼児をいう。
11　この法律において「保護者」とは、児童福祉法第六条に規定する保護者をいう。
12　この法律において「子育て支援事業」とは、地域の子どもの養育に関する各般の問題につき保護者からの相談に応じ必要な情報の提供及び助言を行う事業、保護者の疾病その他の理由により家庭において養育を受けることが一時的に困難となった地域の子どもに対する保育を行う事業、地域の子どもの養育に関する援助を受けることを希望する保護者と当該援助を行うことを希望する民間の団体若しくは個人との連絡及び調整を行う事業又は地域の子どもの養育に関する援助を行う民間の団体若しくは個人に対する必要な情報の提供及び助言を行う事業であって主務省令で定めるものをいう。

第二章　幼保連携型認定こども園以外の認定こども園に関する認定手続等

（幼保連携型認定こども園以外の認定こども園の認定等）

第三条　幼稚園又は保育所等の設置者（都道府県及び地方自治法（昭和二十二年法律第六十七号）第二百五十二条の十九第一項の指定都市又は同法第二百五十二条の二十二第一項の中核市（以下「指定都市等」という。）を除く。）は、その設置する幼稚園又は保育所等が都道府県（当該幼稚園又は保育所等が指定都市等所在施設（指定都市等の区域内に所在する施設であって、都道府県が単独で又は他の地方公共団体と共同して設立する公立大学法人（地方独立行政法人法（平成十五年法律第百十八号）第六十八条第一項に規定する公立大学法人をいう。以下同じ。）が設置する施設以外のものをいう。以下同じ。）である場合にあっては、当該指定都市等）の条例で定める要件に適合している旨の都道府県知事（当該幼稚園又は保育所等が指定都市等所在施設である場合にあっては、当該指定都市等の長）（保育所に係る児童福祉法の規定による認可その他の処分をする権限に係る事務を地方自治法第百八十条の二の規定に基づく都道府県知事又は指定都市等の長の委任を受けて当該都道府県又は指定都市等の教育委員会が行う場合その他の主務省令で定める場合にあっては、都道府県又は指定都市等の教育委員会。以下この章及び第四章において同じ。）の認定を受けることができる。

2　前項の条例で定める要件は、次に掲げる基準に従い、かつ、主務大臣が定める施設の設備及び運営に関する基準を参酌して定めるものとする。

一　当該施設が幼稚園である場合にあっては、幼稚園教育要領（学校教育法第二十五条の規定に基づき幼稚園に関して文部科学大臣が定める事項をいう。第十条第二項において同じ。）に従って編成された教育課程に基づく教育を行うほか、当該教育のための時間の終了後、当該幼稚園に在籍している子どものうち保育を必要とする子どもに該当する者に対する教育を行うこと。

二　当該施設が保育所等である場合にあっては、保育を必要とする子どもに対する保育を行うほか、当該保育を必要とする子ども以外の満三歳以上の子ども（当該施設が保育所である場合にあっては、当該保育所が所在する市町村（特別区を含む。以下同じ。）における児童福祉法第二十四条第四項に規定する保育の利用に対する需要の状況に照らして適当と認められる数の子どもに限る。）を保育し、かつ、満三歳以上の子どもに対し学校教育法第二十三条各号に掲げる目標が達成されるよう保育を行うこと。

三　子育て支援事業のうち、当該施設の所在する地域における教育及び保育に対する需要に照らし当該地域において実施することが必要と認められるものを、保護者の要請に応じ適切に提供し得る体制の下で行うこと。

3　幼稚園及び保育機能施設のそれぞれの用に供される建物及びその附属設備が一体的に設置されている場合における当該幼稚園及び保育機能施設（以下「連携施設」という。）の設置者（都道府県及び指定都市等を除く。）は、その設置する連携施設が都道府県（当該連携施設が指定都市等所在施設である場合にあっては、当該指定都市等）の条例で定める要件に適合している旨の都道府県知事（当該連携施設が指定都市等所在施設である場合にあっては、当該指定都市等の長）の認定を受けることができる。

第三章　幼保連携型認定こども園

（教育及び保育の目標）

第九条　幼保連携型認定こども園においては、第二条第七項に規定する目的を実現するため、子どもに対する学校としての教育及び児童福祉施設（児童福祉法第七条第一項に規定する児童福祉施設をいう。次条第二項において同じ。）としての保育並びにその実施する保護者に対する子育て支援事業の相互の有機的な連携を図りつつ、次に掲げる目標を達成するよう当該教育及び当該保育を行うものとする。

一　健康、安全で幸福な生活のために必要な基本的な習慣を養い、身体的諸機能の調和的発達を図ること。

二　集団生活を通じて、喜んでこれに参加する態度を養うとともに家族や身近な人への信頼感を深め、自主、自律及び協同の精神並びに規範意識の芽生えを養うこと。

三　身近な社会生活、生命及び自然に対する興味を養い、それらに対する正しい理解と態度及び思考力の芽生えを養うこと。
四　日常の会話や、絵本、童話等に親しむことを通じて、言葉の使い方を正しく導くとともに、相手の話を理解しようとする態度を養うこと。
五　音楽、身体による表現、造形等に親しむことを通じて、豊かな感性と表現力の芽生えを養うこと。
六　快適な生活環境の実現及び子どもと保育教諭その他の職員との信頼関係の構築を通じて、心身の健康の確保及び増進を図ること。

（教育及び保育の内容）

第十条　幼保連携型認定こども園の教育課程その他の教育及び保育の内容に関する事項は、第二条第七項に規定する目的及び前条に規定する目標に従い、主務大臣が定める。

2　主務大臣が前項の規定により幼保連携型認定こども園の教育課程その他の教育及び保育の内容に関する事項を定めるに当たっては、幼稚園教育要領及び児童福祉法第四十五条第二項の規定に基づき児童福祉施設に関して厚生労働省令で定める基準（同項第三号に規定する保育所における保育の内容に係る部分に限る。）との整合性の確保並びに小学校（学校教育法第一条に規定する小学校をいう。）及び義務教育学校（学校教育法第一条に規定する義務教育学校をいう。）における教育との円滑な接続に配慮しなければならない。

3　幼保連携型認定こども園の設置者は、第一項の教育及び保育の内容に関する事項を遵守しなければならない。

（入園資格）

第十一条　幼保連携型認定こども園に入園することのできる者は、満三歳以上の子ども及び満三歳未満の保育を必要とする子どもとする。

（設置者）

第十二条　幼保連携型認定こども園は、国、地方公共団体（公立大学法人を含む。第十七条第一項において同じ。）、学校法人及び社会福祉法人のみが設置することができる。

（設備及び運営の基準）

第十三条　都道府県（指定都市等所在施設である幼保連携型認定こども園（都道府県が設置するものを除く。）については、当該指定都市等。次項及び第二十五条において同じ。）は、幼保連携型認定こども園の設備及び運営について、条例で基準を定めなければならない。この場合において、その基準は、子どもの身体的、精神的及び社会的な発達のために必要な教育及び保育の水準を確保するものでなければならない。

2　都道府県が前項の条例を定めるに当たっては、次に掲げる事項については主務省令で定める基準に従い定めるものとし、その他の事項については主務省令で定める基準を参酌するものとする。

一　幼保連携型認定こども園における学級の編制並びに幼保連携型認定こども園に配置する園長、保育教諭その他の職員及びその員数

二　幼保連携型認定こども園に係る保育室の床面積その他の幼保連携型認定こども園の設備に関する事項であって、子どもの健全な発達に密接に関連するものとして主務省令で定めるもの

三　幼保連携型認定こども園の運営に関する事項であって、子どもの適切な処遇の確保及び秘密の保持並びに子どもの健全な発達に密接に関連するものとして主務省令で定めるもの

5　幼保連携型認定こども園の設置者は、幼保連携型認定こども園の設備及び運営についての水準の向上を図ることに努めるものとする。

（職員）

第十四条　幼保連携型認定こども園には、園長及び保育教諭を置かなければならない。

2　幼保連携型認定こども園には、前項に規定するもののほか、副園長、教頭、主幹保育教諭、指導保育教諭、主幹養護教諭、養護教諭、主幹栄養教諭、栄養教諭、事務職員、養護助教諭その他

必要な職員を置くことができる。

3 園長は、園務をつかさどり、所属職員を監督する。

4 副園長は、園長を助け、命を受けて園務をつかさどる。

5 副園長は、園長に事故があるときはその職務を代理し、園長が欠けたときはその職務を行う。この場合において、副園長が二人以上あるときは、あらかじめ園長が定めた順序で、その職務を代理し、又は行う。

6 教頭は、園長（副園長を置く幼保連携型認定こども園にあっては、園長及び副園長）を助け、園務を整理し、並びに必要に応じ園児（幼保連携型認定こども園に在籍する子どもをいう。以下同じ。）の教育及び保育（満三歳未満の園児については、その保育。以下この条において同じ。）をつかさどる。

7 教頭は、園長（副園長を置く幼保連携型認定こども園にあっては、園長及び副園長）に事故があるときは園長の職務を代理し、園長（副園長を置く幼保連携型認定こども園にあっては、園長及び副園長）が欠けたときは園長の職務を行う。この場合において、教頭が二人以上あるときは、あらかじめ園長が定めた順序で、園長の職務を代理し、又は行う。

8 主幹保育教諭は、園長（副園長又は教頭を置く幼保連携型認定こども園にあっては、園長及び副園長又は教頭。第十一項及び第十三項において同じ。）を助け、命を受けて園務の一部を整理し、並びに園児の教育及び保育をつかさどる。

9 指導保育教諭は、園児の教育及び保育をつかさどり、並びに保育教諭その他の職員に対して、教育及び保育の改善及び充実のために必要な指導及び助言を行う。

10 保育教諭は、園児の教育及び保育をつかさどる。

11　主幹養護教諭は、園長を助け、命を受けて園務の一部を整理し、及び園児（満三歳以上の園児に限る。以下この条において同じ。）の養護をつかさどる。
12　養護教諭は、園児の養護をつかさどる。
13　主幹栄養教諭は、園長を助け、命を受けて園務の一部を整理し、並びに園児の栄養の指導及び管理をつかさどる。
14　栄養教諭は、園児の栄養の指導及び管理をつかさどる。
15　事務職員は、事務をつかさどる。
16　助保育教諭は、保育教諭の職務を助ける。
17　講師は、保育教諭又は助保育教諭に準ずる職務に従事する。
18　養護助教諭は、養護教諭の職務を助ける。
19　特別の事情のあるときは、第一項の規定にかかわらず、保育教諭に代えて助保育教諭又は講師を置くことができる。

（職員の資格）

第十五条　主幹保育教諭、指導保育教諭、保育教諭及び講師（保育教諭に準ずる職務に従事するものに限る。）は、幼稚園の教諭の普通免許状（教育職員免許法（昭和二十四年法律第百四十七号）第四条第二項に規定する普通免許状をいう。以下この条において同じ。）を有し、かつ、児童福祉法第十八条の十八第一項の登録（第四項及び第三十九条において単に「登録」という。）を受けた者でなければならない。
2　主幹養護教諭及び養護教諭は、養護教諭の普通免許状を有する者でなければならない。
3　主幹栄養教諭及び栄養教諭は、栄養教諭の普通免許状を有する者でなければならない。
4　助保育教諭及び講師（助保育教諭に準ずる職務に従事するものに限る。）は、幼稚園の助教諭の臨時免許状（教育職員免許法第四条第四項に規定する臨時免許状をいう。次項において同じ。）を有し、かつ、登録を受けた者でなければならない。

5　養護助教諭は、養護助教諭の臨時免許状を有する者でなければならない。

6　前各項に定めるもののほか、職員の資格に関する事項は、主務省令で定める。

（設置等の届出）

第十六条　市町村（指定都市等を除く。以下この条及び次条第五項において同じ。）（市町村が単独で又は他の市町村と共同して設立する公立大学法人を含む。）は、幼保連携型認定こども園を設置しようとするとき、又はその設置した幼保連携型認定こども園の廃止、休止若しくは設置者の変更その他政令で定める事項（同条第一項及び第三十四条第六項において「廃止等」という。）を行おうとするときは、あらかじめ、都道府県知事に届け出なければならない。

（設置等の認可）

第十七条　国及び地方公共団体以外の者は、幼保連携型認定こども園を設置しようとするとき、又はその設置した幼保連携型認定こども園の廃止等を行おうとするときは、都道府県知事（指定都市等の区域内に所在する幼保連携型認定こども園については、当該指定都市等の長。次項、第三項、第六項及び第七項並びに次条第一項において同じ。）の認可を受けなければならない。

（学校教育法の準用）

第二十六条　学校教育法第五条、第六条本文、第七条、第九条、第十条、第八十一条第一項及び第百三十七条の規定は、幼保連携型認定こども園について準用する。

（学校保健安全法の準用）

第二十七条　学校保健安全法（昭和三十三年法律第五十六号）第三条から第十条まで、第十三条から第二十一条まで、第二十三条及び第二十六条から第三十一条までの規定は、幼保連携型認定こども園について準用する。

（趣旨）
（基準の向上）
（一学級の幼児数）
（学級の編制）
（教職員）

●幼稚園設置基準（昭三一・一二・一三 文部省令三二）

最終改正　平二六―文科令二三

第一条　幼稚園設置基準は、学校教育法施行規則（昭和二十二年文部省令第十一号）に定めるもののほか、この省令の定めるところによる。

第二条　この省令で定める設置基準は、幼稚園を設置するのに必要な最低の基準を示すものであるから、幼稚園の設置者は、幼稚園の水準の向上を図ることに努めなければならない。

第三条　一学級の幼児数は、三十五人以下を原則とする。

第四条　学級は、学年の初めの日の前日において同じ年齢にある幼児で編制することを原則とする。

第五条　幼稚園には、園長のほか、各学級ごとに少なくとも専任の主幹教諭、指導教諭又は教諭（次項において「教諭等」という。）を一人置かなければならない。

2　特別の事情があるときは、教諭等は、専任の副園長又は教頭が兼ね、又は当該幼稚園の学級数の三分の一の範囲内で、専任の助教諭若しくは講師をもつて代えることができる。

3　専任でない園長を置く幼稚園にあつては、前二項の規定により置く主幹教諭、指導教諭、教諭、助教諭又は講師のほか、副園長、教頭、主幹教諭、指導教諭、教諭、助教諭又は講師を一人置くことを原則とする。

4　幼稚園に置く教員等は、教育上必要と認められる場合は、他の学校の教員等と兼ねることができる。

第六条　幼稚園には、養護をつかさどる主幹教諭、養護教諭又は養護助教諭及び事務職員を置くように努めなければならない。

（一般的基準）

第七条　幼稚園の位置は、幼児の教育上適切で、通園の際安全な環境にこれを定めなければならない。

2　幼稚園の施設及び設備は、指導上、保健衛生上、安全上及び管理上適切なものでなければならない。

（園地、園舎及び運動場）

第八条　園舎は、二階建以下を原則とする。園舎を二階建とする場合及び特別の事情があるため園舎を三階建以上とする場合にあつては、保育室、遊戯室及び便所の施設は、第一階に置かなければならない。ただし、園舎が耐火建築物で、幼児の待避上必要な施設を備えるものにあつては、これらの施設を第二階に置くことができる。

2　園舎及び運動場は、同一の敷地内又は隣接する位置に設けることを原則とする。

3　園地、園舎及び運動場の面積は、別に定める。

（施設及び設備等）

第九条　幼稚園には、次の施設及び設備を備えなければならない。ただし、特別の事情があるときは、保育室と遊戯室及び職員室と保健室とは、それぞれ兼用することができる。

一　職員室
二　保育室
三　遊戯室
四　保健室
五　便所
六　飲料水用設備、手洗用設備、足洗用設備

2　保育室の数は、学級数を下つてはならない。

3　飲料水用設備は、手洗用設備又は足洗用設備と区別して備えなければならない。

4　飲料水の水質は、衛生上無害であることが証明されたものでなければならない。

（園具及び教具）

第十条　幼稚園には、学級数及び幼児数に応じ、教育上、保健衛生上及び安全上必要な種類及び数の園具及び教具を備えなければならない。

2　前項の園具及び教具は、常に改善し、補充しなければならない。

（施設及び設備）

第十一条　幼稚園には、次の施設及び設備を備えるように努めなければならない。

一　放送聴取設備
二　映写設備
三　水遊び場
四　幼児清浄用設備
五　給食施設
六　図書室
七　会議室

（他の施設及び設備の使用）

第十二条　幼稚園は、特別の事情があり、かつ、教育上及び安全上支障がない場合は、他の学校等の施設及び設備を使用することができる。

（保育所等との合同活動等に関する特例）

第十三条　幼稚園は、次に掲げる場合においては、各学級の幼児と当該幼稚園に在籍しない者を共に保育することができる。

一　当該幼稚園及び保育所等（就学前の子どもに関する教育、保育等の総合的な提供の推進に関する法律（平成十八年法律第七十七号）第二条第五項に規定する保育所等をいう。以下同じ。）のそれぞれの用に供される建物及びその附属設備が一体的に設置されている場合における当該保育所等において、満三歳以上の子どもに対し学校教育法第二十三条各号に掲げる目標が達成されるよう保育を行うに当たり、当該幼稚園との緊密な連携協力体制を確保する必要があると

認められる場合

二　前号に掲げる場合のほか、経済的社会的条件の変化に伴い幼児の数が減少し、又は幼児が他の幼児と共に活動する機会が減少したことその他の事情により、学校教育法第二十三条第二号に掲げる目標を達成することが困難であると認められることから、幼児の心身の発達を助長するために特に必要があると認められる場合

2　前項の規定により各学級の幼児と当該幼稚園に在籍しない者を共に保育する場合においては、第三条中「一学級の幼児数」とあるのは「一学級の幼児数（当該幼稚園に在籍しない者であつて当該学級の幼児と共に保育されるものの数を含む。）」と、第五条第四項中「他の学校の教員等」とあるのは「他の学校の教員等又は保育所等の保育士等」と、第十条第一項中「幼児数」とあるのは「幼児数（当該幼稚園に在籍しない者であつて各学級の幼児と共に保育されるものの数を含む。）」と読み替えて、これらの規定を適用する。

●小学校設置基準

（平一四・三・二九　文科省令一四）

最終改正　平一九―文科令四〇

（趣旨）

第一条　小学校は、学校教育法（昭和二十二年法律第二十六号）その他の法令の規定によるほか、この省令の定めるところにより設置するものとする。

2　この省令で定める設置基準は、小学校を設置するのに必要な最低の基準とする。

3　小学校の設置者は、小学校の編制、施設、設備等がこの省令で定める設置基準より低下した状態にならないようにすることはもとより、これらの水準の向上を図ることに努めなければならない。

（一学級の児童数）
第四条　一学級の児童数は、法令に特別の定めがある場合を除き、四十人以下とする。ただし、特別の事情があり、かつ、教育上支障がない場合は、この限りでない。

（学級の編制）
第五条　小学校の学級は、同学年の児童で編制するものとする。ただし、特別の事情があるときは、数学年の児童を一学級に編制することができる。

（教諭の数等）
第六条　小学校に置く主幹教諭、指導教諭及び教諭（以下この条において「教諭等」という。）の数は、一学級当たり一人以上とする。

2　教諭等は、特別の事情があり、かつ、教育上支障がない場合は、校長、副校長若しくは教頭が兼ね、又は助教諭若しくは講師をもって代えることができる。

3　小学校に置く教員等は、教育上必要と認められる場合は、他の学校の教員等と兼ねることができる。

（一般的基準）
第七条　小学校の施設及び設備は、指導上、保健衛生上、安全上及び管理上適切なものでなければならない。

（校舎及び運動場の面積等）
第八条　校舎及び運動場の面積は、法令に特別の定めがある場合を除き、別表に定める面積以上とする。ただし、地域の実態その他により特別の事情があり、かつ、教育上支障がない場合は、この限りでない。

2　校舎及び運動場は、同一の敷地内又は隣接する位置に設けるものとする。ただし、地域の実態その他により特別の事情があり、かつ、教育上及び安全上支障がない場合は、その他の適当な位置にこれを設けることができる。

（校舎に備えるべき施設）
第九条　校舎には、少なくとも次に掲げる施設を備えるものとする。

一　教室（普通教室、特別教室等とする。）

二　図書室、保健室
三　職員室
2　校舎には、前項に掲げる施設のほか、必要に応じて、特別支援学級のための教室を備えるものとする。

（その他の施設）
第十条　小学校には、校舎及び運動場のほか、体育館を備えるものとする。ただし、地域の実態その他により特別の事情があり、かつ、教育上支障がない場合は、この限りでない。

（校具及び教具）
第十一条　小学校には、学級数及び児童数に応じ、指導上、保健衛生上及び安全上必要な種類及び数の校具及び教具を備えなければならない。
2　前項の校具及び教具は、常に改善し、補充しなければならない。

●中学校設置基準

（平一四・三・二九　文科省令一五）
最終改正　平一九—文科令四〇

（趣旨）
第一条　中学校は、学校教育法（昭和二十二年法律第二十六号）その他の法令の規定によるほか、この省令の定めるところにより設置するものとする。
2　この省令で定める設置基準は、中学校を設置するのに必要な最低の基準とする。
3　中学校の設置者は、中学校の編制、施設、設備等がこの省令で定める設置基準より低下した状態にならないようにすることはもとより、これらの水準の向上を図ることに努めなければならない。

（一学級の生徒数）
第四条　一学級の生徒数は、法令に特別の定めがある場合を除き、四十人以下とする。ただし、特別の事情があり、かつ、教育上支障がない場合は、この限りでない。

（学級の編制）
第五条 中学校の学級は、同学年の生徒で編制するものとする。ただし、特別の事情があるときは、数学年の生徒を一学級に編制することができる。

（教諭の数等）
第六条 中学校に置く主幹教諭、指導教諭及び教諭（以下この条において「教諭等」という。）の数は、一学級当たり一人以上とする。

2 教諭等は、特別の事情があり、かつ、教育上支障がない場合は、校長、副校長若しくは教頭が兼ね、又は助教諭若しくは講師をもって代えることができる。

3 中学校に置く教員等は、教育上必要と認められる場合は、他の学校の教員等と兼ねることができる。

（一般的基準）
第七条 中学校の施設及び設備は、指導上、保健衛生上、安全上及び管理上適切なものでなければならない。

●高等学校設置基準（平一六・三・三一 文科省令二〇）

最終改正 平一九―文科令四〇

（趣旨）
第一条 高等学校は、学校教育法その他の法令の規定によるほか、この省令の定めるところにより設置するものとする。

2 この省令で定める設置基準は、高等学校を設置するのに必要な最低の基準とする。

3 高等学校の設置者は、高等学校の編制、施設、設備等がこの省令で定める設置基準より低下した状態にならないようにすることはもとより、これらの水準の向上を図ることに努めなければならない。

（設置基準の特例）

第二条　公立の高等学校については都道府県の教育委員会、私立の高等学校については都道府県知事（以下「都道府県教育委員会等」という。）は、高等学校に全日制の課程及び定時制の課程を併置する場合又は二以上の学科を設置する場合その他これらに類する場合において、教育上支障がないと認めるときは、高等学校の編制、施設及び設備に関し、必要と認められる範囲内において、この省令に示す基準に準じて、別段の定めをすることができる。

2　専攻科及び別科の編制、施設、設備等については、この省令に示す基準によらなければならない。ただし、教育上支障がないと認めるときは、都道府県教育委員会等は、専攻科及び別科の編制、施設及び設備に関し、必要と認められる範囲内において、この省令に示す基準に準じて、別段の定めをすることができる。

（学科の種類）

第五条　高等学校の学科は次のとおりとする。

一　普通教育を主とする学科

二　専門教育を主とする学科

三　普通教育及び専門教育を選択履修を旨として総合的に施す学科

〔学科の名称〕

第六条　前条第一号に定める学科は、普通科とする。

2　前条第二号に定める学科は、次に掲げるとおりとする。

一　農業に関する学科

二　工業に関する学科

三　商業に関する学科

四　水産に関する学科

五　家庭に関する学科

六　看護に関する学科
七　情報に関する学科
八　福祉に関する学科
九　理数に関する学科
十　体育に関する学科
十一　音楽に関する学科
十二　美術に関する学科
十三　外国語に関する学科
十四　国際関係に関する学科
十五　その他専門教育を施す学科として適当な規模及び内容があると認められる学科

3　前条第三号に定める学科は、総合学科とする。

●公立義務教育諸学校の学級編制及び教職員定数の標準に関する法律

（昭三三・五・一法一一六）
最終改正　令二―法一一

（この法律の目的）
第一条　この法律は、公立の義務教育諸学校に関し、学級規模と教職員の配置の適正化を図るため、学級編制及び教職員定数の標準について必要な事項を定め、もつて義務教育水準の維持向上に資することを目的とする。

（学級編制の標準）
第三条　公立の義務教育諸学校の学級は、同学年の児童又は生徒で編制するものとする。ただし、当該義務教育諸学校の児童又は生徒の数が著しく少いかその他特別の事情がある場合においては、政令で定めるところにより、数学年の児童又は生徒を一学級に編制することができる。

2　各都道府県ごとの、都道府県又は市（地方自治法（昭和二十二年法律第六十七号）第二百五十二条の十九第一項の指定都市（以下単に「指定都市」という。）を除き、特別区を含む。第八条第三号並びに第八条の二第一号及び第二号を除き、以下同じ。）町村の設置する小学校（義務教育学校の前期課程を含む。次条第二項において同じ。）又は中学校（義務教育学校の後期課程及び中等教育学校の前期課程を含む。同項において同じ。）の一学級の児童又は生徒の数の基準は、次の表の上欄に掲げる学校の種類及び同表の中欄に掲げる学級編制の区分に応じ、同表の下欄に掲げる数を標準として、都道府県の教育委員会が定める。ただし、都道府県の教育委員会は、当該都道府県における児童又は生徒の実態を考慮して特に必要があると認める場合については、この項本文の規定により定める数を下回る数を、当該場合に係る一学級の児童又は生徒の数の基準として定めることができる。

学校の種類	学級編制の区分	一学級の児童又は生徒の数
小学校（義務教育学校の前期課程を含む。次条第二項において同じ。）	同学年の児童で編制する学級	四十人（第一学年の児童で編制する学級にあつては、三十五人）
	二の学年の児童で編制する学級	十六人（第一学年の児童を含む学級にあつては、八人）
	学校教育法第八十一条第二項及び第三項に規定する特別支援学級（以下この表及び第七条第一項第五号において単に「特別支援学級」という。）	八人
中学校（義務教育学校の後期課程及び中等教育学校の前期課程を含む。同項において同じ。）	同学年の生徒で編制する学級	四十人
	二の学年の生徒で編制する学級	八人
	特別支援学級	八人

3　各都道府県ごとの、都道府県又は市町村の設置する特別支援学校の小学部又は中学部の一学級の児童又は生徒の数の基準は、六人（文部科学大臣が定める障害を二以上併せ有する児童又は生徒で学級を編制する場合にあつては、三人）を標準として、都道府県の教育委員会が定める。ただし、都道府県の教育委員会は、当該都道府県における児童又は生徒の実態を考慮して特に必要があると認める場合については、この項本文の規定により定める数を下回る数を、当該場合に係る一学級の児童又は生徒の数の基準として定めることができる。

（学級編制）

第四条　都道府県又は市町村の設置する義務教育諸学校の学級編制は、前条第二項又は第三項の規定により都道府県の教育委員会が定めた基準を標準として、当該学校を設置する地方公共団体の教育委員会が、当該学校の児童又は生徒の実態を考慮して行う。

（学級編制についての都道府県の教育委員会への届出）

第五条　市町村の教育委員会は、毎学年、当該市町村の設置する義務教育諸学校に係る前条第一項の学級編制を行つたときは、遅滞なく、都道府県の教育委員会に届け出なければならない。届け出た学級編制を変更したときも、同様とする。

●公立高等学校の適正配置及び教職員定数の標準等に関する法律

（昭三六・一一・六　法一八八）
最終改正　令二一法一一

（目的）

第一条　この法律は、公立の高等学校に関し、配置、規模及び学級編制の適正化並びに教職員定数の確保を図るため、学校の適正な配置及び規模並びに学級編制及び教職員定数の標準について必要な事項を定めるとともに、公立の中等教育学校の後期課程及び特別支援学校の高等部に関し、学級編制の適正化及び教職員定数の確保を図るため、学級編制及び教職員定数の標準について必要な事項を定め、もつて高等学校、中等教育学校の後期課程及び特別支援学校の高等部の教育水準の維持向上に資することを目的とする。

（公立の高等学校の適正な配置及び規模）

第四条　都道府県は、高等学校の教育の普及及び機会均等を図るため、その区域内の公立の高等学校の配置及び規模の適正化に努めなければならない。この場合において、都道府県は、その区域内の私立の高等学校並びに公立及び私立の中等教育学校の配置状況を充分に考慮しなければならない。

（学級編制の標準）

第六条　公立の高等学校（中等教育学校の後期課程を含む。以下この条において同じ。）の全日制の課程又は定時制の課程における一学級の生徒の数は、四十人を標準とする。ただし、やむを得ない事情がある場合及び高等学校を設置する都道府県又は市町村の教育委員会が当該都道府県又は市町村における生徒の実態を考慮して特に必要があると認める場合については、この限りでない。

（教職員定数の標準）

第七条　公立の高等学校（中等教育学校の後期課程を含む。以下この条において同じ。）に置くべき教職員の当該高等学校を設置する都道府県又は市町村ごとの総数（以下「高等学校等教職員定数」という。）は、次条から第十二条までに規定する数を合計した数を標準として定めるものとする。

（校長の数）

第八条　校長の数は、学校（中等教育学校を除く。）の数に一を乗じて得た数とする。

（学級編制の標準）

第十四条　公立の特別支援学校の高等部の一学級の生徒の数は、重複障害生徒（文部科学大臣が定める障害を二以上併せ有する生徒をいう。以下この条において同じ。）で学級を編制する場合にあつては三人、重複障害生徒以外の生徒で学級を編制する場合にあつては八人を標準とする。ただし、やむを得ない事情がある場合及び高等部を置く特別支援学校を設置する都道府県又は市町村の教育委員会が当該都道府県又は市町村における生徒の実態を考慮して特に必要があると認める場合については、この限りでない。

●義務教育諸学校における教育の政治的中立の確保に関する臨時措置法

（昭二九・六・三法一五七）
最終改正　平一八—法四七

（この法律の目的）

第一条　この法律は、教育基本法（平成十八年法律第百二十号）の精神に基き、義務教育諸学校における教育を党派的勢力の不当な影響又は支配から守り、もつて義務教育の政治的中立を確保するとともに、これに従事する教育職員の自主性を擁護することを目的とする。

●教科書の発行に関する臨時措置法（昭二三・七・一〇 法一三二）

最終改正　平二八—法四七

〔この法律の目的〕

第一条　この法律は、現在の経済事情にかんがみ、教科書の需要供給の調整をはかり、発行を迅速確実にし、適正な価格を維持して、学校教育の目的達成を容易ならしめることを目的とする。

〔この法律における教科書、発行、発行者の定義〕

第二条　この法律において「教科書」とは、小学校、中学校、義務教育学校、高等学校、中等教育学校及びこれらに準ずる学校において、教育課程の構成に応じて組織排列された教科の主たる教材として、教授の用に供せられる児童又は生徒用図書であつて、文部科学大臣の検定を経たもの又は文部科学省が著作の名義を有するものをいう。

2　この法律において「発行」とは、教科書を製造供給することをいい、「発行者」とは、発行を担当する者をいう。

●義務教育諸学校の教科用図書の無償に関する法律（昭三七・三・三一 法六〇）

（趣旨）

第一条　義務教育諸学校の教科用図書は、無償とする。

2　前項に規定する措置に関し必要な事項は、別に法律で定める。

●義務教育諸学校の教科用図書の無償措置に関する法律

（昭三八・一二・二一 法一八二）
最終改正　令元―法三七

（この法律の目的）
第一条　この法律は、教科用図書の無償給付その他義務教育諸学校の教科用図書を無償とする措置について必要な事項を定めるとともに、当該措置の円滑な実施に資するため、義務教育諸学校の教科用図書の採択及び発行の制度を整備し、もつて義務教育の充実を図ることを目的とする。

（教科用図書の無償給付）
第三条　国は、毎年度、義務教育諸学校の児童及び生徒が各学年の課程において使用する教科用図書で第十三条、第十四条及び第十六条の規定により採択されたものを購入し、義務教育諸学校の設置者に無償で給付するものとする。

（教科用図書の給与）
第五条　義務教育諸学校の設置者は、第三条の規定により国から無償で給付された教科用図書を、それぞれ当該学校の校長を通じて児童又は生徒に給与するものとする。

2　学年の中途において転学した児童又は生徒については、その転学後において使用する教科用図書は、前項の規定にかかわらず、文部科学省令で定める場合を除き、給与しないものとする。

●高等学校等就学支援金の支給に関する法律

（平二二・三・三一 法一八）
最終改正　平二六―法六九

（目的）
第一条　この法律は、高等学校等の生徒等がその授業料に充てるために高等学校等就学支援金の支給を受けることができることとすることにより、高等学校等における教育に係る経済的負担の軽減を図り、もって教育の機会均等に寄与することを目的とする。

（定義）

第二条　この法律において「高等学校等」とは、次に掲げるものをいう。

一　高等学校（専攻科及び別科を除く。以下同じ。）

二　中等教育学校の後期課程（専攻科及び別科を除く。次条第三項及び第五条第三項において同じ。）

三　特別支援学校の高等部

四　高等専門学校（第一学年から第三学年までに限る。）

五　専修学校及び各種学校（これらのうち高等学校の課程に類する課程を置くものとして文部科学省令で定めるものに限り、学校教育法（昭和二十二年法律第二十六号）第一条に規定する学校以外の教育施設で学校教育に類する教育を行うもののうち当該教育を行うにつき同法以外の法律に特別の規定があるものであって、高等学校の課程に類する課程を置くものとして文部科学省令で定めるもの（第四条及び第六条第一項において「特定教育施設」という。）を含む。）

●学校図書館法

（昭二八・八・八　法一八五）

最終改正　平二七—法四六

（この法律の目的）

第一条　この法律は、学校図書館が、学校教育において欠くことのできない基礎的な設備であることにかんがみ、その健全な発達を図り、もつて学校教育を充実することを目的とする。

（定義）

第二条　この法律において「学校図書館」とは、小学校（義務教育学校の前期課程及び特別支援学校の小学部を含む。）、中学校（義務教育学校の後期課程、中等教育学校の前期課程及び特別支援学校の中学部を含む。）及び高等学校（中等教育学校の後期課程及び特別支援学校の高等部を含む。）（以下「学校」という。）において、図書、視覚聴覚教育の資料その他学校教育に必要な資料（以下「図書館資料」という。）を収集し、整理し、及び保存し、これを児童又は生徒及び教員の利用に供することによつて、学校の教育課程の展開に寄与するとともに、児童又は生徒の健全な教養を育成することを目的として設けられる学校の設備をいう。

（設置義務）
第三条 学校には、学校図書館を設けなければならない。

（学校図書館の運営）
第四条 学校は、おおむね左の各号に掲げるような方法によつて、学校図書館を児童又は生徒及び教員の利用に供するものとする。

一 図書館資料を収集し、児童又は生徒及び教員の利用に供すること。
二 図書館資料の分類排列を適切にし、及びその目録を整備すること。
三 読書会、研究会、鑑賞会、映写会、資料展示会等を行うこと。
四 図書館資料の利用その他学校図書館の利用に関し、児童又は生徒に対し指導を行うこと。
五 他の学校の学校図書館、図書館、博物館、公民館等と緊密に連絡し、及び協力すること。

2 学校図書館は、その目的を達成するのに支障のない限度において、一般公衆に利用させることができる。

（司書教諭）
第五条 学校には、学校図書館の専門的職務を掌らせるため、司書教諭を置かなければならない。

2 前項の司書教諭は、主幹教諭（養護又は栄養の指導及び管理をつかさどる主幹教諭を除く。）、指導教諭又は教諭（以下この項において「主幹教諭等」という。）をもつて充てる。この場合において、当該主幹教諭等は、司書教諭の講習を修了した者でなければならない。

3 前項に規定する司書教諭の講習は、大学その他の教育機関が文部科学大臣の委嘱を受けて行う。

4 前項に規定するものを除くほか、司書教諭の講習に関し、履修すべき科目及び単位その他必要な事項は、文部科学省令で定める。

（学校司書）

第六条　学校には、前条第一項の司書教諭のほか、学校図書館の運営の改善及び向上を図り、児童又は生徒及び教員による学校図書館の利用の一層の促進に資するため、専ら学校図書館の職務に従事する職員（次項において「学校司書」という。）を置くよう努めなければならない。

2　国及び地方公共団体は、学校司書の資質の向上を図るため、研修の実施その他の必要な措置を講ずるよう努めなければならない。

（設置者の任務）

第七条　学校の設置者は、この法律の目的が十分に達成されるようその設置する学校の学校図書館を整備し、及び充実を図ることに努めなければならない。

（国の任務）

第八条　国は、第六条第二項に規定するもののほか、学校図書館を整備し、及びその充実を図るため、次の各号に掲げる事項の実施に努めなければならない。

一　学校図書館の整備及び充実並びに司書教諭の養成に関する総合的計画を樹立すること。

二　学校図書館の設置及び運営に関し、専門的、技術的な指導及び勧告を与えること。

三　前二号に掲げるもののほか、学校図書館の整備及び充実のため必要と認められる措置を講ずること。

●私立学校法

（昭二四・一二・一五　法二七〇）
最終改正　令元—法七一

（この法律の目的）

第一条　この法律は、私立学校の特性にかんがみ、その自主性を重んじ、公共性を高めることによつて、私立学校の健全な発達を図ることを目的とする。

（役員）

第三十五条　学校法人には、役員として、理事五人以上及び監事二人以上を置かなければならない。

2　理事のうち一人は、寄附行為の定めるところにより、理事長となる。

（評議員会）

第四十一条　学校法人に、評議員会を置く。

2　評議員会は、理事の定数の二倍をこえる数の評議員をもつて、組織する。

3　評議員会は、理事長が招集する。

4　評議員会に、議長を置く。

5　理事長は、評議員総数の三分の一以上の評議員から会議に付議すべき事項を示して評議員会の招集を請求された場合には、その請求のあつた日から二十日以内に、これを招集しなければならない。

6　評議員会は、評議員の過半数の出席がなければ、その議事を開き、議決をすることができない。

7　評議員会の議事は、出席評議員の過半数で決し、可否同数のときは、議長の決するところによる。

8　前項の場合において、議長は、評議員として議決に加わることができない。

●日本私立学校振興・共済事業団法

（平九・五・九
法四八）

最終改正　令二―法四〇

（設立の目的）

第一条　日本私立学校振興・共済事業団は、私立学校の教育の充実及び向上並びにその経営の安定並びに私立学校教職員の福利厚生を図るため、補助金の交付、資金の貸付けその他私立学校教育に対する援助に必要な業務を総合的かつ効率的に行うとともに、私立学校教職員共済法（昭和二十八年法律第二百四十五号。以下「共済法」という。）の規定による共済制度を運営し、もつて私立学校教育の振興に資することを目的とする。

●私立学校振興助成法（昭五〇・七・一一 法六一）

最終改正　令元―法一一

（目的）

第一条　この法律は、学校教育における私立学校の果たす重要な役割にかんがみ、国及び地方公共団体が行う私立学校に対する助成の措置について規定することにより、私立学校の教育条件の維持及び向上並びに私立学校に在学する幼児、児童、生徒又は学生に係る修学上の経済的負担の軽減を図るとともに私立学校の経営の健全性を高め、もつて私立学校の健全な発達に資することを目的とする。

（学校法人の責務）

第三条　学校法人は、この法律の目的にかんがみ、自主的にその財政基盤の強化を図り、その設置する学校に在学する幼児、児童、生徒又は学生に係る修学上の経済的負担の適正化を図るとともに、当該学校の教育水準の向上に努めなければならない。

●いじめ防止対策推進法（平二五・六・二八 法七一）

最終改正　令元―法一一

（目的）

第一条　この法律は、いじめが、いじめを受けた児童等の教育を受ける権利を著しく侵害し、その心身の健全な成長及び人格の形成に重大な影響を与えるのみならず、その生命又は身体に重大な危険を生じさせるおそれがあるものであることに鑑み、児童等の尊厳を保持するため、いじめの防止等（いじめの防止、いじめの早期発見及びいじめへの対処をいう。以下同じ。）のための対策に関し、基本理念を定め、国及び地方公共団体等の責務を明らかにし、並びにいじめの防止等のための対策に関する基本的な方針の策定について定めるとともに、いじめの防止等のための対策の基本となる事項を定めることにより、いじめの防止等のための対策を総合的かつ効果的に推進することを目的とする。

（定義）

第二条　この法律において「いじめ」とは、児童等に対して、当該児童等が在籍する学校に在籍している等当該児童等と一定の人的関係にある他の児童等が行う心理的又は物理的な影響を与える行為（インターネットを通じて行われるものを含む。）であって、当該行為の対象となった児童等が心身の苦痛を感じているものをいう。

2　この法律において「学校」とは、学校教育法（昭和二十二年法律第二十六号）第一条に規定する小学校、中学校、義務教育学校、高等学校、中等教育学校及び特別支援学校（幼稚部を除く。）をいう。

3　この法律において「児童等」とは、学校に在籍する児童又は生徒をいう。

4　この法律において「保護者」とは、親権を行う者（親権を行う者のないときは、未成年後見人）をいう。

（基本理念）

第三条　いじめの防止等のための対策は、いじめが全ての児童等に関係する問題であることに鑑み、児童等が安心して学習その他の活動に取り組むことができるよう、学校の内外を問わずいじめが行われなくなるようにすることを旨として行われなければならない。

2　いじめの防止等のための対策は、全ての児童等がいじめを行わず、及び他の児童等に対して行われるいじめを認識しながらこれを放置することがないようにするため、いじめが児童等の心身に及ぼす影響その他のいじめの問題に関する児童等の理解を深めることを旨として行われなければならない。

3　いじめの防止等のための対策は、いじめを受けた児童等の生命及び心身を保護することが特に重要であることを認識しつつ、国、地方公共団体、学校、地域住民、家庭その他の関係者の連携の下、いじめの問題を克服することを目指して行われなければならない。

（いじめの禁止）

第四条　児童等は、いじめを行ってはならない。

第3編　教育振興

●就学困難な児童及び生徒に係る就学奨励についての国の援助に関する法律

（昭三一・三・三〇法四〇）
最終改正　平二七—法四六

（目的）
第一条　この法律は、経済的理由によつて就学困難な児童及び生徒について学用品を給与する等就学奨励を行う地方公共団体に対し、国が必要な援助を与えることとし、もつて小学校、中学校及び義務教育学校並びに中等教育学校の前期課程における義務教育の円滑な実施に資することを目的とする。

（国の補助）
第二条　国は、市（特別区を含む。）町村が、その区域内に住所を有する学校教育法（昭和二十二年法律第二十六号）第十八条に規定する学齢児童又は学齢生徒（以下「児童生徒」という。）の同法第十六条に規定する保護者で生活保護法（昭和二十五年法律第百四十四号）第六条第二項に規定する要保護者であるものに対して、児童生徒に係る次に掲げる費用等（当該児童生徒について、同法第十三条の規定による教育扶助が行われている場合にあつては、当該教育扶助に係る第一号又は第二号に掲げるものを除く。）を支給する場合には、予算の範囲内において、これに要する経費を補助する。

一　学用品又はその購入費
二　通学に要する交通費
三　修学旅行費

●特別支援学校への就学奨励に関する法律

（昭二九・六・一　法一四四）
最終改正　平二八─法四七

（この法律の目的）
第一条　この法律は、教育の機会均等の趣旨に則り、かつ、特別支援学校への就学の特殊事情にかんがみ、国及び地方公共団体が特別支援学校に就学する児童又は生徒について行う必要な援助を規定し、もつて特別支援学校における教育の普及奨励を図ることを目的とする。

●大学等における修学の支援に関する法律

（令元・五・一七　法八）

（目的）
第一条　この法律は、真に支援が必要な低所得者世帯の者に対し、社会で自立し、及び活躍することができる豊かな人間性を備えた創造的な人材を育成するために必要な質の高い教育を実施する大学等における修学の支援を行い、その修学に係る経済的負担を軽減することにより、子どもを安心して生み、育てることができる環境の整備を図り、もって我が国における急速な少子化の進展への対処に寄与することを目的とする。

（定義）
第二条　この法律において「大学等」とは、大学（学校教育法（昭和二十二年法律第二十六号）第百三条に規定する大学を除く。以下同じ。）、高等専門学校及び専門課程を置く専修学校（第七条第一項及び第十条において「専門学校」という。）をいう。

2　この法律において「学生等」とは、大学の学部、短期大学の学科及び専攻科（大学の学部に準ずるものとして文部科学省令で定める専攻科に限る。）並びに高等専門学校の学科（第四学年及び第五学年に限る。）及び専攻科（大学の学部に準ずるものとして文部科学省令で定める専攻科に限る。）の学生並びに専修学校の専門課程の生徒をいう。

3　この法律において「確認大学等」とは、第七条第一項の確認を受けた大学等をいう。

〔通則〕

第三条　大学等における修学の支援は、確認大学等に在学する学生等のうち、特に優れた者であって経済的理由により極めて修学に困難があるものに対して行う学資支給及び授業料等減免とする。

●独立行政法人日本学生支援機構法

（平一五・六・一八）
（法九四）
最終改正　令元―法八

（目的）

第一条　この法律は、独立行政法人日本学生支援機構の名称、目的、業務の範囲等に関する事項を定めることを目的とする。

（機構の目的）

第三条　独立行政法人日本学生支援機構（以下「機構」という。）は、教育の機会均等に寄与するために学資の貸与及び支給その他学生等（大学及び高等専門学校の学生並びに専修学校の専門課程の生徒をいう。以下同じ。）の修学の援助を行い、大学等（大学、高等専門学校及び専門課程を置く専修学校をいう。以下同じ。）が学生等に対して行う修学、進路選択その他の事項に関する相談及び指導について支援を行うとともに、留学生交流（外国人留学生の受入れ及び外国への留学生の派遣をいう。以下同じ。）の推進を図るための事業を行うことにより、我が国の大学等において学ぶ学生等に対する適切な修学の環境を整備し、もって次代の社会を担う豊かな人間性を備えた創造的な人材の育成に資するとともに、国際相互理解の増進に寄与することを目的とする。

（業務の範囲）

第十三条　機構は、第三条の目的を達成するため、次の業務を行う。

一　経済的理由により修学に困難がある優れた学生等に対し、学資の貸与及び支給その他必要な援助を行うこと。

（学資の貸与）

第十四条　前条第一項第一号に規定する学資として貸与する資金（以下「学資貸与金」という。）は、無利息の学資貸与金（以下「第一種学資貸与金」という。）及び利息付きの学資貸与金（以下「第二種学資貸与金」という。）とする。

第4編　学校保健

●学校保健安全法（昭三三・四・一〇 法五六）

最終改正　平二七―法四六

（目的）
第一条　この法律は、学校における児童生徒等及び職員の健康の保持増進を図るため、学校における保健管理に関し必要な事項を定めるとともに、学校における教育活動が安全な環境において実施され、児童生徒等の安全の確保が図られるよう、学校における安全管理に関し必要な事項を定め、もつて学校教育の円滑な実施とその成果の確保に資することを目的とする。

（定義）
第二条　この法律において「学校」とは、学校教育法（昭和二十二年法律第二十六号）第一条に規定する学校をいう。

2　この法律において「児童生徒等」とは、学校に在学する幼児、児童、生徒又は学生をいう。

（国及び地方公共団体の責務）
第三条　国及び地方公共団体は、相互に連携を図り、各学校において保健及び安全に係る取組が確実かつ効果的に実施されるようにするため、学校における保健及び安全に関する最新の知見及び事例を踏まえつつ、財政上の措置その他の必要な施策を講ずるものとする。

2　国は、各学校における安全に係る取組を総合的かつ効果的に推進するため、学校安全の推進に関する計画の策定その他所要の措置を講ずるものとする。

3　地方公共団体は、国が講ずる前項の措置に準じた措置を講ずるように努めなければならない。

（学校保健に関する学校の設置者の責務）
第四条　学校の設置者は、その設置する学校の児童生徒等及び職員の心身の健康の保持増進を図るため、当該学校の施設及び設備並びに管理運営体制の整備充実その他の必要な措置を講ずるよう努めるものとする。

（学校保健計画の
第五条　学校においては、児童生徒等及び職員の心身の健康の保持増進を図るため、児童生徒等及び職員の健康診断、環境衛生検査、児童生徒等に対する指導その他保健に関する事項について計画を策定し、これを実施しなければならない。

（学校環境衛生基準）

第六条 文部科学大臣は、学校における換気、採光、照明、保温、清潔保持その他環境衛生に係る事項（学校給食法（昭和二十九年法律第百六十号）第九条第一項（夜間課程を置く高等学校における学校給食に関する法律（昭和三十一年法律第百五十七号）第七条及び特別支援学校の幼稚部及び高等部における学校給食に関する法律（昭和三十二年法律第百十八号）第六条において準用する場合を含む。）に規定する事項を除く。）について、児童生徒等及び職員の健康を保護する上で維持されることが望ましい基準（以下この条において「学校環境衛生基準」という。）を定めるものとする。

2 学校の設置者は、学校環境衛生基準に照らしてその設置する学校の適切な環境の維持に努めなければならない。

3 校長は、学校環境衛生基準に照らし、学校の環境衛生に関し適正を欠く事項があると認めた場合には、遅滞なく、その改善のために必要な措置を講じ、又は当該措置を講ずることができないときは、当該学校の設置者に対し、その旨を申し出るものとする。

（保健室）

第七条 学校には、健康診断、健康相談、保健指導、救急処置その他の保健に関する措置を行うため、保健室を設けるものとする。

（健康相談）

第八条 学校においては、児童生徒等の心身の健康に関し、健康相談を行うものとする。

（保健指導）

第九条 養護教諭その他の職員は、相互に連携して、健康相談又は児童生徒等の健康状態の日常的な観察により、児童生徒等の心身の状況を把握し、健康上の問題があると認めるときは、遅滞なく、当該児童生徒等に対して必要な指導を行うとともに、必要に応じ、その保護者（学校教育法

第十六条に規定する保護者をいう。第二十四条及び第三十条において同じ。）に対して必要な助言を行うものとする。

（地域の医療機関等との連携）

第十条　学校においては、救急処置、健康相談又は保健指導を行うに当たつては、必要に応じ、当該学校の所在する地域の医療機関その他の関係機関との連携を図るよう努めるものとする。

（就学時の健康診断）

第十一条　市（特別区を含む。以下同じ。）町村の教育委員会は、学校教育法第十七条第一項の規定により翌学年の初めから同項に規定する学校に就学させるべき者で、当該市町村の区域内に住所を有するものの就学に当たつて、その健康診断を行わなければならない。

〔市町村の教育委員会の措置〕

第十二条　市町村の教育委員会は、前条の健康診断の結果に基づき、治療を勧告し、保健上必要な助言を行い、及び学校教育法第十七条第一項に規定する義務の猶予若しくは免除又は特別支援学校への就学に関し指導を行う等適切な措置をとらなければならない。

（児童生徒等の健康診断）

第十三条　学校においては、毎学年定期に、児童生徒等（通信による教育を受ける学生を除く。）の健康診断を行わなければならない。

2　学校においては、必要があるときは、臨時に、児童生徒等の健康診断を行うものとする。

〔学校の措置〕

第十四条　学校においては、前条の健康診断の結果に基づき、疾病の予防処置を行い、又は治療を指示し、並びに運動及び作業を軽減する等適切な措置をとらなければならない。

（職員の健康診断）

第十五条　学校の設置者は、毎学年定期に、学校の職員の健康診断を行わなければならない。

2　学校の設置者は、必要があるときは、臨時に、学校の職員の健康診断を行うものとする。

〔学校の設置者の措置〕

第十六条　学校の設置者は、前条の健康診断の結果に基づき、治療を指示し、及び勤務を軽減する等適切な措置をとらなければならない。

（健康診断の方法

第十七条　健康診断の方法及び技術的基準については、文部科学省令で定める。

（保健所との連絡）

（出席停止）

（臨時休業）

（学校医、学校歯科医及び学校薬剤師）

（学校安全に関する学校の設置者の責務）

（学校安全計画の

及び技術的基準等）

2　第十一条から前条までに定めるもののほか、健康診断の時期及び検査の項目その他健康診断に関し必要な事項は、前項に規定するものを除き、第十一条の健康診断に関するものについては政令で、第十三条及び第十五条の健康診断に関するものについては文部科学省令で定める。

3　前二項の文部科学省令は、健康増進法（平成十四年法律第百三号）第九条第一項に規定する健康診査等指針と調和が保たれたものでなければならない。

第十八条　学校の設置者は、この法律の規定による健康診断を行おうとする場合その他政令で定める場合においては、保健所と連絡するものとする。

第十九条　校長は、感染症にかかつており、かかつている疑いがあり、又はかかるおそれのある児童生徒等があるときは、政令で定めるところにより、出席を停止させることができる。

第二十条　学校の設置者は、感染症の予防上必要があるときは、臨時に、学校の全部又は一部の休業を行うことができる。

第二十三条　学校には、学校医を置くものとする。

2　大学以外の学校には、学校歯科医及び学校薬剤師を置くものとする。

第二十六条　学校の設置者は、児童生徒等の安全の確保を図るため、その設置する学校において、事故、加害行為、災害等（以下この条及び第二十九条第三項において「事故等」という。）により児童生徒等に生ずる危険を防止し、及び事故等により児童生徒等に危険又は危害が現に生じた場合（同条第一項及び第二項において「危険等発生時」という。）において適切に対処することができるよう、当該学校の施設及び設備並びに管理運営体制の整備充実その他の必要な措置を講ずるよう努めるものとする。

第二十七条　学校においては、児童生徒等の安全の確保を図るため、当該学校の施設及び設備の安

策定等）

全点検、児童生徒等に対する通学を含めた学校生活その他の日常生活における安全に関する指導、職員の研修その他学校における安全に関する事項について計画を策定し、これを実施しなければならない。

（学校環境の安全の確保）

第二十八条　校長は、当該学校の施設又は設備について、児童生徒等の安全の確保を図る上で支障となる事項があると認めた場合には、遅滞なく、その改善を図るために必要な措置を講じ、又は当該措置を講ずることができないときは、当該学校の設置者に対し、その旨を申し出るものとする。

（危険等発生時対処要領の作成等）

第二十九条　学校においては、児童生徒等の安全の確保を図るため、当該学校の実情に応じて、危険等発生時において当該学校の職員がとるべき措置の具体的内容及び手順を定めた対処要領（次項において「危険等発生時対処要領」という。）を作成するものとする。

2　校長は、危険等発生時対処要領の職員に対する周知、訓練の実施その他の危険等発生時において職員が適切に対処するために必要な措置を講ずるものとする。

3　学校においては、事故等により児童生徒等に危害が生じた場合において、当該児童生徒等及び当該事故等により心理的外傷その他の心身の健康に対する影響を受けた児童生徒等その他の関係者の心身の健康を回復させるため、これらの者に対して必要な支援を行うものとする。この場合においては、第十条の規定を準用する。

（地域の関係機関等との連携）

第三十条　学校においては、児童生徒等の安全の確保を図るため、児童生徒等の保護者との連携を図るとともに、当該学校が所在する地域の実情に応じて、当該地域を管轄する警察署その他の関係機関、地域の安全を確保するための活動を行う団体その他の関係団体、当該地域の住民その他の関係者との連携を図るよう努めるものとする。

（学校の設置者の事務の委任）

第三十一条　学校の設置者は、他の法律に特別の定めがある場合のほか、この法律に基づき処理すべき事務を校長に委任することができる。

●学校保健安全法施行令

（昭三三・六・一〇 政令一七四）
最終改正　平二七―政四二一

（就学時の健康診断の時期）

第一条　学校保健安全法（昭和三十三年法律第五十六号。以下「法」という。）第十一条の健康診断（以下「就学時の健康診断」という。）は、学校教育法施行令（昭和二十八年政令第三百四十号）第二条の規定により学齢簿が作成された後翌学年の初めから四月前（同令第五条、第七条、第十一条、第十四条、第十五条及び第十八条の二に規定する就学に関する手続の実施に支障がない場合にあつては、三月前）までの間に行うものとする。

（検査の項目）

第二条　就学時の健康診断における検査の項目は、次のとおりとする。

一　栄養状態
二　脊(せき)柱及び胸郭の疾病及び異常の有無
三　視力及び聴力
四　眼の疾病及び異常の有無
五　耳鼻咽(いん)頭疾患及び皮膚疾患の有無
六　歯及び口腔(くう)の疾病及び異常の有無
七　その他の疾病及び異常の有無

（保護者への通知）

第三条　市（特別区を含む。以下同じ。）町村の教育委員会は、就学時の健康診断を行うに当たつて、あらかじめ、その日時、場所及び実施の要領等を法第十一条に規定する者の学校教育法（昭和二十二年法律第二十六号）第十六条に規定する保護者（以下「保護者」という。）に通知しなければならない。

（感染性又は学習に支障を生ずるおそれのある疾病）

第八条　法第二十四条の政令で定める疾病は、次に掲げるものとする。

一　トラコーマ及び結膜炎
二　白癬（せん）、疥癬（かいせん）及び膿痂疹（のうかしん）
三　中耳炎
四　慢性副鼻腔（くう）炎及びアデノイド
五　齲（う）歯
六　寄生虫病（虫卵保有を含む。）

●学校保健安全法施行規則（昭三三・六・一三　文部省令一八）

最終改正　令二一文科令三九

（環境衛生検査）

第一条　学校保健安全法（昭和三十三年法律第五十六号。以下「法」という。）第五条の環境衛生検査は、他の法令に基づくもののほか、毎学年定期に、法第六条に規定する学校環境衛生基準に基づき行わなければならない。

2　学校においては、必要があるときは、臨時に、環境衛生検査を行うものとする。

（日常における環境衛生）

第二条　学校においては、前条の環境衛生検査のほか、日常的な点検を行い、環境衛生の維持又は改善を図らなければならない。

（方法及び技術的基準）

第三条　法第十一条の健康診断の方法及び技術的基準は、次の各号に掲げる検査の項目につき、当該各号に定めるとおりとする。

一　栄養状態は、皮膚の色沢、皮下脂肪の充実、筋骨の発達、貧血の有無等について検査し、栄養不良又は肥満傾向で特に注意を要する者の発見につとめる。

二　脊柱の疾病及び異常の有無は、形態等について検査し、側わん症等に注意する。

三　胸郭の異常の有無は、形態及び発育について検査する。

四　視力は、国際標準に準拠した視力表を用いて左右各別に裸眼視力を検査し、眼鏡を使用している者については、当該眼鏡を使用している場合の矯正視力についても検査する。

五　聴力は、オージオメータを用いて検査し、左右各別に聴力障害の有無を明らかにする。

六　眼の疾病及び異常の有無は、感染性眼疾患その他の外眼部疾患及び眼位の異常等に注意する。

七　耳鼻咽頭疾患の有無は、耳疾患、鼻・副鼻腔疾患、口腔咽喉頭疾患及び音声言語異常等に注意する。

八　皮膚疾患の有無は、感染性皮膚疾患、アレルギー疾患等による皮膚の状態に注意する。

九　歯及び口腔の疾病及び異常の有無は、齲歯、歯周疾患、不正咬合その他の疾病及び異常について検査する。

十　その他の疾病及び異常の有無は、知能及び呼吸器、循環器、消化器、神経系等について検査するものとし、知能については適切な検査によつて知的障害の発見につとめ、呼吸器、循環器、消化器、神経系等については臨床医学的検査その他の検査によつて結核疾患、心臓疾患、腎臓疾患、ヘルニア、言語障害、精神神経症その他の精神障害、骨、関節の異常及び四肢運動障害等の発見につとめる。

（時期）

第五条　法第十三条第一項の健康診断は、毎学年、六月三十日までに行うものとする。ただし、疾病その他やむを得ない事由によつて当該期日に健康診断を受けることのできなかつた者に対しては、その事由のなくなつた後すみやかに健康診断を行うものとする。

2　第一項の健康診断における結核の有無の検査において結核発病のおそれがあると診断された者（第六条第三項第四号に該当する者に限る。）については、おおむね六か月の後に再度結核の有無の検査を行うものとする。

（検査の項目）

第六条　法第十三条第一項の健康診断における検査の項目は、次のとおりとする。

一　身長及び体重
二　栄養状態
三　脊柱及び胸郭の疾病及び異常の有無並びに四肢の状態
四　視力及び聴力
五　眼の疾病及び異常の有無
六　耳鼻咽（いん）頭疾患及び皮膚疾患の有無
七　歯及び口腔（くう）の疾病及び異常の有無
八　結核の有無
九　心臓の疾病及び異常の有無
十　尿
十一　その他の疾病及び異常の有無

（方法及び技術的基準）

第七条　法第十三条第一項の健康診断の方法及び技術的基準については、次項から第九項までに定めるもののほか、第三条の規定（同条第十号中知能に関する部分を除く。）を準用する。この場合において、同条第四号中「検査する。」とあるのは「検査する。ただし、眼鏡を使用している者の裸眼視力の検査はこれを除くことができる。」と読み替えるものとする。

2　前条第一項第一号の身長は、靴下等を脱ぎ、両かかとを密接し、背、臀部及びかかとを身長計の尺柱に接して直立し、両上肢を体側に垂れ、頭部を正位に保たせて測定する。

3　前条第一項第一号の体重は、衣服を脱ぎ、体重計のはかり台の中央に静止させて測定する。ただし、衣服を着たまま測定したときは、その衣服の重量を控除する。

4　前条第一項第三号の四肢の状態は、四肢の形態及び発育並びに運動器の機能の状態に注意する。

5　前条第一項第八号の結核の有無は、問診、胸部エックス線検査、喀痰検査、聴診、打診その他必要な検査によつて検査するものとし、その技術的基準は、次の各号に定めるとおりとする。

一　前条第三項第一号又は第二号に該当する者に対しては、問診を行うものとする。

二　前条第三項第三号又は第四号に該当する者（結核患者及び結核発病のおそれがあると診断されている者を除く。）に対しては、胸部エックス線検査を行うものとする。

三　第一号の問診を踏まえて学校医その他の担当の医師において必要と認める者であつて、当該者の在学する学校の設置者において必要と認めるものに対しては、胸部エックス線検査、喀痰検査その他の必要な検査を行うものとする。

四　第二号の胸部エックス線検査によつて病変の発見された者及びその疑いのある者、結核患者並びに結核発病のおそれがあると診断されている者に対しては、胸部エックス線検査及び喀痰検査を行い、更に必要に応じ聴診、打診その他必要な検査を行う。

6　前条第一項第九号の心臓の疾病及び異常の有無は、心電図検査その他の臨床医学的検査によつて検査するものとする。ただし、幼稚園（特別支援学校の幼稚部を含む。以下この条及び第十一条において同じ。）の全幼児、小学校の第二学年以上の児童、中学校及び高等学校の第二学年以上の生徒、高等専門学校の第二学年以上の学生並びに大学の全学生については、心電図検査を除くことができる。

7　前条第一項第十号の尿は、尿中の蛋白、糖等について試験紙法により検査する。ただし、幼稚園においては、糖の検査を除くことができる。

8　身体計測、視力及び聴力の検査、問診、胸部エックス線検査、尿の検査その他の予診的事項に属する検査は、学校医又は学校歯科医による診断の前に実施するものとし、学校医又は学校歯科医は、それらの検査の結果及び第十一条の保健調査を活用して診断に当たるものとする。

（健康診断票）

第八条　学校においては、法第十三条第一項の健康診断を行つたときは、児童生徒等の健康診断票を作成しなければならない。

2　校長は、児童又は生徒が進学した場合においては、その作成に係る当該児童又は生徒の健康診断票を進学先の校長に送付しなければならない。

3　校長は、児童生徒等が転学した場合においては、その作成に係る当該児童生徒等の健康診断票を転学先の校長、保育所の長又は認定こども園の長に送付しなければならない。

4　児童生徒等の健康診断票は、五年間保存しなければならない。ただし、第二項の規定により送付を受けた児童又は生徒の健康診断票は、当該健康診断票に係る児童又は生徒が進学前の学校を卒業した日から五年間とする。

（事後措置）

第九条　学校においては、法第十三条第一項の健康診断を行つたときは、二十一日以内にその結果を幼児、児童又は生徒にあつては当該幼児、児童又は生徒及びその保護者（学校教育法（昭和二十二年法律第二十六号）第十六条に規定する保護者をいう。）に、学生にあつては当該学生に通知するとともに、次の各号に定める基準により、法第十四条の措置をとらなければならない。
一　疾病の予防処置を行うこと。
二　必要な医療を受けるよう指示すること。
三　必要な検査、予防接種等を受けるよう指示すること。
四　療養のため必要な期間学校において学習しないよう指導すること。
五　特別支援学級への編入について指導及び助言を行うこと。
六　学習又は運動・作業の軽減、停止、変更等を行うこと。
七　修学旅行、対外運動競技等への参加を制限すること。
八　机又は腰掛の調整、座席の変更及び学級の編制の適正を図ること。
九　その他発育、健康状態等に応じて適当な保健指導を行うこと。

（臨時の健康診断）
第十条　法第十三条第二項の健康診断は、次に掲げるような場合で必要があるときに、必要な検査の項目について行うものとする。
一　感染症又は食中毒の発生したとき。
二　風水害等により感染症の発生のおそれのあるとき。
三　夏季における休業日の直前又は直後
四　結核、寄生虫病その他の疾病の有無について検査を行う必要のあるとき。
五　卒業のとき。

（保健調査）
第十一条　法第十三条の健康診断を的確かつ円滑に実施するため、当該健康診断を行うに当たつては、小学校、中学校、高等学校及び高等専門学校においては全学年において、幼稚園及び大学においては必要と認めるときに、あらかじめ児童生徒等の発育、健康状態等に関する調査を行うものとする。

（検査の項目）
第十三条　法第十五条第一項の健康診断における検査の項目は、次のとおりとする。
一　身長、体重及び腹囲
二　視力及び聴力
三　結核の有無
四　血圧
五　尿
六　胃の疾病及び異常の有無
七　貧血検査
八　肝機能検査
九　血中脂質検査
十　血糖検査
十一　心電図検査
十二　その他の疾病及び異常の有無

（方法及び技術的基準）
第十四条　法第十五条第一項の健康診断の方法及び技術的基準については、次項から第九項までに定めるもののほか、第三条（同条第十号中知能に関する部分を除く。）の規定を準用する。
2　前条第一項第二号の聴力は、千ヘルツ及び四千ヘルツの音に係る検査を行う。ただし、四十五歳未満の職員（三十五歳及び四十歳の職員を除く。）においては、医師が適当と認める方法によって行うことができる。
3　前条第一項第三号の結核の有無は、胸部エックス線検査により検査するものとし、胸部エックス線検査によつて病変の発見された者及びその疑いのある者、結核患者並びに結核発病のおそれがあると診断されている者に対しては、胸部エックス線検査及び喀痰検査を行い、更に必要に応じ聴診、打診その他必要な検査を行う。

4　前条第一項第四号の血圧は、血圧計を用いて測定するものとする。

5　前条第一項第五号の尿は、尿中の蛋白及び糖について試験紙法により検査する。

6　前条第一項第六号の胃の疾病及び異常の有無は、胃部エックス線検査その他の医師が適当と認める方法により検査するものとし、癌その他の疾病及び異常の発見に努める。

7　前条第一項第七号の貧血検査は、血色素量及び赤血球数の検査を行う。

8　前条第一項第八号の肝機能検査は、血清グルタミックオキサロアセチックトランスアミナーゼ（ＧＯＴ）、血清グルタミックピルビックトランスアミナーゼ（ＧＰＴ）及びガンマ―グルタミルトランスペプチダーゼ（γ―ＧＴＰ）の検査を行う。

9　前条第一項第九号の血中脂質検査は、低比重リポ蛋白コレステロール（ＬＤＬコレステロール）、高比重リポ蛋白コレステロール（ＨＤＬコレステロール）及び血清トリグリセライドの量の検査を行う。

（感染症の種類）

第十八条　学校において予防すべき感染症の種類は、次のとおりとする。

一　第一種　エボラ出血熱、クリミア・コンゴ出血熱、痘そう、南米出血熱、ペスト、マールブルグ病、ラッサ熱、急性灰白髄炎、ジフテリア、重症急性呼吸器症候群（病原体がベータコロナウイルス属ＳＡＲＳコロナウイルスであるものに限る。）、中東呼吸器症候群（病原体がベータコロナウイルス属ＭＥＲＳコロナウイルスであるものに限る。）及び特定鳥インフルエンザ（感染症の予防及び感染症の患者に対する医療に関する法律（平成十年法律第百十四号）第六条第三項第六号に規定する特定鳥インフルエンザをいう。次号及び第十九条第二号イにおいて同じ。）

二　第二種　インフルエンザ（特定鳥インフルエンザを除く。）、百日咳（せき）、麻しん、流行性耳下腺炎、風しん、水痘、咽頭結膜熱、結核及び髄膜炎菌性髄膜炎

三　第三種　コレラ、細菌性赤痢、腸管出血性大腸菌感染症、腸チフス、パラチフス、流行性角結膜炎、急性出血性結膜炎その他の感染症

2　感染症の予防及び感染症の患者に対する医療に関する法律第六条第七項から第九項までに規定する新型インフルエンザ等感染症、指定感染症及び新感染症は、前項の規定にかかわらず、第一種の感染症とみなす。

（出席停止の期間の基準）

第十九条　令第六条第二項の出席停止の期間の基準は、前条の感染症の種類に従い、次のとおりとする。

一　第一種の感染症にかかつた者については、治癒するまで。

二　第二種の感染症（結核及び髄膜炎菌性髄膜炎を除く。）にかかつた者については、次の期間。ただし、病状により学校医その他の医師において感染のおそれがないと認めたときは、この限りでない。

イ　インフルエンザ（特定鳥インフルエンザ及び新型インフルエンザ等感染症を除く。）にあつては、発症した後五日を経過し、かつ、解熱した後二日（幼児にあつては、三日）を経過するまで。

ロ　百日咳（せき）にあつては、特有の咳（せき）が消失するまで又は五日間の適正な抗菌性物質製剤による治療が終了するまで。

ハ　麻しんにあつては、解熱した後三日を経過するまで。
ニ　流行性耳下腺炎にあつては、耳下腺、顎下腺又は舌下腺の腫脹が発現した後五日を経過し、かつ、全身状態が良好になるまで。
ホ　風しんにあつては、発しんが消失するまで。
ヘ　水痘にあつては、すべての発しんが痂皮化するまで。
ト　咽頭結膜熱にあつては、主要症状が消退した後二日を経過するまで。
三　結核、髄膜炎菌性髄膜炎及び第三種の感染症にかかつた者については、病状により学校医その他の医師において感染のおそれがないと認めるまで。
四　第一種若しくは第二種の感染症患者のある家に居住する者又はこれらの感染症にかかつている疑いがある者については、予防処置の施行の状況その他の事情により学校医その他の医師において感染のおそれがないと認めるまで。
五　第一種又は第二種の感染症が発生した地域から通学する者については、その発生状況により必要と認めたとき、学校医の意見を聞いて適当と認める期間。
六　第一種又は第二種の感染症の流行地を旅行した者については、その状況により必要と認めたとき、学校医の意見を聞いて適当と認める期間。

（感染症の予防に関する細目）

第二十一条　校長は、学校内において、感染症にかかつており、又はかかつている疑いがある児童生徒等を発見した場合において、必要と認めるときは、学校医に診断させ、法第十九条の規定による出席停止の指示をするほか、消毒その他適当な処置をするものとする。

（安全点検）

第二十八条　法第二十七条の安全点検は、他の法令に基づくもののほか、毎学期一回以上、児童生徒等が通常使用する施設及び設備の異常の有無について系統的に行わなければならない。

2　学校においては、必要があるときは、臨時に、安全点検を行うものとする。

（日常における環境の安全）

第二十九条　学校においては、前条の安全点検のほか、設備等について日常的な点検を行い、環境の安全の確保を図らなければならない。

●独立行政法人日本スポーツ振興センター法

（平一四・一二・一三 法一六二）

最終改正　平二九―法八

（センターの目的）

第三条　独立行政法人日本スポーツ振興センター（以下「センター」という。）は、スポーツの振興及び児童、生徒、学生又は幼児（以下「児童生徒等」という。）の健康の保持増進を図るため、その設置するスポーツ施設の適切かつ効率的な運営、スポーツの振興のために必要な援助、小学校、中学校、義務教育学校、高等学校、中等教育学校、高等専門学校、特別支援学校、幼稚園、幼保連携型認定こども園又は専修学校（高等課程に係るものに限る。）（第十五条第一項第八号を除き、以下「学校」と総称する。）の管理下における児童生徒等の災害に関する必要な給付その他スポーツ及び児童生徒等の健康の保持増進に関する調査研究並びに資料の収集及び提供等を行い、もって国民の心身の健全な発達に寄与することを目的とする。

（業務の範囲）

第十五条　センターは、第三条の目的を達成するため、次の業務を行う。

一　その設置するスポーツ施設及び附属施設を運営し、並びにこれらの施設を利用してスポーツの振興のため必要な業務を行うこと。

二　スポーツ団体（スポーツの振興のための事業を行うことを主たる目的とする団体をいう。）が行う次に掲げる活動に対し資金の支給その他の援助を行うこと。

イ　スポーツに関する競技水準の向上を図るため計画的かつ継続的に行う合宿その他の活動

ロ　国際的又は全国的な規模のスポーツの競技会、研究集会又は講習会の開催

七　学校の管理下における児童生徒等の災害（負傷、疾病、障害又は死亡をいう。以下同じ。）につき、当該児童生徒等の保護者（学校教育法（昭和二十二年法律第二十六号）第十六条に規定する保護者をいい、同条に規定する保護者のない場合における里親（児童福祉法（昭和二十二年法律第百六十四号）第二十七条第一項第三号の規定により委託を受けた里親をいう。）その他の政令で定める者を含む。以下同じ。）又は当該児童生徒等のうち生徒若しくは学生が成年に達している場合にあっては当該生徒若しくは学生その他政令で定める者に対し、災害共済給付（医療費、障害見舞金又は死亡見舞金の支給をいう。以下同じ。）を行うこと。

●感染症の予防及び感染症の患者に対する医療に関する法律

（平一〇・一〇・二　法一一四）

最終改正　令元―法三七

（目的）

第一条　この法律は、感染症の予防及び感染症の患者に対する医療に関し必要な措置を定めることにより、感染症の発生を予防し、及びそのまん延の防止を図り、もって公衆衛生の向上及び増進を図ることを目的とする。

（基本理念）

第二条　感染症の発生の予防及びそのまん延の防止を目的として国及び地方公共団体が講ずる施策は、これらを目的とする施策に関する国際的動向を踏まえつつ、保健医療を取り巻く環境の変化、国際交流の進展等に即応し、新感染症その他の感染症に迅速かつ適確に対応することができるよう、感染症の患者等が置かれている状況を深く認識し、これらの者の人権を尊重しつつ、総

合的かつ計画的に推進されることを基本理念とする。

（国民の責務）

第四条　国民は、感染症に関する正しい知識を持ち、その予防に必要な注意を払うよう努めるとともに、感染症の患者等の人権が損なわれることがないようにしなければならない。

（感染症の発生の状況、動向及び原因の調査）

第十五条　都道府県知事は、感染症の発生を予防し、又は感染症の発生の状況、動向及び原因を明らかにするため必要があると認めるときは、当該職員に一類感染症、二類感染症、三類感染症、四類感染症、五類感染症若しくは新型インフルエンザ等感染症の患者、疑似症患者若しくは無症状病原体保有者、新感染症の所見がある者又は感染症を人に感染させるおそれがある動物若しくはその死体の所有者若しくは管理者その他の関係者に質問させ、又は必要な調査をさせることができる。

10　都道府県知事は、第一項の規定による質問又は必要な調査を実施するため特に必要があると認めるときは、他の都道府県知事又は厚生労働大臣に対し、感染症の治療の方法の研究、病原体等の検査その他の感染症に関する試験研究又は検査を行う機関（以下「感染症試験研究等機関」という。）の職員の派遣その他の必要な協力を求めることができる。

●学校給食法

（昭二九・六・三　法一六〇）
最終改正　平二七―法四六

（この法律の目的）

第一条　この法律は、学校給食が児童及び生徒の心身の健全な発達に資するものであり、かつ、児童及び生徒の食に関する正しい理解と適切な判断力を養う上で重要な役割を果たすものであることにかんがみ、学校給食及び学校給食を活用した食に関する指導の実施に関し必要な事項を定め、もつて学校給食の普及充実及び学校における食育の推進を図ることを目的とする。

（学校給食の目標）

第二条　学校給食を実施するに当たつては、義務教育諸学校における教育の目的を実現するために、次に掲げる目標が達成されるよう努めなければならない。

一　適切な栄養の摂取による健康の保持増進を図ること。

二　日常生活における食事について正しい理解を深め、健全な食生活を営むことができる判断力を培い、及び望ましい食習慣を養うこと。

三　学校生活を豊かにし、明るい社交性及び協同の精神を養うこと。

四　食生活が自然の恩恵の上に成り立つものであることについての理解を深め、生命及び自然を尊重する精神並びに環境の保全に寄与する態度を養うこと。

五　食生活が食にかかわる人々の様々な活動に支えられていることについての理解を深め、勤労を重んずる態度を養うこと。

六　我が国や各地域の優れた伝統的な食文化についての理解を深めること。

七　食料の生産、流通及び消費について、正しい理解に導くこと。

（義務教育諸学校の設置者の任務）

第四条　義務教育諸学校の設置者は、当該義務教育諸学校において学校給食が実施されるように努めなければならない。

●食育基本法

（平一七・六・一七　法六三）

最終改正　平二七―法六六

（目的）

第一条　この法律は、近年における国民の食生活をめぐる環境の変化に伴い、国民が生涯にわたって健全な心身を培い、豊かな人間性をはぐくむための食育を推進することが緊要な課題となっていることにかんがみ、食育に関し、基本理念を定め、及び国、地方公共団体等の責務を明らかにするとともに、食育に関する施策の基本となる事項を定めることにより、食育に関する施策を総合的かつ計画的に推進し、もって現在及び将来にわたる健康で文化的な国民の生活と豊かで活力ある社会の実現に寄与することを目的とする。

（国民の心身の健康の増進と豊かな人間形成）

第二条　食育は、食に関する適切な判断力を養い、生涯にわたって健全な食生活を実現することにより、国民の心身の健康の増進と豊かな人間形成に資することを旨として、行われなければならない。

（食に関する感謝の念と理解）

第三条　食育の推進に当たっては、国民の食生活が、自然の恩恵の上に成り立っており、また、食に関わる人々の様々な活動に支えられていることについて、感謝の念や理解が深まるよう配慮されなければならない。

（食育推進運動の展開）

第四条　食育を推進するための活動は、国民、民間団体等の自発的意思を尊重し、地域の特性に配慮し、地域住民その他の社会を構成する多様な主体の参加と協力を得るものとするとともに、その連携を図りつつ、あまねく全国において展開されなければならない。

（子どもの食育における保護者、教育関係者等の役割）

第五条　食育は、父母その他の保護者にあっては、家庭が食育において重要な役割を有していることを認識するとともに、子どもの教育、保育等を行う者にあっては、教育、保育等における食育の重要性を十分自覚し、積極的に子どもの食育の推進に関する活動に取り組むこととなるよう、行われなければならない。

●健康増進法（平一四・八・二 法一〇三）

最終改正　令元―法二六

（目的）

第一条　この法律は、我が国における急速な高齢化の進展及び疾病構造の変化に伴い、国民の健康の増進の重要性が著しく増大していることにかんがみ、国民の健康の増進の総合的な推進に関し基本的な事項を定めるとともに、国民の栄養の改善その他の国民の健康の増進を図るための措置を講じ、もって国民保健の向上を図ることを目的とする。

（国民の責務）

第二条　国民は、健康な生活習慣の重要性に対する関心と理解を深め、生涯にわたって、自らの健康状態を自覚するとともに、健康の増進に努めなければならない。

（定義）

第六条　この法律において「健康増進事業実施者」とは、次に掲げる者をいう。

七　学校保健安全法（昭和三十三年法律第五十六号）の規定により健康増進事業を行う者

（定義）

第二十八条　この章において、次の各号に掲げる用語の意義は、当該各号に定めるところによる。

四　特定施設　第一種施設、第二種施設及び喫煙目的施設をいう。

五　第一種施設　多数の者が利用する施設のうち、次に掲げるものをいう。

イ　学校、病院、児童福祉施設その他の受動喫煙により健康を損なうおそれが高い者が主として利用する施設として政令で定めるもの

（特定施設等における喫煙の禁止等）

第二十九条　何人も、正当な理由がなくて、特定施設等においては、次の各号に掲げる特定施設等の区分に応じ、当該特定施設等の当該各号に定める場所（以下この節において「喫煙禁止場所」という。）で喫煙をしてはならない。

第５編　生涯学習・社会教育

●生涯学習の振興のための施策の推進体制等の整備に関する法律

（平二・六・二九 法七一）
最終改正　平一四—法一五

（目的）

第一条　この法律は、国民が生涯にわたって学習する機会があまねく求められている状況にかんがみ、生涯学習の振興に資するための都道府県の事業に関しその推進体制の整備その他の必要な事項を定め、及び特定の地区において生涯学習に係る機会の総合的な提供を促進するための措置について定めるとともに、都道府県生涯学習審議会の事務について定める等の措置を講ずることにより、生涯学習の振興のための施策の推進体制及び地域における生涯学習に係る機会の整備を図り、もって生涯学習の振興に寄与することを目的とする。

（生涯学習の振興に資するための都道府県の事業）

第三条　都道府県の教育委員会は、生涯学習の振興に資するため、おおむね次の各号に掲げる事業について、これらを相互に連携させつつ推進するために必要な体制の整備を図りつつ、これらを一体的かつ効果的に実施するよう努めるものとする。

一　学校教育及び社会教育に係る学習（体育に係るものを含む。以下この項において「学習」という。）並びに文化活動の機会に関する情報を収集し、整理し、及び提供すること。

二　住民の学習に対する需要及び学習の成果の評価に関し、調査研究を行うこと。

三　地域の実情に即した学習の方法の開発を行うこと。

四　住民の学習に関する指導者及び助言者に対する研修を行うこと。

五　地域における学校教育、社会教育及び文化に関する機関及び団体に対し、これらの機関及び団体相互の連携に関し、照会及び相談に応じ、並びに助言その他の援助を行うこと。

六　前各号に掲げるもののほか、社会教育のための講座の開設その他の住民の学習の機会の提供に関し必要な事業を行うこと。

2　都道府県の教育委員会は、前項に規定する事業を行うに当たっては、社会教育関係団体その他の地域において生涯学習に資する事業を行う機関及び団体との連携に努めるものとする。

（都道府県生涯学習審議会）

第十条　都道府県に、都道府県生涯学習審議会（以下「都道府県審議会」という。）を置くことができる。

2　都道府県審議会は、都道府県の教育委員会又は知事の諮問に応じ、当該都道府県の処理する事務に関し、生涯学習に資するための施策の総合的な推進に関する重要事項を調査審議する。

3　都道府県審議会は、前項に規定する事項に関し必要と認める事項を当該都道府県の教育委員会又は知事に建議することができる。

4　前三項に定めるもののほか、都道府県審議会の組織及び運営に関し必要な事項は、条例で定める。

（市町村の連携協力体制）

第十一条　市町村（特別区を含む。）は、生涯学習の振興に資するため、関係機関及び関係団体等との連携協力体制の整備に努めるものとする。

●社会教育法（昭二四・六・一〇 法二〇七）

最終改正　令元―法二六

第一章　総則

（この法律の目的）

第一条　この法律は、教育基本法（平成十八年法律第百二十号）の精神に則り、社会教育に関する国及び地方公共団体の任務を明らかにすることを目的とする。

（社会教育の定義）

第二条　この法律において「社会教育」とは、学校教育法（昭和二十二年法律第二十六号）又は就学前の子どもに関する教育、保育等の総合的な提供の推進に関する法律（平成十八年法律第七十七号）に基づき、学校の教育課程として行われる教育活動を除き、主として青少年及び成人に対して行われる組織的な教育活動（体育及びレクリエーションの活動を含む。）をいう。

（国及び地方公共団体の任務）

第三条　国及び地方公共団体は、この法律及び他の法令の定めるところにより、社会教育の奨励に必要な施設の設置及び運営、集会の開催、資料の作製、頒布その他の方法により、すべての国民があらゆる機会、あらゆる場所を利用して、自ら実際生活に即する文化的教養を高め得るような環境を醸成するように努めなければならない。

2　国及び地方公共団体は、前項の任務を行うに当たつては、国民の学習に対する多様な需要を踏まえ、これに適切に対応するために必要な学習の機会の提供及びその奨励を行うことにより、生涯学習の振興に寄与することとなるよう努めるものとする。

3　国及び地方公共団体は、第一項の任務を行うに当たつては、社会教育が学校教育及び家庭教育との密接な関連性を有することにかんがみ、学校教育との連携の確保に努め、及び家庭教育の向上に資することとなるよう必要な配慮をするとともに、学校、家庭及び地域住民その他の関係者相互間の連携及び協力の促進に資することとなるよう努めるものとする。

（市町村の教育委員会の事務）

第五条　市（特別区を含む。以下同じ。）町村の教育委員会は、社会教育に関し、当該地方の必要に応じ、予算の範囲内において、次の事務を行う。

一　社会教育に必要な援助を行うこと。

二　社会教育委員の委嘱に関すること。

三　公民館の設置及び管理に関すること。

四　所管に属する図書館、博物館、青年の家その他の社会教育施設の設置及び管理に関すること。
五　所管に属する学校の行う社会教育のための講座の開設及びその奨励に関すること。
六　講座の開設及び討論会、講習会、講演会、展示会その他の集会の開催並びにこれらの奨励に関すること。
七　家庭教育に関する学習の機会を提供するための講座の開設及び集会の開催並びに家庭教育に関する情報の提供並びにこれらの奨励に関すること。
八　職業教育及び産業に関する科学技術指導のための集会の開催並びにその奨励に関すること。
九　生活の科学化の指導のための集会の開催及びその奨励に関すること。
十　情報化の進展に対応して情報の収集及び利用を円滑かつ適正に行うために必要な知識又は技能に関する学習の機会を提供するための講座の開設及び集会の開催並びにこれらの奨励に関すること。
十一　運動会、競技会その他体育指導のための集会の開催及びその奨励に関すること。
十二　音楽、演劇、美術その他芸術の発表会等の開催及びその奨励に関すること。
十三　主として学齢児童及び学齢生徒（それぞれ学校教育法第十八条に規定する学齢児童及び学齢生徒をいう。）に対し、学校の授業の終了後又は休業日において学校、社会教育施設その他適切な施設を利用して行う学習その他の活動の機会を提供する事業の実施並びにその奨励に関すること。
十四　青少年に対しボランティア活動など社会奉仕体験活動、自然体験活動その他の体験活動の機会を提供する事業の実施及びその奨励に関すること。
十五　社会教育における学習の機会を利用して行つた学習の成果を活用して学校、社会教育施設その他地域において行う教育活動その他の活動の機会を提供する事業の実施及びその奨励に関すること。

十六　社会教育に関する情報の収集、整理及び提供に関すること。

十七　視聴覚教育、体育及びレクリエーションに必要な設備、器材及び資料の提供に関すること。

十八　情報の交換及び調査研究に関すること。

十九　その他第三条第一項の任務を達成するために必要な事務

第二章　社会教育主事等

（社会教育主事及び社会教育主事補の設置）

第九条の二　都道府県及び市町村の教育委員会の事務局に、社会教育主事を置く。

2　都道府県及び市町村の教育委員会の事務局に、社会教育主事補を置くことができる。

（社会教育主事及び社会教育主事補の職務）

第九条の三　社会教育主事は、社会教育を行う者に専門的技術的な助言と指導を与える。ただし、命令及び監督をしてはならない。

2　社会教育主事は、学校が社会教育関係団体、地域住民その他の関係者の協力を得て教育活動を行う場合には、その求めに応じて、必要な助言を行うことができる。

3　社会教育主事補は、社会教育主事の職務を助ける。

（社会教育主事の資格）

第九条の四　次の各号のいずれかに該当する者は、社会教育主事となる資格を有する。

一　大学に二年以上在学して六十二単位以上を修得し、又は高等専門学校を卒業し、かつ、次に掲げる期間を通算した期間が三年以上になる者で、次条の規定による社会教育主事の講習を修了したもの

イ　社会教育主事補の職にあつた期間

ロ　官公署、学校、社会教育施設又は社会教育関係団体における職で司書、学芸員その他の社会教育主事補の職と同等以上の職として文部科学大臣の指定するものにあつた期間
ハ　官公署、学校、社会教育施設又は社会教育関係団体が実施する社会教育に関係のある事業における業務であつて、社会教育主事として必要な知識又は技能の習得に資するものとして文部科学大臣が指定するものに従事した期間（イ又はロに掲げる期間に該当する期間を除く。）
二　教育職員の普通免許状を有し、かつ、五年以上文部科学大臣の指定する教育に関する職にあつた者で、次条の規定による社会教育主事の講習を修了したもの
三　大学に二年以上在学して、六十二単位以上を修得し、かつ、大学において文部科学省令で定める社会教育に関する科目の単位を修得した者で、第一号イからハまでに掲げる期間を通算した期間が一年以上になるもの

第三章　社会教育関係団体

（社会教育関係団体の定義）
第十条　この法律で「社会教育関係団体」とは、法人であると否とを問わず、公の支配に属しない団体で社会教育に関する事業を行うことを主たる目的とするものをいう。

（文部科学大臣及び教育委員会との関係）
第十一条　文部科学大臣及び教育委員会は、社会教育関係団体の求めに応じ、これに対し、専門的技術的指導又は助言を与えることができる。
2　文部科学大臣及び教育委員会は、社会教育関係団体の求めに応じ、これに対し、社会教育に関する事業に必要な物資の確保につき援助を行う。

（国及び地方公共団体との関係）
第十二条　国及び地方公共団体は、社会教育関係団体に対し、いかなる方法によつても、不当に統制的支配を及ぼし、又はその事業に干渉を加えてはならない。

第四章　社会教育委員

（社会教育委員の設置）

第十五条　都道府県及び市町村に社会教育委員を置くことができる。

2　社会教育委員は、教育委員会が委嘱する。

第五章　公民館

（目的）

第二十条　公民館は、市町村その他一定区域内の住民のために、実際生活に即する教育、学術及び文化に関する各種の事業を行い、もつて住民の教養の向上、健康の増進、情操の純化を図り、生活文化の振興、社会福祉の増進に寄与することを目的とする。

（公民館の設置者）

第二十一条　公民館は、市町村が設置する。

（公民館の事業）

第二十二条　公民館は、第二十条の目的達成のために、おおむね、左の事業を行う。但し、この法律及び他の法令によつて禁じられたものは、この限りでない。

一　定期講座を開設すること。
二　討論会、講習会、講演会、実習会、展示会等を開催すること。
三　図書、記録、模型、資料等を備え、その利用を図ること。
四　体育、レクリエーション等に関する集会を開催すること。
五　各種の団体、機関等の連絡を図ること。
六　その施設を住民の集会その他の公共的利用に供すること。

（公民館の運営方針）

第二十三条　公民館は、次の行為を行つてはならない。

一　もつぱら営利を目的として事業を行い、特定の営利事務に公民館の名称を利用させその他営利事業を援助すること。

二　特定の政党の利害に関する事業を行い、又は公私の選挙に関し、特定の候補者を支持すること。

2　市町村の設置する公民館は、特定の宗教を支持し、又は特定の教派、宗派若しくは教団を支援してはならない。

第六章　学校施設の利用

（適用範囲）

第四十三条　社会教育のためにする国立学校（学校教育法第一条に規定する学校（以下この条において「第一条学校」という。）及び就学前の子どもに関する教育、保育等の総合的な提供の推進に関する法律第二条第七項に規定する幼保連携型認定こども園（以下「幼保連携型認定こども園」という。）であつて国（国立大学法人法（平成十五年法律第百十二号）第二条第一項に規定する国立大学法人（次条第二項において「国立大学法人」という。）及び独立行政法人国立高等専門学校機構を含む。）が設置するものをいう。以下同じ。）又は公立学校（第一条学校及び幼保連携型認定こども園であつて地方公共団体（地方独立行政法人法（平成十五年法律第百十八号）第六十八条第一項に規定する公立大学法人（次条第二項及び第四十八条第一項において「公立大学法人」という。）を含む。）が設置するものをいう。以下同じ。）の施設の利用に関しては、この章の定めるところによる。

（学校施設の利用）

第四十四条　学校（国立学校又は公立学校をいう。以下この章において同じ。）の管理機関は、学校教育上支障がないと認める限り、その管理する学校の施設を社会教育のために利用に供するように努めなければならない。

2　前項において「学校の管理機関」とは、国立学校にあつては設置者である国立大学法人の学長若しくは理事長又は独立行政法人国立高等専門学校機構の理事長、公立学校のうち、大学及び幼保連携型認定こども園にあつては設置者である地方公共団体の長又は公立大学法人の理事長、大学及び幼保連携型認定こども園以外の公立学校にあつては設置者である地方公共団体に設置されている教育委員会又は公立大学法人の理事長をいう。

（学校施設利用の許可）

第四十五条　社会教育のために学校の施設を利用しようとする者は、当該学校の管理機関の許可を受けなければならない。

2　前項の規定により、学校の管理機関が学校施設の利用を許可しようとするときは、あらかじめ、学校の長の意見を聞かなければならない。

〔管理機関との協議〕

第四十六条　国又は地方公共団体が社会教育のために、学校の施設を利用しようとするときは、前条の規定にかかわらず、当該学校の管理機関と協議するものとする。

〔機関の委任〕

第四十七条　第四十五条の規定による学校施設の利用が一時的である場合には、学校の管理機関は、同条第一項の許可に関する権限を学校の長に委任することができる。

2　前項の権限の委任その他学校施設の利用に関し必要な事項は、学校の管理機関が定める。

（社会教育の講座）

第四十八条　文部科学大臣は国立学校に対し、地方公共団体の長は当該地方公共団体が設置する大学若しくは幼保連携型認定こども園又は当該地方公共団体が設立する公立大学法人が設置する公立学校に対し、地方公共団体に設置されている教育委員会は当該地方公共団体が設置する大学及び幼保連携型認定こども園以外の公立学校に対し、その教育組織及び学校の施設の状況に応じ、文化講座、専門講座、夏期講座、社会学級講座等学校施設の利用による社会教育のための講座の開設を求めることができる。

2　文化講座は、成人の一般的教養に関し、専門講座は、成人の専門的学術知識に関し、夏期講座は、夏期休暇中、成人の一般的教養又は専門的学術知識に関し、それぞれ大学、高等専門学校又は高等学校において開設する。

3　社会学級講座は、成人の一般的教養に関し、小学校、中学校又は義務教育学校において開設する。

4　第一項の規定する講座を担当する講師の報酬その他必要な経費は、予算の範囲内において、国又は地方公共団体が負担する。

第七章　通信教育

（通信教育の定義）

第五十条　この法律において「通信教育」とは、通信の方法により一定の教育計画の下に、教材、補助教材等を受講者に送付し、これに基き、設問解答、添削指導、質疑応答等を行う教育をいう。

2　通信教育を行う者は、その計画実現のために、必要な指導者を置かなければならない。

（通信教育の認定）

第五十一条　文部科学大臣は、学校又は一般社団法人若しくは一般財団法人の行う通信教育で社会教育上奨励すべきものについて、通信教育の認定（以下「認定」という。）を与えることができる。

●図書館法（昭二五・四・三〇　法一一八）

最終改正　令元―法二六

（この法律の目的）

第一条　この法律は、社会教育法（昭和二十四年法律第二百七号）の精神に基き、図書館の設置及び運営に関して必要な事項を定め、その健全な発達を図り、もつて国民の教育と文化の発展に寄与することを目的とする。

（定義）

第二条　この法律において「図書館」とは、図書、記録その他必要な資料を収集し、整理し、保存して、一般公衆の利用に供し、その教養、調査研究、レクリエーション等に資することを目的とする施設で、地方公共団体、日本赤十字社又は一般社団法人若しくは一般財団法人が設置するもの（学校に附属する図書館又は図書室を除く。）をいう。

2　前項の図書館のうち、地方公共団体の設置する図書館を公立図書館といい、日本赤十字社又は一般社団法人若しくは一般財団法人の設置する図書館を私立図書館という。

（図書館奉仕）

第三条　図書館は、図書館奉仕のため、土地の事情及び一般公衆の希望に沿い、更に学校教育を援助し、及び家庭教育の向上に資することとなるように留意し、おおむね次に掲げる事項の実施に努めなければならない。

一　郷土資料、地方行政資料、美術品、レコード及びフィルムの収集にも十分留意して、図書、記録、視聴覚教育の資料その他必要な資料（電磁的記録（電子的方式、磁気的方式その他人の知覚によつては認識することができない方式で作られた記録をいう。）を含む。以下「図書館資料」という。）を収集し、一般公衆の利用に供すること。

二　図書館資料の分類排列を適切にし、及びその目録を整備すること。

三　図書館の職員が図書館資料について十分な知識を持ち、その利用のための相談に応ずるようにすること。

四　他の図書館、国立国会図書館、地方公共団体の議会に附置する図書室及び学校に附属する図書館又は図書室と緊密に連絡し、協力し、図書館資料の相互貸借を行うこと。

五　分館、閲覧所、配本所等を設置し、及び自動車文庫、貸出文庫の巡回を行うこと。

六　読書会、研究会、鑑賞会、映写会、資料展示会等を主催し、及びこれらの開催を奨励すること。

七　時事に関する情報及び参考資料を紹介し、及び提供すること。

八　社会教育における学習の機会を利用して行つた学習の成果を活用して行う教育活動その他の活動の機会を提供し、及びその提供を奨励すること。
九　学校、博物館、公民館、研究所等と緊密に連絡し、協力すること。

（司書及び司書補）
第四条　図書館に置かれる専門的職員を司書及び司書補と称する。
2　司書は、図書館の専門的事務に従事する。
3　司書補は、司書の職務を助ける。

（司書及び司書補の資格）
第五条　次の各号のいずれかに該当する者は、司書となる資格を有する。
一　大学を卒業した者（専門職大学の前期課程を修了した者を含む。次号において同じ。）で大学において文部科学省令で定める図書館に関する科目を履修したもの
二　大学又は高等専門学校を卒業した者で次条の規定による司書の講習を修了したもの
三　次に掲げる職にあつた期間が通算して三年以上になる者で次条の規定による司書の講習を修了したもの
イ　司書補の職
ロ　国立国会図書館又は大学若しくは高等専門学校の附属図書館における職で司書補の職に相当するもの
ハ　ロに掲げるもののほか、官公署、学校又は社会教育施設における職で社会教育主事、学芸員その他の司書補の職と同等以上の職として文部科学大臣が指定するもの
2　次の各号のいずれかに該当する者は、司書補となる資格を有する。
一　司書の資格を有する者
二　学校教育法（昭和二十二年法律第二十六号）第九十条第一項の規定により大学に入学するこ

とのできる者で次条の規定による司書補の講習を修了したもの

（司書及び司書補の講習）

第六条　司書及び司書補の講習は、大学が、文部科学大臣の委嘱を受けて行う。

2　司書及び司書補の講習に関し、履修すべき科目、単位その他必要な事項は、文部科学省令で定める。ただし、その履修すべき単位数は、十五単位を下ることができない。

（職員）

第十三条　公立図書館に館長並びに当該図書館を設置する地方公共団体の教育委員会（特定地方公共団体の長がその設置、管理及び廃止に関する事務を管理し、及び執行することとされた図書館（第十五条において「特定図書館」という。）にあつては、当該特定地方公共団体の長）が必要と認める専門的職員、事務職員及び技術職員を置く。

2　館長は、館務を掌理し、所属職員を監督して、図書館奉仕の機能の達成に努めなければならない。

（図書館協議会）

第十四条　公立図書館に図書館協議会を置くことができる。

2　図書館協議会は、図書館の運営に関し館長の諮問に応ずるとともに、図書館の行う図書館奉仕につき、館長に対して意見を述べる機関とする。

（入館料等）

第十七条　公立図書館は、入館料その他図書館資料の利用に対するいかなる対価をも徴収してはならない。

●博物館法（昭二六・一二・一 法二八五）

最終改正　令元—法二六

（この法律の目的）

第一条　この法律は、社会教育法（昭和二十四年法律第二百七号）の精神に基き、博物館の設置及び運営に関して必要な事項を定め、その健全な発達を図り、もつて国民の教育、学術及び文化の発展に寄与することを目的とする。

（定義）

第二条　この法律において「博物館」とは、歴史、芸術、民俗、産業、自然科学等に関する資料を収集し、保管（育成を含む。以下同じ。）し、展示して教育的配慮の下に一般公衆の利用に供し、その教養、調査研究、レクリエーション等に資するために必要な事業を行い、あわせてこれらの資料に関する調査研究をすることを目的とする機関（社会教育法による公民館及び図書館法（昭和二十五年法律第百十八号）による図書館を除く。）のうち、地方公共団体、一般社団法人若しくは一般財団法人、宗教法人又は政令で定めるその他の法人（独立行政法人（独立行政法人通則法（平成十一年法律第百三号）第二条第一項に規定する独立行政法人をいう。第二十九条において同じ。）を除く。）が設置するもので次章の規定による登録を受けたものをいう。

2　この法律において、「公立博物館」とは、地方公共団体の設置する博物館をいい、「私立博物館」とは、一般社団法人若しくは一般財団法人、宗教法人又は前項の政令で定める法人の設置する博物館をいう。

3　この法律において「博物館資料」とは、博物館が収集し、保管し、又は展示する資料（電磁的記録（電子的方式、磁気的方式その他人の知覚によつては認識することができない方式で作られた記録をいう。）を含む。）をいう。

（博物館の事業）

第三条　博物館は、前条第一項に規定する目的を達成するため、おおむね次に掲げる事業を行う。

一　実物、標本、模写、模型、文献、図表、写真、フィルム、レコード等の博物館資料を豊富に収集し、保管し、及び展示すること。

二　分館を設置し、又は博物館資料を当該博物館外で展示すること。

三　一般公衆に対して、博物館資料の利用に関し必要な説明、助言、指導等を行い、又は研究室、実験室、工作室、図書室等を設置してこれを利用させること。
四　博物館資料に関する専門的、技術的な調査研究を行うこと。
五　博物館資料の保管及び展示等に関する技術的研究を行うこと。
六　博物館資料に関する案内書、解説書、目録、図録、年報、調査研究の報告書等を作成し、及び頒布すること。
七　博物館資料に関する講演会、講習会、映写会、研究会等を主催し、及びその開催を援助すること。
八　当該博物館の所在地又はその周辺にある文化財保護法（昭和二十五年法律第二百十四号）の適用を受ける文化財について、解説書又は目録を作成する等一般公衆の当該文化財の利用の便を図ること。
九　社会教育における学習の機会を利用して行つた学習の成果を活用して行う教育活動その他の活動の機会を提供し、及びその提供を奨励すること。
十　他の博物館、博物館と同一の目的を有する国の施設等と緊密に連絡し、協力し、刊行物及び情報の交換、博物館資料の相互貸借等を行うこと。
十一　学校、図書館、研究所、公民館等の教育、学術又は文化に関する諸施設と協力し、その活動を援助すること。
2　博物館は、その事業を行うに当つては、土地の事情を考慮し、国民の実生活の向上に資し、更に学校教育を援助し得るようにも留意しなければならない。

（館長、学芸員その他の職員）
第四条　博物館に、館長を置く。
2　館長は、館務を掌理し、所属職員を監督して、博物館の任務の達成に努める。

3 博物館に、専門的職員として学芸員を置く。

4 学芸員は、博物館資料の収集、保管、展示及び調査研究その他これと関連する事業についての専門的事項をつかさどる。

5 博物館に、館長及び学芸員のほか、学芸員補その他の職員を置くことができる。

6 学芸員補は、学芸員の職務を助ける。

（学芸員の資格）

第五条 次の各号のいずれかに該当する者は、学芸員となる資格を有する。

一 学士の学位（学校教育法（昭和二十二年法律第二十六号）第百四条第二項に規定する文部科学大臣の定める学位（専門職大学を卒業した者に対して授与されるものに限る。）を含む。）を有する者で、大学において文部科学省令で定める博物館に関する科目の単位を修得したもの

二 大学に二年以上在学し、前号の博物館に関する科目の単位を含めて六十二単位以上を修得した者で、三年以上学芸員補の職にあつたもの

三 文部科学大臣が、文部科学省令で定めるところにより、前二号に掲げる者と同等以上の学力及び経験を有する者と認めた者

2 前項第二号の学芸員補の職には、官公署、学校又は社会教育施設（博物館の事業に類する事業を行う施設を含む。）における職で、社会教育主事、司書その他の学芸員補の職と同等以上の職として文部科学大臣が指定するものを含むものとする。

（学芸員補の資格）

第六条 学校教育法第九十条第一項の規定により大学に入学することのできる者は、学芸員補となる資格を有する。

（学芸員及び学芸員補の研修）

第七条 文部科学大臣及び都道府県の教育委員会は、学芸員及び学芸員補に対し、その資質の向上のために必要な研修を行うよう努めるものとする。

（運営の状況に関する評価等）
第九条　博物館は、当該博物館の運営の状況について評価を行うとともに、その結果に基づき博物館の運営の改善を図るため必要な措置を講ずるよう努めなければならない。

（運営の状況に関する情報の提供）
第九条の二　博物館は、当該博物館の事業に関する地域住民その他の関係者の理解を深めるとともに、これらの者との連携及び協力の推進に資するため、当該博物館の運営の状況に関する情報を積極的に提供するよう努めなければならない。

（登録）
第十条　博物館を設置しようとする者は、当該博物館について、当該博物館の所在する都道府県の教育委員会（当該博物館（都道府県が設置するものを除く。）が指定都市（地方自治法（昭和二十二年法律第六十七号）第二百五十二条の十九第一項の指定都市をいう。以下この条及び第二十九条において同じ。）の区域内に所在する場合にあつては、当該指定都市の教育委員会。同条を除き、以下同じ。）に備える博物館登録原簿に登録を受けるものとする。

（入館料等）
第二十三条　公立博物館は、入館料その他博物館資料の利用に対する対価を徴収してはならない。但し、博物館の維持運営のためにやむを得ない事情のある場合は、必要な対価を徴収することができる。

●放送大学学園法

（平一四・一二・一三　法一五六）
最終改正　令二―法四〇

（目的）
第一条　この法律は、放送大学の設置及び運営に関し必要な事項を定めることにより、大学教育の機会に対する広範な国民の要請にこたえるとともに、大学教育のための放送の普及発達を図ることを目的とする。

（定義）
第二条　この法律において、「放送大学」とは、放送大学学園が設置する大学をいう。

2　この法律において、「放送」とは、放送法（昭和二十五年法律第百三十二号）第二条第一号に規定する放送（同条第二十号に規定する放送局を用いて行われるものに限る。）をいう。

（目的）
第三条　放送大学学園は、大学を設置し、当該大学において、放送による授業を行うとともに、全国各地の学習者の身近な場所において面接による授業等を行うことを目的とする学校法人（私立学校法（昭和二十四年法律第二百七十号）第三条に規定する学校法人をいう。）とする。

（業務）
第四条　放送大学学園は、次に掲げる業務を行う。
一　放送大学を設置し、これを運営すること。
二　放送大学における教育に必要な放送を行うこと。
三　前二号に掲げる業務に附帯する業務を行うこと。

●スポーツ基本法

（平二三・六・二四　法七八）
最終改正　平三〇―法五七

（目的）
第一条　この法律は、スポーツに関し、基本理念を定め、並びに国及び地方公共団体の責務並びにスポーツ団体の努力等を明らかにするとともに、スポーツに関する施策の基本となる事項を定めることにより、スポーツに関する施策を総合的かつ計画的に推進し、もって国民の心身の健全な発達、明るく豊かな国民生活の形成、活力ある社会の実現及び国際社会の調和ある発展に寄与することを目的とする。

（国の責務）
第三条　国は、前条の基本理念（以下「基本理念」という。）にのっとり、スポーツに関する施策を総合的に策定し、及び実施する責務を有する。

（地方公共団体の責務）

第四条　地方公共団体は、基本理念にのっとり、スポーツに関する施策に関し、国との連携を図りつつ、自主的かつ主体的に、その地域の特性に応じた施策を策定し、及び実施する責務を有する。

（スポーツ団体の努力）

第五条　スポーツ団体は、スポーツの普及及び競技水準の向上に果たすべき重要な役割に鑑み、基本理念にのっとり、スポーツを行う者の権利利益の保護、心身の健康の保持増進及び安全の確保に配慮しつつ、スポーツの推進に主体的に取り組むよう努めるものとする。

（指導者等の養成等）

第十一条　国及び地方公共団体は、スポーツの指導者その他スポーツの推進に寄与する人材（以下「指導者等」という。）の養成及び資質の向上並びにその活用のため、系統的な養成システムの開発又は利用への支援、研究集会又は講習会（以下「研究集会等」という。）の開催その他の必要な施策を講ずるよう努めなければならない。

（スポーツ施設の整備等）

第十二条　国及び地方公共団体は、国民が身近にスポーツに親しむことができるようにするとともに、競技水準の向上を図ることができるよう、スポーツ施設（スポーツの設備を含む。以下同じ。）の整備、利用者の需要に応じたスポーツ施設の運用の改善、スポーツ施設への指導者等の配置その他の必要な施策を講ずるよう努めなければならない。

（学校施設の利用）

第十三条　学校教育法（昭和二十二年法律第二十六号）第二条第二項に規定する国立学校及び公立学校並びに国（国立大学法人法（平成十五年法律第百十二号）第二条第一項に規定する国立大学法人を含む。）及び地方公共団体（地方独立行政法人法（平成十五年法律第百十八号）第六十八条第一項に規定する公立大学法人を含む。）が設置する幼保連携型認定こども園（就学前の子どもに関する教育、保育等の総合的な提供の推進に関する法律（平成十八年法律第七十七号）第二条第七項に規定する幼保連携型認定こども園をいう。）の設置者は、その設置する学校の教育に支障のない限り、当該学校のスポーツ施設を一般のスポーツのための利用に供するよう努めなければならない。

（野外活動及びスポーツ・レクリエーション活動の普及奨励）

第二十四条 国及び地方公共団体は、心身の健全な発達、生きがいのある豊かな生活の実現等のために行われるハイキング、サイクリング、キャンプ活動その他の野外活動及びスポーツとして行われるレクリエーション活動（以下この条において「スポーツ・レクリエーション活動」という。）を普及奨励するため、野外活動又はスポーツ・レクリエーション活動に係るスポーツ施設の整備、住民の交流の場となる行事の実施その他の必要な施策を講ずるよう努めなければならない。

●文化財保護法

（昭二五・五・三〇）（法二一四）

最終改正 令二―法四一

（この法律の目的）

第一条 この法律は、文化財を保存し、且つ、その活用を図り、もつて国民の文化的向上に資するとともに、世界文化の進歩に貢献することを目的とする。

（文化財の定義）

第二条 この法律で「文化財」とは、次に掲げるものをいう。

一 建造物、絵画、彫刻、工芸品、書跡、典籍、古文書その他の有形の文化的所産で我が国にとつて歴史上又は芸術上価値の高いもの（これらのものと一体をなしてその価値を形成している土地その他の物件を含む。）並びに考古資料及びその他の学術上価値の高い歴史資料（以下「有形文化財」という。）

二 演劇、音楽、工芸技術その他の無形の文化的所産で我が国にとつて歴史上又は芸術上価値の高いもの（以下「無形文化財」という。）

三 衣食住、生業、信仰、年中行事等に関する風俗慣習、民俗芸能、民俗技術及びこれらに用いられる衣服、器具、家屋その他の物件で我が国民の生活の推移の理解のため欠くことのできないもの（以下「民俗文化財」という。）

四　貝づか、古墳、都城跡、城跡、旧宅その他の遺跡で我が国にとつて歴史上又は学術上価値の高いもの、庭園、橋梁、峡谷、海浜、山岳その他の名勝地で我が国にとつて芸術上又は観賞上価値の高いもの並びに動物（生息地、繁殖地及び渡来地を含む。）、植物（自生地を含む。）及び地質鉱物（特異な自然の現象の生じている土地を含む。）で我が国にとつて学術上価値の高いもの（以下「記念物」という。）

五　地域における人々の生活又は生業及び当該地域の風土により形成された景観地で我が国民の生活又は生業の理解のため欠くことのできないもの（以下「文化的景観」という。）

六　周囲の環境と一体をなして歴史的風致を形成している伝統的な建造物群で価値の高いもの（以下「伝統的建造物群」という。）

2　この法律の規定（第二十七条から第二十九条まで、第三十七条、第五十五条第一項第四号、第百五十三条第一項第一号、第百六十五条、第百七十一条及び附則第三条の規定を除く。）中「重要文化財」には、国宝を含むものとする。

3　この法律の規定（第百九条、第百十条、第百十二条、第百二十二条、第百三十一条第一項第四号、第百五十三条第一項第七号及び第八号、第百六十五条並びに第百七十一条の規定を除く。）中「史跡名勝天然記念物」には、特別史跡名勝天然記念物を含むものとする。

（政府及び地方公共団体の任務）

第三条　政府及び地方公共団体は、文化財がわが国の歴史、文化等の正しい理解のため欠くことのできないものであり、且つ、将来の文化の向上発展の基礎をなすものであることを認識し、その保存が適切に行われるように、周到の注意をもつてこの法律の趣旨の徹底に努めなければならない。

第6編　教育職員

●教育公務員特例法

（昭二四・一・一二 法一）
最終改正　令二―法二一

第一章　総　則

（この法律の趣旨）

第一条　この法律は、教育を通じて国民全体に奉仕する教育公務員の職務とその責任の特殊性に基づき、教育公務員の任免、人事評価、給与、分限、懲戒、服務及び研修等について規定する。

（定義）

第二条　この法律において「教育公務員」とは、地方公務員のうち、学校（学校教育法（昭和二十二年法律第二十六号）第一条に規定する学校及び就学前の子どもに関する教育、保育等の総合的な提供の推進に関する法律（平成十八年法律第七十七号）第二条第七項に規定する幼保連携型認定こども園（以下「幼保連携型認定こども園」という。）をいう。以下同じ。）であつて地方公共団体が設置するもの（以下「公立学校」という。）の学長、校長（園長を含む。以下同じ。）、教員及び部局長並びに教育委員会の専門的教育職員をいう。

2　この法律において「教員」とは、公立学校の教授、准教授、助教、副校長（副園長を含む。以下同じ。）、教頭、主幹教諭（幼保連携型認定こども園の主幹養護教諭及び主幹栄養教諭を含む。以下同じ。）、指導教諭、教諭、助教諭、養護教諭、養護助教諭、栄養教諭、主幹保育教諭、指導保育教諭、保育教諭、助保育教諭及び講師をいう。

3　この法律で「部局長」とは、大学（公立学校であるものに限る。第二十六条第一項を除き、以下同じ。）の副学長、学部長その他政令で指定する部局の長をいう。

4　この法律で「評議会」とは、大学に置かれる会議であつて当該大学を設置する地方公共団体の定めるところにより学長、学部長その他の者で構成するものをいう。

5　この法律で「専門的教育職員」とは、指導主事及び社会教育主事をいう。

第二章　任免、人事評価、給与、分限及び懲戒

（採用及び昇任の方法）

第十一条　公立学校の校長の採用（現に校長の職以外の職に任命されている者を校長の職に任命する場合を含む。）並びに教員の採用（現に教員の職以外の職に任命されている者を教員の職に任命する場合を含む。以下この条において同じ。）及び昇任（採用に該当するものを除く。）は、選考によるものとし、その選考は、大学附置の学校にあつては当該大学の学長が、大学附置の学校以外の公立学校（幼保連携型認定こども園を除く。）にあつてはその校長及び教員の任命権者である教育委員会の教育長が、大学附置の学校以外の公立学校（幼保連携型認定こども園に限る。）にあつてはその校長及び教員の任命権者である地方公共団体の長が行う。

（条件付任用）

第十二条　公立の小学校、中学校、義務教育学校、高等学校、中等教育学校、特別支援学校、幼稚園及び幼保連携型認定こども園（以下「小学校等」という。）の教諭、助教諭、保育教諭、助保育教諭及び講師（以下「教諭等」という。）に係る地方公務員法第二十二条に規定する採用については、同条中「六月」とあるのは「一年」として同条の規定を適用する。

2　地方教育行政の組織及び運営に関する法律（昭和三十一年法律第百六十二号）第四十条に定める場合のほか、公立の小学校等の校長又は教員で地方公務員法第二十二条（同法第二十二条の二第七項及び前項の規定において読み替えて適用する場合を含む。）の規定により正式任用になっている者が、引き続き同一都道府県内の公立の小学校等の校長又は教員に任用された場合には、その任用については、同法第二十二条の規定は適用しない。

（校長及び教員の給与）

第十三条　公立の小学校等の校長及び教員の給与は、これらの者の職務と責任の特殊性に基づき条例で定めるものとする。

2　前項に規定する給与のうち地方自治法（昭和二十二年法律第六十七号）第二百四条第二項の規定により支給することができる義務教育等教員特別手当は、これらの者のうち次に掲げるものを対象とするものとし、その内容は、条例で定める。

一　公立の小学校、中学校、義務教育学校、中等教育学校の前期課程又は特別支援学校の小学部若しくは中学部に勤務する校長及び教員

二　前号に規定する校長及び教員との権衡上必要があると認められる公立の高等学校、中等教育学校の後期課程、特別支援学校の高等部若しくは幼稚部、幼稚園又は幼保連携型認定こども園に勤務する校長及び教員

（休職の期間及び効果）

第十四条　公立学校の校長及び教員の休職の期間は、結核性疾患のため長期の休養を要する場合の休職においては、満二年とする。ただし、任命権者は、特に必要があると認めるときは、予算の範囲内において、その休職の期間を満三年まで延長することができる。

2　前項の規定による休職者には、その休職の期間中、給与の全額を支給する。

（採用及び昇任の方法）

第十五条　専門的教育職員の採用（現に指導主事の職以外の職に任命されている者を指導主事の職に任命する場合及び現に社会教育主事の職以外の職に任命されている者を社会教育主事の職に任命する場合を含む。以下この条において同じ。）及び昇任（採用に該当するものを除く。）は、選考によるものとし、その選考は、当該教育委員会の教育長が行う。

第三章　服　務

（兼職及び他の事業等の従事）

第十七条　教育公務員は、教育に関する他の職を兼ね、又は教育に関する他の事業若しくは事務に従事することが本務の遂行に支障がないと任命権者（地方教育行政の組織及び運営に関する法律第三十七条第一項に規定する県費負担教職員については、市町村（特別区を含む。以下同じ。）の教育委員会。第二十三条第二項及び第二十四条第二項において同じ。）において認める場合には、給与を受け、又は受けないで、その職を兼ね、又はその事業若しくは事務に従事することができる。

2　前項の規定は、非常勤の講師（地方公務員法第二十八条の五第一項に規定する短時間勤務の職を占める者及び同法第二十二条の二第一項第二号に掲げる者を除く。）については、適用しない。

3　第一項の場合においては、地方公務員法第三十八条第二項の規定により人事委員会が定める許可の基準によることを要しない。

（公立学校の教育公務員の政治的行為の制限）

第十八条　公立学校の教育公務員の政治的行為の制限については、当分の間、地方公務員法第三十六条の規定にかかわらず、国家公務員の例による。

2　前項の規定は、政治的行為の制限に違反した者の処罰につき国家公務員法（昭和二十二年法律第百二十号）第百十条第一項の例による趣旨を含むものと解してはならない。

第四章　研　修

（研修）

第二十一条　教育公務員は、その職責を遂行するために、絶えず研究と修養に努めなければならない。

2　教育公務員の任命権者は、教育公務員（公立の小学校等の校長及び教員（臨時的に任用された者その他の政令で定める者を除く。以下この章において同じ。）を除く。）の研修について、それに要する施設、研修を奨励するための方途その他研修に関する計画を樹立し、その実施に努めなければならない。

（研修の機会）

第二十二条　教育公務員には、研修を受ける機会が与えられなければならない。

2　教員は、授業に支障のない限り、本属長の承認を受けて、勤務場所を離れて研修を行うことができる。

3　教育公務員は、任命権者の定めるところにより、現職のままで、長期にわたる研修を受けることができる。

（校長及び教員としての資質の向上に関する指標の策定に関する指針）

第二十二条の二　文部科学大臣は、公立の小学校等の校長及び教員の計画的かつ効果的な資質の向上を図るため、次条第一項に規定する指標の策定に関する指針（以下「指針」という。）を定めなければならない。

2　指針においては、次に掲げる事項を定めるものとする。

一　公立の小学校等の校長及び教員の資質の向上に関する基本的な事項

二　次条第一項に規定する指標の内容に関する事項

三　その他公立の小学校等の校長及び教員の資質の向上を図るに際し配慮すべき事項

3　文部科学大臣は、指針を定め、又はこれを変更したときは、遅滞なく、これを公表しなければならない。

（協議会）

第二十二条の五　公立の小学校等の校長及び教員の任命権者は、指標の策定に関する協議並びに当該指標に基づく当該校長及び教員の資質の向上に関して必要な事項についての協議を行うための協議会（以下「協議会」という。）を組織するものとする。

2　協議会は、次に掲げる者をもつて構成する。
一　指標を策定する任命権者
二　公立の小学校等の校長及び教員の研修に協力する大学その他の当該校長及び教員の資質の向上に関係する大学として文部科学省令で定める者
三　その他当該任命権者が必要と認める者
3　協議会において協議が調つた事項については、協議会の構成員は、その協議の結果を尊重しなければならない。
4　前三項に定めるもののほか、協議会の運営に関し必要な事項は、協議会が定める。

（初任者研修）
第二十三条　公立の小学校等の教諭等の任命権者は、当該教諭等（臨時的に任用された者その他の政令で定める者を除く。）に対して、その採用（現に教諭等の職以外の職に任命されている者を教諭等の職に任命する場合を含む。附則第五条第一項において同じ。）の日から一年間の教諭又は保育教諭の職務の遂行に必要な事項に関する実践的な研修（以下「初任者研修」という。）を実施しなければならない。
2　任命権者は、初任者研修を受ける者（次項において「初任者」という。）の所属する学校の副校長、教頭、主幹教諭（養護又は栄養の指導及び管理をつかさどる主幹教諭を除く。）、指導教諭、教諭、主幹保育教諭、指導保育教諭、保育教諭又は講師のうちから、指導教員を命じるものとする。
3　指導教員は、初任者に対して教諭又は保育教諭の職務の遂行に必要な事項について指導及び助言を行うものとする。

（中堅教諭等資質
第二十四条　公立の小学校等の教諭等（臨時的に任用された者その他の政令で定める者を除く。以下この項において同じ。）の任命権者は、当該教諭等に対して、個々の能力、適性等に応じて、公立の小学校等における教育に関し相当の経験を有し、その教育活動その他の学校運営の円滑かつ効果的な実施において中核的な役割を果たすことが期待される中堅教諭等としての職務を遂行する上で必要とされる資質の向上を図るために必要な事項に関する研修（以下「中堅教諭等資質向上研修」という。）を実施しなければならない。

2　任命権者は、中堅教諭等資質向上研修を実施するに当たり、中堅教諭等資質向上研修を受ける者の能力、適性等について評価を行い、その結果に基づき、当該者ごとに中堅教諭等資質向上研修に関する計画書を作成しなければならない。

（指導改善研修）

第二十五条　公立の小学校等の教諭等の任命権者は、児童、生徒又は幼児（以下「児童等」という。）に対する指導が不適切であると認定した教諭等に対して、その能力、適性等に応じて、当該指導の改善を図るために必要な事項に関する研修（以下「指導改善研修」という。）を実施しなければならない。

2　指導改善研修の期間は、一年を超えてはならない。ただし、特に必要があると認めるときは、任命権者は、指導改善研修を開始した日から引き続き二年を超えない範囲内で、これを延長することができる。

3　任命権者は、指導改善研修を実施するに当たり、指導改善研修を受ける者の能力、適性等に応じて、その者ごとに指導改善研修に関する計画書を作成しなければならない。

（指導改善研修後の措置）

第二十五条の二　任命権者は、前条第四項の認定において指導の改善が不十分でなお児童等に対する指導を適切に行うことができないと認める教諭等に対して、免職その他の必要な措置を講ずるものとする。

第五章　大学院修学休業

（大学院修学休業の許可及びその要件等）

第二十六条　公立の小学校等の主幹教諭、指導教諭、教諭、養護教諭、栄養教諭、主幹保育教諭、指導保育教諭、保育教諭又は講師（以下「主幹教諭等」という。）で次の各号のいずれにも該当するものは、任命権者の許可を受けて、三年を超えない範囲内で年を単位として定める期間、大学（短期大学を除く。）の大学院の課程若しくは専攻科の課程又はこれらの課程に相当する外国の大学の課程（次項及び第二十八条第二項において「大学院の課程等」という。）に在学してその課程を履修するための休業（以下「大学院修学休業」という。）をすることができる。

（大学院修学休業の効果）

第二十七条　大学院修学休業をしている主幹教諭等は、地方公務員としての身分を保有するが、職務に従事しない。

2　大学院修学休業をしている期間については、給与を支給しない。

附　則

（幼稚園及び幼保連携型認定こども園の教諭等に対する中堅教諭等資質向上研修の特例）

第六条　指定都市以外の市町村の設置する幼稚園及び幼保連携型認定こども園の教諭等に対する中堅教諭等資質向上研修は、当分の間、第二十四条第一項の規定にかかわらず、幼稚園の教諭等については当該市町村を包括する都道府県の教育委員会が、幼保連携型認定こども園の教諭等については当該市町村を包括する都道府県の知事が実施しなければならない。

2　指定都市以外の市町村の教育委員会及び長は、その所管に属する幼稚園及び幼保連携型認定こども園の教諭等に対して都道府県の教育委員会及び知事が行う中堅教諭等資質向上研修に協力しなければならない。

●地方公務員法

（昭二五・一二・一三 法二六一）
最終改正　令二—法一一

第一章　総　則

（この法律の目的）

第一条　この法律は、地方公共団体の人事機関並びに地方公務員の任用、人事評価、給与、勤務時間その他の勤務条件、休業、分限及び懲戒、服務、退職管理、研修、福祉及び利益の保護並びに団体等人事行政に関する根本基準を確立することにより、地方公共団体の行政の民主的かつ能率的な運営並びに特定地方独立行政法人の事務及び事業の確実な実施を保障し、もつて地方自治の本旨の実現に資することを目的とする。

（この法律の効力）

第二条　地方公務員（地方公共団体のすべての公務員をいう。）に関する従前の法令又は条例、地方公共団体の規則若しくは地方公共団体の機関の定める規程の規定がこの法律の規定に抵触する場合には、この法律の規定が、優先する。

（一般職に属する地方公務員及び特別職に属する地方公務員）

第三条　地方公務員（地方公共団体及び特定地方独立行政法人（地方独立行政法人法（平成十五年法律第百十八号）第二条第二項に規定する特定地方独立行政法人をいう。以下同じ。）の全ての公務員をいう。以下同じ。）の職は、一般職と特別職とに分ける。

2　一般職は、特別職に属する職以外の一切の職とする。

（この法律の適用を受ける地方公務員）

第四条　この法律の規定は、一般職に属するすべての地方公務員（以下「職員」という。）に適用する。

2　この法律の規定は、法律に特別の定がある場合を除く外、特別職に属する地方公務員には適用しない。

第三章　職員に適用される基準

（平等取扱いの原則）

第十三条　全て国民は、この法律の適用について、平等に取り扱われなければならず、人種、信条、性別、社会的身分若しくは門地によつて、又は第十六条第四号に該当する場合を除くほか、政治的意見若しくは政治的所属関係によつて、差別されてはならない。

（情勢適応の原則）

第十四条　地方公共団体は、この法律に基いて定められた給与、勤務時間その他の勤務条件が社会一般の情勢に適応するように、随時、適当な措置を講じなければならない。

2　人事委員会は、随時、前項の規定により講ずべき措置について地方公共団体の議会及び長に勧告することができる。

（任用の根本基準）

第十五条　職員の任用は、この法律の定めるところにより、受験成績、人事評価その他の能力の実証に基づいて行わなければならない。

（定義）

第十五条の二　この法律において、次の各号に掲げる用語の意義は、当該各号に定めるところによる。

一　採用　職員以外の者を職員の職に任命すること（臨時的任用を除く。）をいう。

二　昇任　職員をその職員が現に任命されている職より上位の職制上の段階に属する職員の職に任命することをいう。

三　降任　職員をその職員が現に任命されている職より下位の職制上の段階に属する職員の職に任命することをいう。

四　転任　職員をその職員が現に任命されている職以外の職員の職に任命することであつて前二号に定めるものに該当しないものをいう。

五　標準職務遂行能力　職制上の段階の標準的な職（職員の職に限る。以下同じ。）の職務を遂行する上で発揮することが求められる能力として任命権者が定めるものをいう。

2　前項第五号の標準的な職は、職制上の段階及び職務の種類に応じ、任命権者が定める。

3　地方公共団体の長及び議会の議長以外の任命権者は、標準職務遂行能力及び第一項第五号の標準的な職を定めようとするときは、あらかじめ、地方公共団体の長に協議しなければならない。

（採用の方法）

第十七条の二　人事委員会を置く地方公共団体においては、職員の採用は、競争試験によるものとする。ただし、人事委員会規則（競争試験等を行う公平委員会を置く地方公共団体においては、公平委員会規則。以下この節において同じ。）で定める場合には、選考（競争試験以外の能力の実証に基づく試験をいう。以下同じ。）によることを妨げない。

（条件付採用）

第二十二条　職員の採用は、全て条件付のものとし、当該職員がその職において六月を勤務し、その間その職務を良好な成績で遂行したときに正式採用になるものとする。この場合において、人事委員会等は、人事委員会規則（人事委員会を置かない地方公共団体においては、地方公共団体の規則）で定めるところにより、条件付採用の期間を一年に至るまで延長することができる。

（人事評価の根本基準）

第二十三条　職員の人事評価は、公正に行われなければならない。

2　任命権者は、人事評価を任用、給与、分限その他の人事管理の基礎として活用するものとする。

（給与、勤務時間その他の勤務条件の根本基準）

第二十四条　職員の給与は、その職務と責任に応ずるものでなければならない。

5　職員の給与、勤務時間その他の勤務条件は、条例で定める。

（分限及び懲戒の基準）

第二十七条　すべて職員の分限及び懲戒については、公正でなければならない。

2　職員は、この法律で定める事由による場合でなければ、その意に反して、降任され、若しくは免職されず、この法律又は条例で定める事由による場合でなければ、その意に反して、休職されず、又、条例で定める事由による場合でなければ、その意に反して降給されることがない。

3　職員は、この法律で定める事由による場合でなければ、懲戒処分を受けることがない。

（降任、免職、休職等）

第二十八条　職員が、次の各号に掲げる場合のいずれかに該当するときは、その意に反して、これを降任し、又は免職することができる。

一　人事評価又は勤務の状況を示す事実に照らして、勤務実績がよくない場合

二　心身の故障のため、職務の遂行に支障があり、又はこれに堪えない場合

三　前二号に規定する場合のほか、その職に必要な適格性を欠く場合

四　職制若しくは定数の改廃又は予算の減少により廃職又は過員を生じた場合

2　職員が、次の各号に掲げる場合のいずれかに該当するときは、その意に反して、これを休職することができる。

一　心身の故障のため、長期の休養を要する場合

二　刑事事件に関し起訴された場合

3　職員の意に反する降任、免職、休職及び降給の手続及び効果は、法律に特別の定めがある場合を除くほか、条例で定めなければならない。

（懲戒）

第二十九条　職員が次の各号の一に該当する場合においては、これに対し懲戒処分として戒告、減給、停職又は免職の処分をすることができる。

一　この法律若しくは第五十七条に規定する特例を定めた法律又はこれに基く条例、地方公共団体の規則若しくは地方公共団体の機関の定める規程に違反した場合

二　職務上の義務に違反し、又は職務を怠つた場合

三　全体の奉仕者たるにふさわしくない非行のあつた場合

4　職員の懲戒の手続及び効果は、法律に特別の定がある場合を除く外、条例で定めなければならない。

（服務の根本基準）

第三十条　すべて職員は、全体の奉仕者として公共の利益のために勤務し、且つ、職務の遂行に当つては、全力を挙げてこれに専念しなければならない。

（服務の宣誓）

第三十一条　職員は、条例の定めるところにより、服務の宣誓をしなければならない。

（法令等及び上司の職務上の命令に従う義務）

第三十二条　職員は、その職務を遂行するに当つて、法令、条例、地方公共団体の規則及び地方公共団体の機関の定める規程に従い、且つ、上司の職務上の命令に忠実に従わなければならない。

（信用失墜行為の禁止）

第三十三条　職員は、その職の信用を傷つけ、又は職員の職全体の不名誉となるような行為をしてはならない。

（秘密を守る義務）

第三十四条　職員は、職務上知り得た秘密を漏らしてはならない。その職を退いた後も、また、同様とする。

（職務に専念する義務）

第三十五条　職員は、法律又は条例に特別の定がある場合を除く外、その勤務時間及び職務上の注意力のすべてをその職責遂行のために用い、当該地方公共団体がなすべき責を有する職務にのみ従事しなければならない。

（政治的行為の制限）

第三十六条　職員は、政党その他の政治的団体の結成に関与し、若しくはこれらの団体の役員となつてはならず、又はこれらの団体の構成員となるように、若しくはならないように勧誘運動をしてはならない。

2　職員は、特定の政党その他の政治的団体又は特定の内閣若しくは地方公共団体の執行機関を支持し、又はこれに反対する目的をもつて、あるいは公の選挙又は投票において特定の人又は事件を支持し、又はこれに反対する目的をもつて、次に掲げる政治的行為をしてはならない。ただし、当該職員の属する地方公共団体の区域（当該職員が都道府県の支庁若しくは地方事務所又は地方自治法第二百五十二条の十九第一項の指定都市の区若しくは総合区に勤務する者であるときは、当該支庁若しくは地方事務所又は区若しくは総合区の所管区域）外において、第一号から第三号まで及び第五号に掲げる政治的行為をすることができる。

一　公の選挙又は投票において投票をするように、又はしないように勧誘運動をすること。

二　署名運動を企画し、又は主宰する等これに積極的に関与すること。

三　寄附金その他の金品の募集に関与すること。

四　文書又は図画を地方公共団体又は特定地方独立行政法人の庁舎（特定地方独立行政法人にあつては、事務所。以下この号において同じ。）、施設等に掲示し、又は掲示させ、その他地方公共団体又は特定地方独立行政法人の庁舎、施設、資材又は資金を利用し、又は利用させること。

五　前各号に定めるものを除く外、条例で定める政治的行為

3　何人も前二項に規定する政治的行為を行うよう職員に求め、職員をそそのかし、若しくはあおつてはならず、又は職員が前二項に規定する政治的行為をなし、若しくはなさないことに対する代償若しくは報復として、任用、職務、給与その他職員の地位に関してなんらかの利益若しくは不利益を与え、与えようと企て、若しくは約束してはならない。

4　職員は、前項に規定する違法な行為に応じなかつたことの故をもつて不利益な取扱を受けることはない。

5　本条の規定は、職員の政治的中立性を保障することにより、地方公共団体の行政及び特定地方独立行政法人の業務の公正な運営を確保するとともに職員の利益を保護することを目的とするも

のであるという趣旨において解釈され、及び運用されなければならない。

（争議行為等の禁止）

第三十七条 職員は、地方公共団体の機関が代表する使用者としての住民に対して同盟罷業、怠業その他の争議行為をし、又は地方公共団体の機関の活動能率を低下させる怠業的行為をしてはならない。又、何人も、このような違法な行為を企て、又はその遂行を共謀し、そそのかし、若しくはあおつてはならない。

2 職員で前項の規定に違反する行為をしたものは、その行為の開始とともに、地方公共団体に対し、法令又は条例、地方公共団体の規則若しくは地方公共団体の機関の定める規程に基いて保有する任命上又は雇用上の権利をもつて対抗することができなくなるものとする。

（営利企業への従事等の制限）

第三十八条 職員は、任命権者の許可を受けなければ、商業、工業又は金融業その他営利を目的とする私企業（以下この項及び次条第一項において「営利企業」という。）を営むことを目的とする会社その他の団体の役員その他人事委員会規則（人事委員会を置かない地方公共団体においては、地方公共団体の規則）で定める地位を兼ね、若しくは自ら営利企業を営み、又は報酬を得ていかなる事業若しくは事務にも従事してはならない。ただし、非常勤職員（短時間勤務の職を占める職員及び第二十二条の二第一項第二号に掲げる職員を除く。）については、この限りでない。

2 人事委員会は、人事委員会規則により前項の場合における任命権者の許可の基準を定めることができる。

（研修）

第三十九条 職員には、その勤務能率の発揮及び増進のために、研修を受ける機会が与えられなければならない。

2 前項の研修は、任命権者が行うものとする。

3 地方公共団体は、研修の目標、研修に関する計画の指針となるべき事項その他研修に関する基本的な方針を定めるものとする。
4　人事委員会は、研修に関する計画の立案その他研修の方法について任命権者に勧告することができる。

●教育職員免許法（昭二四・五・三一 法一四七）

最終改正　令元―法三七

第一章　総　則

（この法律の目的）
第一条　この法律は、教育職員の免許に関する基準を定め、教育職員の資質の保持と向上を図ることを目的とする。

（定義）
第二条　この法律において「教育職員」とは、学校（学校教育法（昭和二十二年法律第二十六号）第一条に規定する幼稚園、小学校、中学校、義務教育学校、高等学校、中等教育学校及び特別支援学校（第三項において「第一条学校」という。）並びに就学前の子どもに関する教育、保育等の総合的な提供の推進に関する法律（平成十八年法律第七十七号）第二条第七項に規定する幼保連携型こども園（以下「幼保連携型認定こども園」という。）をいう。以下同じ。）の主幹教諭（幼保連携型認定こども園の主幹養護教諭及び主幹栄養教諭を含む。以下同じ。）、指導教諭、教諭、助教諭、養護教諭、養護助教諭、栄養教諭、主幹保育教諭、指導保育教諭、保育教諭、助保育教諭及び講師（以下「教員」という。）をいう。
2　この法律で「免許管理者」とは、免許状を有する者が教育職員及び文部科学省令で定める教育の職にある者である場合にあつてはその者の勤務地の都道府県の教育委員会、これらの者以外の者である場合にあつてはその者の住所地の都道府県の教育委員会をいう。

3　この法律において「所轄庁」とは、大学附置の国立学校（国（国立大学法人法（平成十五年法律第百十二号）第二条第一項に規定する国立大学法人を含む。以下この項において同じ。）が設置する学校をいう。以下同じ。）又は公立学校（地方公共団体（地方独立行政法人法（平成十五年法律第百十八号）第六十八条第一項に規定する公立大学法人（以下単に「公立大学法人」という。）を含む。）が設置する学校をいう。以下同じ。）の教員にあつてはその大学の学長、大学附置の学校以外の公立学校（第一条学校に限る。）の教員にあつてはその学校を所管する教育委員会、大学附置の学校以外の公立学校（幼保連携型認定こども園に限る。）の教員にあつてはその学校を所管する地方公共団体の長、私立学校（国及び地方公共団体（公立大学法人を含む。）以外の者が設置する学校をいう。以下同じ。）の教員にあつては都道府県知事（地方自治法（昭和二十二年法律第六十七号）第二百五十二条の十九第一項の指定都市又は同法第二百五十二条の二十二第一項の中核市（以下この項において「指定都市等」という。）の区域内の幼保連携型認定こども園の教員にあつては、当該指定都市等の長）をいう。

4　この法律で「自立教科等」とは、理療（あん摩、マッサージ、指圧等に関する基礎的な知識技能の修得を目標とした教科をいう。）、理学療法、理容その他の職業についての知識技能の修得に関する教科及び学習上又は生活上の困難を克服し自立を図るために必要な知識技能の修得を目的とする教育に係る活動（以下「自立活動」という。）をいう。

5　この法律で「特別支援教育領域」とは、学校教育法第七十二条に規定する視覚障害者、聴覚障害者、知的障害者、肢体不自由者又は病弱者（身体虚弱者を含む。）に関するいずれかの教育の

（免許）

領域をいう。

第三条　教育職員は、この法律により授与する各相当の免許状を有する者でなければならない。

2　前項の規定にかかわらず、主幹教諭（養護又は栄養の指導及び管理をつかさどる主幹教諭を除く。）及び指導教諭については各相当学校の教諭の免許状を有する者を、養護をつかさどる主幹教諭については養護教諭の免許状を有する者を、栄養の指導及び管理をつかさどる主幹教諭については栄養教諭の免許状を有する者を、講師については各相当学校の教員の相当免許状を有する者を、それぞれ充てるものとする。

3　特別支援学校の教員（養護又は栄養の指導及び管理をつかさどる主幹教諭、養護教諭、養護助教諭、栄養教諭並びに特別支援学校において自立教科等の教授を担任する教員を除く。）については、第一項の規定にかかわらず、特別支援学校の教員の免許状のほか、特別支援学校の各部に相当する学校の教員の免許状を有する者でなければならない。

4　義務教育学校の教員（養護又は栄養の指導及び管理をつかさどる主幹教諭、養護教諭、養護助教諭並びに栄養教諭を除く。）については、第一項の規定にかかわらず、小学校の教員の免許状及び中学校の教員の免許状を有する者でなければならない。

5　中等教育学校の教員（養護又は栄養の指導及び管理をつかさどる主幹教諭、養護教諭、養護助教諭並びに栄養教諭を除く。）については、第一項の規定にかかわらず、中学校の教員の免許状及び高等学校の教員の免許状を有する者でなければならない。

6　幼保連携型認定こども園の教員の免許については、第一項の規定にかかわらず、就学前の子どもに関する教育、保育等の総合的な提供の推進に関する法律の定めるところによる。

第二章　免許状

（種類）

第四条　免許状は、普通免許状、特別免許状及び臨時免許状とする。

2　普通免許状は、学校（義務教育学校、中等教育学校及び幼保連携型認定こども園を除く。）の種類ごとの教諭の免許状、養護教諭の免許状及び栄養教諭の免許状とし、それぞれ専修免許状、一種免許状及び二種免許状（高等学校教諭の免許状にあつては、専修免許状及び一種免許状）に区分する。

3　特別免許状は、学校（幼稚園、義務教育学校、中等教育学校及び幼保連携型認定こども園を除く。）の種類ごとの教諭の免許状とする。

4　臨時免許状は、学校（義務教育学校、中等教育学校及び幼保連携型認定こども園を除く。）の種類ごとの助教諭の免許状及び養護助教諭の免許状とする。

5　中学校及び高等学校の教員の普通免許状及び臨時免許状は、次に掲げる各教科について授与するものとする。

一　中学校の教員にあつては、国語、社会、数学、理科、音楽、美術、保健体育、保健、技術、家庭、職業（職業指導及び職業実習（農業、工業、商業、水産及び商船のうちいずれか一以上の実習とする。以下同じ。）を含む。）、職業指導、職業実習、外国語（英語、ドイツ語、フランス語その他の各外国語に分ける。）及び宗教

二　高等学校の教員にあつては、国語、地理歴史、公民、数学、理科、音楽、美術、工芸、書道、保健体育、保健、看護、看護実習、家庭、家庭実習、情報、情報実習、農業、農業実習、工業、工業実習、商業、商業実習、水産、水産実習、福祉、福祉実習、商船、商船実習、職業

指導、外国語（英語、ドイツ語、フランス語その他の各外国語に分ける。）及び宗教

6　小学校教諭、中学校教諭及び高等学校教諭の特別免許状は、次に掲げる教科又は事項について授与するものとする。

一　小学校教諭にあつては、国語、社会、算数、理科、生活、音楽、図画工作、家庭、体育及び外国語（英語、ドイツ語、フランス語その他の各外国語に分ける。）

二　中学校教諭にあつては、前項第一号に掲げる各教科及び第十六条の三第一項の文部科学省令で定める教科

三　高等学校教諭にあつては、前項第二号に掲げる各教科及びこれらの教科の領域の一部に係る事項で第十六条の四第一項の文部科学省令で定めるもの並びに第十六条の三第一項の文部科学省令で定める教科

〔特別支援学校の免許の種類〕

第四条の二　特別支援学校の教員の普通免許状及び臨時免許状は、一又は二以上の特別支援教育領域について授与するものとする。

2　特別支援学校において専ら自立教科等の教授を担任する教員の普通免許状及び臨時免許状は、前条第二項の規定にかかわらず、文部科学省令で定めるところにより、障害の種類に応じて文部科学省令で定める自立教科等について授与するものとする。

3　特別支援学校教諭の特別免許状は、前項の文部科学省令で定める自立教科等について授与するものとする。

（授与）

第五条　普通免許状は、別表第一、別表第二若しくは別表第二の二に定める基礎資格を有し、かつ、大学若しくは文部科学大臣の指定する養護教諭養成機関において別表第一、別表第二若しくは別表第二の二に定める単位を修得した者又はその免許状を授与するため行う教育職員検定に合

格した者に授与する。ただし、次の各号のいずれかに該当する者には、授与しない。

一　十八歳未満の者

二　高等学校を卒業しない者（通常の課程以外の課程におけるこれに相当するものを修了しない者を含む。）。ただし、文部科学大臣において高等学校を卒業した者と同等以上の資格を有すると認めた者を除く。

三　禁錮以上の刑に処せられた者

四　第十条第一項第二号又は第三号に該当することにより免許状がその効力を失い、当該失効の日から三年を経過しない者

五　第十一条第一項から第三項までの規定により免許状取上げの処分を受け、当該処分の日から三年を経過しない者

六　日本国憲法施行の日以後において、日本国憲法又はその下に成立した政府を暴力で破壊することを主張する政党その他の団体を結成し、又はこれに加入した者

2　前項本文の規定にかかわらず、別表第一から別表第二の二までに規定する普通免許状に係る所要資格を得た日の翌日から起算して十年を経過する日の属する年度の末日を経過した者に対する普通免許状の授与は、その者が免許状更新講習（第九条の三第一項に規定する免許状更新講習をいう。以下第九条の二までにおいて同じ。）の課程を修了した後文部科学省令で定める二年以上の期間内にある場合に限り、行うものとする。

3　特別免許状は、教育職員検定に合格した者に授与する。ただし、第一項各号のいずれかに該当する者には、授与しない。

4　前項の教育職員検定は、次の各号のいずれにも該当する者について、教育職員に任命し、又は

雇用しようとする者が、学校教育の効果的な実施に特に必要があると認める場合において行う推薦に基づいて行うものとする。

一　担当する教科に関する専門的な知識経験又は技能を有する者

二　社会的信望があり、かつ、教員の職務を行うのに必要な熱意と識見を持つている者

5　第七項で定める授与権者は、第三項の教育職員検定において合格の決定をしようとするときは、あらかじめ、学校教育に関し学識経験を有する者その他の文部科学省令で定める者の意見を聴かなければならない。

6　臨時免許状は、普通免許状を有する者を採用することができない場合に限り、第一項各号のいずれにも該当しない者で教育職員検定に合格したものに授与する。ただし、高等学校助教諭の臨時免許状は、次の各号のいずれかに該当する者以外の者には授与しない。

一　短期大学士の学位（学校教育法第百四条第二項に規定する文部科学大臣の定める学位（専門職大学を卒業した者に対して授与されるものを除く。）又は同条第六項に規定する文部科学大臣の定める学位を含む。）又は準学士の称号を有する者

二　文部科学大臣が前号に掲げる者と同等以上の資格を有すると認めた者

7　免許状は、都道府県の教育委員会（以下「授与権者」という。）が授与する。

（免許状の授与の手続等）

第五条の二　免許状の授与を受けようとする者は、申請書に授与権者が定める書類を添えて、授与権者に申し出るものとする。

2　特別支援学校の教員の免許状の授与に当たつては、当該免許状の授与を受けようとする者の別表第一の第三欄に定める特別支援教育に関する科目（次項において「特別支援教育科目」という。）の修得の状況又は教育職員検定の結果に応じて、文部科学省令で定めるところにより、一

又は二以上の特別支援教育領域を定めるものとする。

3　特別支援学校の教員の免許状の授与を受けた者が、その授与を受けた後、当該免許状に定められている特別支援教育領域以外の特別支援教育領域（以下「新教育領域」という。）に関して特別支援教育科目を修得し、申請書に当該免許状を授与した授与権者が定める書類を添えて当該授与権者にその旨を申し出た場合、又は当該授与権者が行う教育職員検定に合格した場合には、当該授与権者は、前項に規定する文部科学省令で定めるところにより、当該免許状に当該新教育領域を追加して定めるものとする。

（効力）

第九条　普通免許状は、その授与の日の翌日から起算して十年を経過する日の属する年度の末日まで、すべての都道府県（中学校及び高等学校の教員の宗教の教科についての免許状にあつては、国立学校又は公立学校の場合を除く。次項及び第三項において同じ。）において効力を有する。

2　特別免許状は、その授与の日の翌日から起算して十年を経過する日の属する年度の末日まで、その免許状を授与した授与権者の置かれる都道府県においてのみ効力を有する。

3　臨時免許状は、その免許状を授与したときから三年間、その免許状を授与した授与権者の置かれる都道府県においてのみ効力を有する。

4　第一項の規定にかかわらず、その免許状に係る別表第一から別表第八までに規定する所要資格を得た日、第十六条の二第一項に規定する教員資格認定試験に合格した日又は第十六条の三第二項若しくは第十七条第一項に規定する文部科学省令で定める資格を有することとなつた日の属する年度の翌年度の初日以後、同日から起算して十年を経過する日までの間に授与された普通免許状（免許状更新講習の課程を修了した後文部科学省令で定める二年以上の期間内に授与されたものを除く。）の有効期間は、当該十年を経過する日までとする。

5　普通免許状又は特別免許状を二以上有する者の当該二以上の免許状の有効期間は、第一項、第二項及び前項並びに次条第四項及び第五項の規定にかかわらず、それぞれの免許状に係るこれらの規定による有効期間の満了の日のうち最も遅い日までとする。

（有効期間の更新及び延長）

第九条の二　免許管理者は、普通免許状又は特別免許状の有効期間を、その満了の際、その免許状を有する者の申請により更新することができる。

2　前項の申請は、申請書に免許管理者が定める書類を添えて、これを免許管理者に提出してしなければならない。

3　第一項の規定による更新は、その申請をした者が当該普通免許状又は特別免許状の有効期間の満了する日までの文部科学省令で定める二年以上の期間内において免許状更新講習の課程を修了した者である場合又は知識技能その他の事項を勘案して免許状更新講習を受ける必要がないものとして文部科学省令で定めるところにより免許管理者が認めた者である場合に限り、行うものとする。

4　第一項の規定により更新された普通免許状又は特別免許状の有効期間は、更新前の有効期間の満了の日の翌日から起算して十年を経過する日の属する年度の末日までとする。

5　免許管理者は、普通免許状又は特別免許状を有する者が、次条第三項第一号に掲げる者である場合において、同条第四項の規定により免許状更新講習を受けることができないことその他文部科学省令で定めるやむを得ない事由により、その免許状の有効期間の満了の日までに免許状更新講習の課程を修了することが困難であると認めるときは、文部科学省令で定めるところにより相当の期間を定めて、その免許状の有効期間を延長するものとする。

6　免許状の有効期間の更新及び延長に関する手続その他必要な事項は、文部科学省令で定める。

（免許状更新講習）

第九条の三　免許状更新講習は、大学その他文部科学省令で定める者が、次に掲げる基準に適合することについての文部科学大臣の認定を受けて行う。

一　講習の内容が、教員の職務の遂行に必要なものとして文部科学省令で定める事項に関する最新の知識技能を修得させるための課程（その一部として行われるものを含む。）であること。

二　講習の講師が、次のいずれかに該当する者であること。

イ　文部科学大臣が第十六条の三第四項の政令で定める審議会等に諮問して免許状の授与の所要資格を得させるために適当と認める課程を有する大学において、当該課程を担当する教授、准教授又は講師の職にある者

ロ　イに掲げる者に準ずるものとして文部科学省令で定める者

三　講習の課程の修了の認定（課程の一部の履修の認定を含む。）が適切に実施されるものであること。

四　その他文部科学省令で定める要件に適合するものであること。

2　前項に規定する免許状更新講習（以下単に「免許状更新講習」という。）の時間は、三十時間以上とする。

3　免許状更新講習は、次に掲げる者に限り、受けることができる。

一　教育職員及び文部科学省令で定める教育の職にある者

二　教育職員に任命され、又は雇用されることとなつている者及びこれに準ずるものとして文部科学省令で定める者

（有効期間の更新又は延長の場合の）

第九条の四　免許管理者は、普通免許状又は特別免許状の有効期間を更新し、又は延長したときは、その旨をその免許状を有する者、その者の所轄庁（免許管理者を除く。）及びその免許状を

通知等）

授与した授与権者（免許管理者を除く。）に通知しなければならない。

2　免許状の有効期間を更新し、若しくは延長したとき、又は前項の通知を受けたときは、その免許状を授与した授与権者は、その旨を第八条第一項の原簿に記入しなければならない。

（二種免許状を有する者の一種免許状の取得に係る努力義務）

第九条の五　教育職員で、その有する相当の免許状（主幹教諭（養護又は栄養の指導及び管理をつかさどる主幹教諭を除く。）及び指導教諭についてはその有する相当学校の教諭の免許状、養護をつかさどる主幹教諭についてはその有する養護教諭の免許状、栄養の指導及び管理をつかさどる主幹教諭についてはその有する栄養教諭の免許状、講師についてはその有する相当学校の教員の相当免許状）が二種免許状であるものは、相当の一種免許状の授与を受けるように努めなければならない。

第三章　免許状の失効及び取上げ

（失効）

第十条　免許状を有する者が、次の各号のいずれかに該当する場合には、その免許状はその効力を失う。

一　第五条第一項第三号又は第六号に該当するに至つたとき。

二　公立学校の教員であつて懲戒免職の処分を受けたとき。

三　公立学校の教員（地方公務員法（昭和二十五年法律第二百六十一号）第二十九条の二第一項各号に掲げる者に該当する者を除く。）であつて同法第二十八条第一項第一号又は第三号に該当するとして分限免職の処分を受けたとき。

2　前項の規定により免許状が失効した者は、速やかに、その免許状を免許管理者に返納しなければならない。

（取上げ）

第十一条　国立学校、公立学校（公立大学法人が設置するものに限る。次項第一号において同じ。）

又は私立学校の教員が、前条第一項第二号に規定する者の場合における懲戒免職の事由に相当する事由により解雇されたと認められるときは、免許管理者は、その免許状を取り上げなければならない。

2　免許状を有する者が、次の各号のいずれかに該当する場合には、免許管理者は、その免許状を取り上げなければならない。

一　国立学校、公立学校又は私立学校の教員（地方公務員法第二十九条の二第一項各号に掲げる者に相当する者を含む。）であつて、前条第一項第三号に規定する者の場合における同法第二十八条第一項第一号又は第三号に掲げる分限免職の事由に相当する事由により解雇されたと認められるとき。

二　地方公務員法第二十九条の二第一項各号に掲げる者に該当する公立学校の教員であつて、前条第一項第三号に規定する者の場合における同法第二十八条第一項第一号又は第三号に掲げる分限免職の事由に相当する事由により免職の処分を受けたと認められるとき。

3　免許状を有する者（教育職員以外の者に限る。）が、法令の規定に故意に違反し、又は教育職員たるにふさわしくない非行があつて、その情状が重いと認められるときは、免許管理者は、その免許状を取り上げることができる。

4　前三項の規定により免許状取上げの処分を行つたときは、免許管理者は、その旨を直ちにその者に通知しなければならない。この場合において、当該免許状は、その通知を受けた日に効力を失うものとする。

5　前条第二項の規定は、前項の規定により免許状が失効した者について準用する。

（免許状授与の特例）

第四章　雑則

第十六条の二　普通免許状は、第五条第一項の規定によるほか、普通免許状の種類に応じて文部科学大臣又は文部科学大臣が委嘱する大学の行なう試験（以下「教員資格認定試験」という。）に合格した者で同項各号に該当しないものに授与する。

2　教員資格認定試験に合格した日の翌日から起算して十年を経過する日の属する年度の末日を経過した者については、前項の規定にかかわらず、その者が免許状更新講習の課程を修了した後文部科学省令で定める二年以上の期間内にある場合に限り、普通免許状を授与する。

3　文部科学大臣は、教員資格認定試験（文部科学大臣が行うものに限る。）の実施に関する事務を機構に行わせるものとする。

4　教員資格認定試験の受験資格、実施の方法その他試験に関し必要な事項は、文部科学省令で定める。

別表第一（第五条、第五条の二関係）

第一欄		第二欄	第三欄	
所要資格		基礎資格	大学において修得することを必要とする最低単位数	
免許状の種類			教科及び教職に関する科目	特別支援教育に関する科目
幼稚園教諭	専修免許状	修士の学位を有すること。	七五	
	一種免許状	学士の学位を有すること。	五一	
	二種免許状	短期大学士の学位を有すること。	三一	
小学校教諭	専修免許状	修士の学位を有すること。	八三	
	一種免許状	学士の学位を有すること。	五九	
	二種免許状	短期大学士の学位を有すること。	三七	
中学校教諭	専修免許状	修士の学位を有すること。	八三	
	一種免許状	学士の学位を有すること。	五九	
	二種免許状	短期大学士の学位を有すること。	三五	
高等学校教諭	専修免許状	修士の学位を有すること。	八三	
	一種免許状	学士の学位を有すること。	五九	

特別支援学校教諭	専修免許状	修士の学位を有すること及び小学校、中学校、高等学校又は幼稚園の教諭の普通免許状を有すること。			五〇
	一種免許状	学士の学位を有すること及び小学校、中学校、高等学校又は幼稚園の教諭の普通免許状を有すること。			二六
	二種免許状	小学校、中学校、高等学校又は幼稚園の教諭の普通免許状を有すること。			一六

●小学校及び中学校の教諭の普通免許状授与に係る教育職員免許法の特例等に関する法律

（平九・六・一八法九〇）

最終改正　平二七―法四六

（趣旨）

第一条　この法律は、義務教育に従事する教員が個人の尊厳及び社会連帯の理念に関する認識を深めることの重要性にかんがみ、教員としての資質の向上を図り、義務教育の一層の充実を期する観点から、小学校又は中学校の教諭の普通免許状の授与を受けようとする者に、障害者、高齢者等に対する介護、介助、これらの者との交流等の体験を行わせる措置を講ずるため、小学校及び中学校の教諭の普通免許状の授与について教育職員免許法（昭和二十四年法律第百四十七号）の特例等を定めるものとする。

（教育職員免許法

第二条　小学校及び中学校の教諭の普通免許状の授与についての教育職員免許法第五条第一項の規

の特例）

定の適用については、当分の間、同項中「修得した者」とあるのは、「修得した者（十八歳に達した後、七日を下らない範囲内において文部科学省令で定める期間、特別支援学校又は社会福祉施設その他の施設で文部科学大臣が厚生労働大臣と協議して定めるものにおいて、障害者、高齢者等に対する介護、介助、これらの者との交流等の体験を行った者に限る。）」とする。

2　前項の規定により読み替えられた教育職員免許法第五条第一項の規定による体験（以下「介護等の体験」という。）に関し必要な事項は、文部科学省令で定める。

3　介護等に関する専門的知識及び技術を有する者又は身体上の障害により介護等の体験を行うことが困難な者として文部科学省令で定めるものについての小学校及び中学校の教諭の普通免許状の授与については、第一項の規定は、適用しない。

（関係者の責務）

第三条　国、地方公共団体及びその他の関係機関は、介護等の体験が適切に行われるようにするために必要な措置を講ずるよう努めるものとする。

2　特別支援学校及び社会福祉施設その他の施設で文部科学大臣が厚生労働大臣と協議して定めるものの設置者は、介護等の体験に関し必要な協力を行うよう努めるものとする。

3　大学及び文部科学大臣の指定する教員養成機関は、その学生又は生徒が介護等の体験を円滑に行うことができるよう適切な配慮をするものとする。

（教員の採用時における介護等の体験の勘案）

第四条　小学校、中学校又は義務教育学校の教員を採用しようとする者は、その選考に当たっては、この法律の趣旨にのっとり、教員になろうとする者が行った介護等の体験を勘案するよう努めるものとする。

●労働基準法（昭二二・四・七 法四九）

最終改正　令二―法一四

（労働時間）

第三十二条　使用者は、労働者に、休憩時間を除き一週間について四十時間を超えて、労働させてはならない。

② 使用者は、一週間の各日については、労働者に、休憩時間を除き一日について八時間を超えて、労働させてはならない。

（休憩）

第三十四条　使用者は、労働時間が六時間を超える場合においては少くとも四十五分、八時間を超える場合においては少くとも一時間の休憩時間を労働時間の途中に与えなければならない。

② 前項の休憩時間は、一斉に与えなければならない。ただし、当該事業場に、労働者の過半数で組織する労働組合がある場合においてはその労働組合、労働者の過半数で組織する労働組合がない場合においては労働者の過半数を代表する者との書面による協定があるときは、この限りでない。

③ 使用者は、第一項の休憩時間を自由に利用させなければならない。

（産前産後）

第六十五条　使用者は、六週間（多胎妊娠の場合にあつては、十四週間）以内に出産する予定の女性が休業を請求した場合においては、その者を就業させてはならない。

② 使用者は、産後八週間を経過しない女性を就業させてはならない。ただし、産後六週間を経過した女性が請求した場合において、その者について医師が支障がないと認めた業務に就かせることは、差し支えない。

③ 使用者は、妊娠中の女性が請求した場合においては、他の軽易な業務に転換させなければならない。

●公立の義務教育諸学校等の教育職員を正規の勤務時間を超えて勤務させる場合等の基準を定める政令

（平一五・一二・三
政令四八四）

公立の義務教育諸学校等の教育職員の給与等に関する特別措置法（以下「法」という。）第六条第一項（同条第三項において準用する場合を含む。）の政令で定める基準は、次のとおりとする。

一　教育職員（法第六条第一項に規定する教育職員をいう。次号において同じ。）については、正規の勤務時間（同項に規定する正規の勤務時間をいう。以下同じ。）の割振りを適正に行い、原則として時間外勤務（正規の勤務時間を超えて勤務することをいい、同条第三項各号に掲げる日において正規の勤務時間中に勤務することを含む。次号において同じ。）を命じないものとすること。

二　教育職員に対し時間外勤務を命ずる場合は、次に掲げる業務に従事する場合であって臨時又は緊急のやむを得ない必要があるときに限るものとすること。

イ　校外実習その他生徒の実習に関する業務

ロ　修学旅行その他学校の行事に関する業務

ハ　職員会議（設置者の定めるところにより学校に置かれるものをいう。）に関する業務

ニ　非常災害の場合、児童又は生徒の指導に関し緊急の措置を必要とする場合その他やむを得ない場合に必要な業務

●地方公務員の育児休業等に関する法律

（平三・一二・二四 法一一〇）

最終改正　令二―法一一

（目的）

第一条　この法律は、育児休業等に関する制度を設けて子を養育する職員（地方公務員法（昭和二十五年法律第二百六十一号）第四条第一項に規定する職員をいう。以下同じ。）の継続的な勤務を促進し、もって職員の福祉を増進するとともに、地方公共団体の行政の円滑な運営に資することを目的とする。

（育児休業の承認）

第二条　職員（第十八条第一項の規定により採用された同項に規定する短時間勤務職員、臨時的に任用される職員その他その任用の状況がこれらに類する職員として条例で定める職員を除く。）は、任命権者（地方公務員法第六条第一項に規定する任命権者及びその委任を受けた者をいう。以下同じ。）の承認を受けて、当該職員の子（民法（明治二十九年法律第八十九号）第八百十七条の二第一項の規定により職員が当該職員との間における同項に規定する特別養子縁組の成立について家庭裁判所に請求した者（当該請求に係る家事審判事件が裁判所に係属している場合に限る。）であって、当該職員が現に監護するもの、児童福祉法（昭和二十二年法律第百六十四号）第二十七条第一項第三号の規定により同法第六条の四第二号に規定する養子縁組里親である職員に委託されている児童その他これらに準ずる者として条例で定める者を含む。以下同じ。）を養育するため、当該子が三歳に達する日（非常勤職員にあっては、当該子の養育の事情に応じ、一歳に達する日から一歳六か月に達する日までの間で条例で定める日（当該子の養育の事情を考慮して特に必要と認められる場合として条例で定める場合に該当するときは、二歳に達する日））まで、育児休業をすることができる。ただし、当該子について、既に育児休業（当該子の出生の日から国家公務員の育児休業等に関する法律（平成三年法律第百九号。以下「国家公務員育児休業法」という。）第三条第一項ただし書の規定により人事院規則で定める期間を基準として条例で定める期間内に、職員（当該期間内に労働基準法（昭和二十二年法律第四十九号）第六十五条第二項の規定により勤務しなかった職員を除く。）が当該子についてした最初の育児休業を除く。）をしたことがあるときは、条例で定める特別の事情がある場合を除き、この限りでない。

2　育児休業の承認を受けようとする職員は、育児休業をしようとする期間の初日及び末日を明らかにして、任命権者に対し、その承認を請求するものとする。

3　任命権者は、前項の規定による請求があったときは、当該請求に係る期間について当該請求をした職員の業務を処理するための措置を講ずることが著しく困難である場合を除き、これを承認しなければならない。

（育児休業の期間の延長）

第三条　育児休業をしている職員は、任命権者に対し、当該育児休業の期間の延長を請求することができる。

2　育児休業の期間の延長は、条例で定める特別の事情がある場合を除き、一回に限るものとする。

3　前条第二項及び第三項の規定は、育児休業の期間の延長について準用する。

（育児休業の効果）

第四条　育児休業をしている職員は、育児休業を開始した時就いていた職又は育児休業の期間中に異動した職を保有するが、職務に従事しない。

2　育児休業をしている期間については、給与を支給しない。

（育児休業の承認の失効等）

第五条　育児休業の承認は、当該育児休業をしている職員が産前の休業を始め、若しくは出産した場合、当該職員が休職若しくは停職の処分を受けた場合又は当該育児休業に係る子が死亡し、若しくは当該職員の子でなくなった場合には、その効力を失う。

2　任命権者は、育児休業をしている職員が当該育児休業に係る子を養育しなくなったことその他条例で定める事由に該当すると認めるときは、当該育児休業の承認を取り消すものとする。

（育児休業をした職員の職務復帰後における給与等の取扱い）

第八条　育児休業をした職員については、国家公務員育児休業法第三条第一項の規定により育児休業をした国家公務員の給与及び退職手当の取扱いに関する事項を基準として、職務に復帰した場合の給与及び退職した場合の退職手当の取扱いに関する措置を講じなければならない。

（育児休業を理由とする不利益取扱いの禁止）

第九条　職員は、育児休業を理由として、不利益な取扱いを受けることはない。

（育児短時間勤務の承認）

第十条　職員（非常勤職員、臨時的に任用される職員その他これらに類する職員として条例で定める職員を除く。）は、任命権者の承認を受けて、当該職員の小学校就学の始期に達するまでの子を養育するため、当該子がその始期に達するまで、常時勤務を要する職を占めたまま、次の各号に掲げるいずれかの勤務の形態（一般職の職員の勤務時間、休暇等に関する法律（平成六年法律第三十三号）第六条の規定の適用を受ける国家公務員と同様の勤務の形態によって勤務する職員以外の職員にあっては、第五号に掲げる勤務の形態）により、当該職員が希望する日及び時間帯において勤務すること（以下「育児短時間勤務」という。）ができる。ただし、当該子について、既に育児短時間勤務をしたことがある場合において、当該子に係る育児短時間勤務の終了の日の翌日から起算して一年を経過しないときは、条例で定める特別の事情がある場合を除き、この限りでない。

一　日曜日及び土曜日を週休日（勤務時間を割り振らない日をいう。以下この項において同じ。）とし、週休日以外の日において一日につき十分の一勤務時間（当該職員の一週間当たりの通常の勤務時間（以下この項において「週間勤務時間」という。）に十分の一を乗じて得た時間に端数処理（五分を最小の単位とし、これに満たない端数を切り上げることをいう。以下この項において同じ。）を行って得た時間をいう。以下この項及び第十三条において同じ。）勤務すること。

二　日曜日及び土曜日を週休日とし、週休日以外の日において一日につき八分の一勤務時間（週間勤務時間に八分の一を乗じて得た時間に端数処理を行って得た時間をいう。以下この項において同じ。）勤務すること。

2　育児短時間勤務の承認を受けようとする職員は、条例で定めるところにより、育児短時間勤務をしようとする期間（一月以上一年以下の期間に限る。）の初日及び末日並びにその勤務の形態における勤務の日及び時間帯を明らかにして、任命権者に対し、その承認を請求するものとする。

3　任命権者は、前項の規定による請求があったときは、当該請求に係る期間について当該請求をした職員の業務を処理するための措置を講ずることが困難である場合を除き、これを承認しなければならない。

第７編　教育行財政

●地方教育行政の組織及び運営に関する法律

（昭三一・六・三〇　法一六二）
最終改正　令二—法一一

第一章　総　則

（この法律の趣旨）

第一条　この法律は、教育委員会の設置、学校その他の教育機関の職員の身分取扱その他地方公共団体における教育行政の組織及び運営の基本を定めることを目的とする。

（基本理念）

第一条の二　地方公共団体における教育行政は、教育基本法（平成十八年法律第百二十号）の趣旨にのつとり、教育の機会均等、教育水準の維持向上及び地域の実情に応じた教育の振興が図られるよう、国との適切な役割分担及び相互の協力の下、公正かつ適正に行われなければならない。

（大綱の策定等）

第一条の三　地方公共団体の長は、教育基本法第十七条第一項に規定する基本的な方針を参酌し、その地域の実情に応じ、当該地方公共団体の教育、学術及び文化の振興に関する総合的な施策の大綱（以下単に「大綱」という。）を定めるものとする。

2　地方公共団体の長は、大綱を定め、又はこれを変更しようとするときは、あらかじめ、次条第一項の総合教育会議において協議するものとする。

3　地方公共団体の長は、大綱を定め、又はこれを変更したときは、遅滞なく、これを公表しなければならない。

4　第一項の規定は、地方公共団体の長に対し、第二十一条に規定する事務を管理し、又は執行する権限を与えるものと解釈してはならない。

（総合教育会議）

第一条の四　地方公共団体の長は、大綱の策定に関する協議及び次に掲げる事項についての協議並びにこれらに関する次項各号に掲げる構成員の事務の調整を行うため、総合教育会議を設けるものとする。

一　教育を行うための諸条件の整備その他の地域の実情に応じた教育、学術及び文化の振興を図るため重点的に講ずべき施策

二　児童、生徒等の生命又は身体に現に被害が生じ、又はまさに被害が生ずるおそれがあると見込まれる場合等の緊急の場合に講ずべき措置

2　総合教育会議は、次に掲げる者をもつて構成する。

一　地方公共団体の長

二　教育委員会

3　総合教育会議は、地方公共団体の長が招集する。

4　教育委員会は、その権限に属する事務に関して協議する必要があると思料するときは、地方公共団体の長に対し、協議すべき具体的事項を示して、総合教育会議の招集を求めることができる。

5　総合教育会議は、第一項の協議を行うに当たつて必要があると認めるときは、関係者又は学識経験を有する者から、当該協議すべき事項に関して意見を聴くことができる。

6　総合教育会議は、公開する。ただし、個人の秘密を保つため必要があると認めるとき、又は会議の公正が害されるおそれがあると認めるときその他公益上必要があると認めるときは、この限りでない。

7　地方公共団体の長は、総合教育会議の終了後、遅滞なく、総合教育会議の定めるところにより、その議事録を作成し、これを公表するよう努めなければならない。

8　総合教育会議においてその構成員の事務の調整が行われた事項については、当該構成員は、そ

の調整の結果を尊重しなければならない。
9　前各項に定めるもののほか、総合教育会議の運営に関し必要な事項は、総合教育会議が定める。

第二章　教育委員会の設置及び組織

（設置）
第二条　都道府県、市（特別区を含む。以下同じ。）町村及び第二十一条に規定する事務の全部又は一部を処理する地方公共団体の組合に教育委員会を置く。

（組織）
第三条　教育委員会は、教育長及び四人の委員をもつて組織する。ただし、条例で定めるところにより、都道府県若しくは市又は地方公共団体の組合のうち都道府県若しくは市が加入するものの教育委員会にあつては教育長及び五人以上の委員、町村又は地方公共団体の組合のうち町村のみが加入するものの教育委員会にあつては教育長及び二人以上の委員をもつて組織することができる。

（任命）
第四条　教育長は、当該地方公共団体の長の被選挙権を有する者で、人格が高潔で、教育行政に関し識見を有するもののうちから、地方公共団体の長が、議会の同意を得て、任命する。
2　委員は、当該地方公共団体の長の被選挙権を有する者で、人格が高潔で、教育、学術及び文化（以下単に「教育」という。）に関し識見を有するもののうちから、地方公共団体の長が、議会の同意を得て、任命する。
3　次の各号のいずれかに該当する者は、教育長又は委員となることができない。
一　破産手続開始の決定を受けて復権を得ない者
二　禁錮以上の刑に処せられた者
4　教育長及び委員の任命については、そのうち委員の定数に一を加えた数の二分の一以上の者が同一の政党に所属することとなつてはならない。

5　地方公共団体の長は、第二項の規定による委員の任命に当たつては、委員の年齢、性別、職業等に著しい偏りが生じないように配慮するとともに、委員のうちに保護者（親権を行う者及び未成年後見人をいう。第四十七条の五第二項第二号及び第五項において同じ。）である者が含まれるようにしなければならない。

（任期）

第五条　教育長の任期は三年とし、委員の任期は四年とする。ただし、補欠の教育長又は委員の任期は、前任者の残任期間とする。

2　教育長及び委員は、再任されることができる。

（兼職禁止）

第六条　教育長及び委員は、地方公共団体の議会の議員若しくは長、地方公共団体に執行機関として置かれる委員会の委員（教育委員会にあつては、教育長及び委員）若しくは委員又は地方公共団体の常勤の職員若しくは地方公務員法（昭和二十五年法律第二百六十一号）第二十八条の五第一項に規定する短時間勤務の職を占める職員と兼ねることができない。

（罷免）

第七条　地方公共団体の長は、教育長若しくは委員が心身の故障のため職務の遂行に堪えないと認める場合又は職務上の義務違反その他教育長若しくは委員たるに適しない非行があると認める場合においては、当該地方公共団体の議会の同意を得て、その教育長又は委員を罷免することができる。

2　地方公共団体の長は、教育長及び委員のうち委員の定数に一を加えた数の二分の一から一を減じた数（その数に一人未満の端数があるときは、これを切り上げて得た数）の者が既に所属している政党に新たに所属するに至つた教育長又は委員があるときは、その教育長又は委員を直ちに罷免するものとする。

3　地方公共団体の長は、教育長及び委員のうち委員の定数に一を加えた数の二分の一以上の者が同一の政党に所属することとなつた場合（前項の規定に該当する場合を除く。）には、同一の政党に所属する教育長及び委員の数が委員の定数に一を加えた数の二分の一から一を減じた数（その数に一人未満の端数があるときは、これを切り上げて得た数）になるように、当該地方公共団体の議会の同意を得て、教育長又は委員を罷免するものとする。ただし、政党所属関係について異動のなかつた教育長又は委員を罷免することはできない。

4　教育長及び委員は、前三項の場合を除き、その意に反して罷免されることがない。

（解職請求）

第八条　地方公共団体の長の選挙権を有する者は、政令で定めるところにより、その総数の三分の一（その総数が四十万を超え八十万以下の場合にあつてはその四十万を超える数に六分の一を乗じて得た数と四十万に三分の一を乗じて得た数とを合算して得た数、その総数が八十万を超える場合にあつてはその八十万を超える数に八分の一を乗じて得た数と四十万に六分の一を乗じて得た数と四十万に三分の一を乗じて得た数とを合算して得た数）以上の者の連署をもつて、その代表者から、当該地方公共団体の長に対し、教育長又は委員の解職を請求することができる。

2　地方自治法（昭和二十二年法律第六十七号）第八十六条第二項、第三項及び第四項前段、第八十七条並びに第八十八条第二項の規定は、前項の規定による教育長又は委員の解職の請求について準用する。この場合において、同法第八十七条第一項中「前条第一項に掲げる職に在る者」とあるのは「教育委員会の教育長又は委員」と、同法第八十八条第二項中「第八十六条第一項の規定による選挙管理委員若しくは監査委員又は公安委員会の委員の解職の請求」とあるのは「地方教育行政の組織及び運営に関する法律（昭和三十一年法律第百六十二号）第八条第一項の規定による教育委員会の教育長又は委員の解職の請求」と読み替えるものとする。

（服務等）

第十一条　教育長は、職務上知ることができた秘密を漏らしてはならない。その職を退いた後も、また、同様とする。

2　教育長又は教育長であつた者が法令による証人、鑑定人等となり、職務上の秘密に属する事項を発表する場合においては、教育委員会の許可を受けなければならない。

3　前項の許可は、法律に特別の定めがある場合を除き、これを拒むことができない。

4　教育長は、常勤とする。

5　教育長は、法律又は条例に特別の定めがある場合を除くほか、その勤務時間及び職務上の注意力の全てをその職責遂行のために用い、当該地方公共団体がなすべき責を有する職務にのみ従事しなければならない。

6　教育長は、政党その他の政治的団体の役員となり、又は積極的に政治運動をしてはならない。

7　教育長は、教育委員会の許可を受けなければ、営利を目的とする私企業を営むことを目的とする会社その他の団体の役員その他人事委員会規則（人事委員会を置かない地方公共団体においては、地方公共団体の規則）で定める地位を兼ね、若しくは自ら営利を目的とする私企業を営み、又は報酬を得ていかなる事業若しくは事務にも従事してはならない。

8　教育長は、その職務の遂行に当たつては、自らが当該地方公共団体の教育行政の運営について負う重要な責任を自覚するとともに、第一条の二に規定する基本理念及び大綱に則して、かつ、児童、生徒等の教育を受ける権利の保障に万全を期して当該地方公共団体の教育行政の運営が行われるよう意を用いなければならない。

〔委員の服務等〕

第十二条　前条第一項から第三項まで、第六項及び第八項の規定は、委員の服務について準用する。

2　委員は、非常勤とする。

（教育長）

第十三条　教育長は、教育委員会の会務を総理し、教育委員会を代表する。

2　教育長に事故があるとき、又は教育長が欠けたときは、あらかじめその指名する委員がその職務を行う。

（会議）

第十四条　教育委員会の会議は、教育長が招集する。

2　教育長は、委員の定数の三分の一以上の委員から会議に付議すべき事件を示して会議の招集を請求された場合には、遅滞なく、これを招集しなければならない。

3　教育委員会は、教育長及び在任委員の過半数が出席しなければ、会議を開き、議決をすることができない。ただし、第六項の規定による除斥のため過半数に達しないとき、又は同一の事件につき再度招集しても、なお過半数に達しないときは、この限りでない。

4　教育委員会の会議の議事は、第七項ただし書の発議に係るものを除き、出席者の過半数で決し、可否同数のときは、教育長の決するところによる。

5　教育長に事故があり、又は教育長が欠けた場合の前項の規定の適用については、前条第二項の規定により教育長の職務を行う者は、教育長とみなす。

6　教育委員会の教育長及び委員は、自己、配偶者若しくは三親等以内の親族の一身上に関する事件又は自己若しくはこれらの者の従事する業務に直接の利害関係のある事件については、その議事に参与することができない。ただし、教育委員会の同意があるときは、会議に出席し、発言することができる。

7　教育委員会の会議は、公開する。ただし、人事に関する事件その他の事件について、教育長又は委員の発議により、出席者の三分の二以上の多数で議決したときは、これを公開しないことができる。

8　前項ただし書の教育長又は委員の発議は、討論を行わないでその可否を決しなければならない。

9　教育長は、教育委員会の会議の終了後、遅滞なく、教育委員会規則で定めるところにより、その議事録を作成し、これを公表するよう努めなければならない。

（教育委員会規則の制定等）

第十五条　教育委員会は、法令又は条例に違反しない限りにおいて、その権限に属する事務に関し、教育委員会規則を制定することができる。

2　教育委員会規則その他教育委員会の定める規程で公表を要するものの公布に関し必要な事項は、教育委員会規則で定める。

（教育委員会の議事運営）

第十六条　この法律に定めるもののほか、教育委員会の会議その他教育委員会の議事の運営に関し必要な事項は、教育委員会規則で定める。

（事務局）

第十七条　教育委員会の権限に属する事務を処理させるため、教育委員会に事務局を置く。

2　教育委員会の事務局の内部組織は、教育委員会規則で定める。

（指導主事その他の職員）

第十八条　都道府県に置かれる教育委員会（以下「都道府県委員会」という。）の事務局に、指導主事、事務職員及び技術職員を置くほか、所要の職員を置く。

2　市町村に置かれる教育委員会（以下「市町村委員会」という。）の事務局に、前項の規定に準じて指導主事その他の職員を置く。

3　指導主事は、上司の命を受け、学校（学校教育法（昭和二十二年法律第二十六号）第一条に規定する学校及び就学前の子どもに関する教育、保育等の総合的な提供の推進に関する法律（平成十八年法律第七十七号）第二条第七項に規定する幼保連携型認定こども園（以下「幼保連携型認定こども園」という。）をいう。以下同じ。）における教育課程、学習指導その他学校教育に関する専門的事項の指導に関する事務に従事する。

4　指導主事は、教育に関し識見を有し、かつ、学校における教育課程、学習指導その他学校教育に関する専門的事項について教養と経験がある者でなければならない。指導主事は、大学以外の公立学校（地方公共団体が設置する学校をいう。以下同じ。）の教員（教育公務員特例法（昭和二十四年法律第一号）第二条第二項に規定する教員をいう。以下同じ。）をもつて充てることができる。
5　事務職員は、上司の命を受け、事務に従事する。
6　技術職員は、上司の命を受け、技術に従事する。
7　第一項及び第二項の職員は、教育委員会が任命する。
8　教育委員会は、事務局の職員のうち所掌事務に係る教育行政に関する相談に関する事務を行う職員を指定するものとする。
9　前各項に定めるもののほか、教育委員会の事務局に置かれる職員に関し必要な事項は、政令で定める。

第三章　教育委員会及び地方公共団体の長の職務権限

（教育委員会の職務権限）

第二十一条　教育委員会は、当該地方公共団体が処理する教育に関する事務で、次に掲げるものを管理し、及び執行する。
一　教育委員会の所管に属する第三十条に規定する学校その他の教育機関（以下「学校その他の教育機関」という。）の設置、管理及び廃止に関すること。
二　教育委員会の所管に属する学校その他の教育機関の用に供する財産（以下「教育財産」という。）の管理に関すること。
三　教育委員会及び教育委員会の所管に属する学校その他の教育機関の職員の任免その他の人事に関すること。
四　学齢生徒及び学齢児童の就学並びに生徒、児童及び幼児の入学、転学及び退学に関すること。
五　教育委員会の所管に属する学校の組織編制、教育課程、学習指導、生徒指導及び職業指導に関すること。
六　教科書その他の教材の取扱いに関すること。
七　校舎その他の施設及び教具その他の設備の整備に関すること。
八　校長、教員その他の教育関係職員の研修に関すること。
九　校長、教員その他の教育関係職員並びに生徒、児童及び幼児の保健、安全、厚生及び福利に関すること。
十　教育委員会の所管に属する学校その他の教育機関の環境衛生に関すること。
十一　学校給食に関すること。
十二　青少年教育、女性教育及び公民館の事業その他社会教育に関すること。
十三　スポーツに関すること。
十四　文化財の保護に関すること。
十五　ユネスコ活動に関すること。
十六　教育に関する法人に関すること。
十七　教育に係る調査及び基幹統計その他の統計に関すること。
十八　所掌事務に係る広報及び所掌事務に係る教育行政に関する相談に関すること。
十九　前各号に掲げるもののほか、当該地方公共団体の区域内における教育に関する事務に関すること。

（長の職務権限）

第二十二条　地方公共団体の長は、大綱の策定に関する事務のほか、次に掲げる教育に関する事務を管理し、及び執行する。
一　大学に関すること。

二　幼保連携型認定こども園に関すること。
三　私立学校に関すること。
四　教育財産を取得し、及び処分すること。
五　教育委員会の所掌に係る事項に関する契約を結ぶこと。
六　前号に掲げるもののほか、教育委員会の所掌に係る事項に関する予算を執行すること。

（職務権限の特例）

第二十三条　前二条の規定にかかわらず、地方公共団体は、前条各号に掲げるもののほか、条例の定めるところにより、当該地方公共団体の長が、次の各号に掲げる教育に関する事務のいずれか又は全てを管理し、及び執行することとすることができる。
一　図書館、博物館、公民館その他の社会教育に関する教育機関のうち当該条例で定めるもの（以下「特定社会教育機関」という。）の設置、管理及び廃止に関すること（第二十一条第七号から第九号まで及び第十二号に掲げる事務のうち、特定社会教育機関のみに係るものを含む。）。
二　スポーツに関すること（学校における体育に関することを除く。）。
三　文化に関すること（次号に掲げるものを除く。）。
四　文化財の保護に関すること。

2　地方公共団体の議会は、前項の条例の制定又は改廃の議決をする前に、当該地方公共団体の教育委員会の意見を聴かなければならない。

（幼保連携型認定こども園に関する意見聴取）

第二十七条　地方公共団体の長は、当該地方公共団体が設置する幼保連携型認定こども園に関する事務のうち、幼保連携型認定こども園における教育課程に関する基本的事項の策定その他の当該地方公共団体の教育委員会の権限に属する事務と密接な関連を有するものとして当該地方公共団体の規則で定めるものの実施に当たつては、当該教育委員会の意見を聴かなければならない。

2　地方公共団体の長は、前項の規則を制定し、又は改廃しようとするときは、あらかじめ、当該地方公共団体の教育委員会の意見を聴かなければならない。

（幼保連携型認定こども園に関する意見の陳述）

第二十七条の二　教育委員会は、当該地方公共団体が設置する幼保連携型認定こども園に関する事務の管理及び執行について、その職務に関して必要と認めるときは、当該地方公共団体の長に対し、意見を述べることができる。

（幼保連携型認定こども園に関する資料の提供等）

第二十七条の三　教育委員会は、前二条の規定による権限を行うため必要があるときは、当該地方公共団体の長に対し、必要な資料の提供その他の協力を求めることができる。

（幼保連携型認定こども園に関する事務に係る教育委員会の助言又は援助）

第二十七条の四　地方公共団体の長は、第二十二条第二号に掲げる幼保連携型認定こども園に関する事務を管理し、及び執行するに当たり、必要と認めるときは、当該地方公共団体の教育委員会に対し、学校教育に関する専門的事項について助言又は援助を求めることができる。

（教育財産の管理等）

第二十八条　教育財産は、地方公共団体の長の総括の下に、教育委員会が管理するものとする。

2　地方公共団体の長は、教育委員会の申出をまつて、教育財産の取得を行うものとする。

3　地方公共団体の長は、教育財産を取得したときは、すみやかに教育委員会に引き継がなければならない。

（教育委員会の意見聴取）

第二十九条　地方公共団体の長は、歳入歳出予算のうち教育に関する事務に係る部分その他特に教育に関する事務について定める議会の議決を経るべき事件の議案を作成する場合においては、教育委員会の意見をきかなければならない。

第四章　教育機関

（教育機関の設置）

第三十条　地方公共団体は、法律で定めるところにより、学校、図書館、博物館、公民館その他の教育機関を設置するほか、条例で、教育に関する専門的、技術的事項の研究又は教育関係職員の研修、保健若しくは福利厚生に関する施設その他の必要な教育機関を設置することができる。

（教育機関の職員）

第三十一条　前条に規定する学校に、法律で定めるところにより、学長、校長、園長、教員、事務職員、技術職員その他の所要の職員を置く。

2　前条に規定する学校以外の教育機関に、法律又は条例で定めるところにより、事務職員、技術職員その他の所要の職員を置く。

3　前二項に規定する職員の定数は、この法律に特別の定がある場合を除き、当該地方公共団体の条例で定めなければならない。ただし、臨時又は非常勤の職員については、この限りでない。

（教育機関の所管）

第三十二条　学校その他の教育機関のうち、大学及び幼保連携型認定こども園は地方公共団体の長が、その他のものは教育委員会が所管する。ただし、特定社会教育機関並びに第二十三条第一項第二号から第四号までに掲げる事務のうち同項の条例の定めるところにより地方公共団体の長が管理し、及び執行することとされたもののみに係る教育機関は、地方公共団体の長が所管する。

（学校等の管理）

第三十三条　教育委員会は、法令又は条例に違反しない限りにおいて、その所管に属する学校その他の教育機関の施設、設備、組織編制、教育課程、教材の取扱その他の管理運営の基本的事項について、必要な教育委員会規則を定めるものとする。この場合において、当該教育委員会規則で定めようとする事項のうち、その実施のためには新たに予算を伴うこととなるものについては、教育委員会は、あらかじめ当該地方公共団体の長に協議しなければならない。

2　前項の場合において、教育委員会は、学校における教科書以外の教材の使用について、あらかじめ、教育委員会に届け出させ、又は教育委員会の承認を受けさせることとする定めを設けるものとする。

3　第二十三条第一項の条例の定めるところにより同項第一号に掲げる事務を管理し、及び執行することとされた地方公共団体の長は、法令又は条例に違反しない限りにおいて、特定社会教育機関の施設、設備、組織編制その他の管理運営の基本的事項について、必要な地方公共団体の規則を定めるものとする。この場合において、当該規則で定めようとする事項については、当該地方公共団体の長は、あらかじめ当該地方公共団体の教育委員会に協議しなければならない。

（教育機関の職員の任命）

第三十四条　教育委員会の所管に属する学校その他の教育機関の校長、園長、教員、事務職員、技術職員その他の職員は、この法律に特別の定めがある場合を除き、教育委員会が任命する。

（職員の身分取扱い）

第三十五条　第三十一条第一項又は第二項に規定する職員の任免、人事評価、給与、懲戒、服務、退職管理その他の身分取扱いに関する事項は、この法律及び他の法律に特別の定めがある場合を除き、地方公務員法の定めるところによる。

（所属職員の進退に関する意見の申出）

第三十六条　学校その他の教育機関の長は、この法律及び教育公務員特例法に特別の定がある場合を除き、その所属の職員の任免その他の進退に関する意見を任命権者に対して申し出ることができる。この場合において、大学附置の学校の校長にあつては、学長を経由するものとする。

（任命権者）

第三十七条　市町村立学校職員給与負担法（昭和二十三年法律第百三十五号）第一条及び第二条に規定する職員（以下「県費負担教職員」という。）の任命権は、都道府県委員会に属する。

2　前項の都道府県委員会の権限に属する事務に係る第二十五条第二項の規定の適用については、同項第四号中「職員」とあるのは、「職員並びに第三十七条第一項に規定する県費負担教職員」

とする。

（市町村委員会の内申）

第三十八条　都道府県委員会は、市町村委員会の内申をまつて、県費負担教職員の任免その他の進退を行うものとする。

2　前項の規定にかかわらず、都道府県委員会は、同項の内申が県費負担教職員の転任（地方自治法第二百五十二条の七第一項の規定により教育委員会を共同設置する一の市町村の県費負担教職員を免職し、引き続いて当該教育委員会を共同設置する他の市町村の県費負担教職員に採用する場合を含む。以下この項において同じ。）に係るものであるときは、当該内申に基づき、その転任を行うものとする。ただし、次の各号のいずれかに該当するときは、この限りでない。

一　都道府県内の教職員の適正な配置と円滑な交流の観点から、一の市町村（地方自治法第二百五十二条の七第一項の規定により教育委員会を共同設置する場合における当該教育委員会を共同設置する他の市町村を含む。以下この号において同じ。）における県費負担教職員の標準的な在職期間その他の都道府県委員会が定める県費負担教職員の任用に関する基準に従い、一の市町村の県費負担教職員を免職し、引き続いて当該都道府県内の他の市町村の県費負担教職員に採用する必要がある場合

二　前号に掲げる場合のほか、やむを得ない事情により当該内申に係る転任を行うことが困難である場合

3　市町村委員会は、次条の規定による校長の意見の申出があつた県費負担教職員について第一項又は前項の内申を行うときは、当該校長の意見を付するものとする。

（校長の所属教職員の進退に関する意見の申出）

第三十九条　市町村立学校職員給与負担法第一条及び第二条に規定する学校の校長は、所属の県費負担教職員の任免その他の進退に関する意見を市町村委員会に申し出ることができる。

（県費負担教職員の給与、勤務時間その他の勤務条件）

第四十二条　県費負担教職員の給与、勤務時間その他の勤務条件については、地方公務員法第二十四条第五項の規定により条例で定めるものとされている事項は、都道府県の条例で定める。

（服務の監督）

第四十三条　市町村委員会は、県費負担教職員の服務を監督する。

2　県費負担教職員は、その職務を遂行するに当つて、法令、当該市町村の条例及び規則並びに当該市町村委員会の定める教育委員会規則及び規程（前条又は次項の規定によつて都道府県が制定する条例を含む。）に従い、かつ、市町村委員会その他職務上の上司の職務上の命令に忠実に従わなければならない。

3　県費負担教職員の任免、分限又は懲戒に関して、地方公務員法の規定により条例で定めるものとされている事項は、都道府県の条例で定める。

4　都道府県委員会は、県費負担教職員の任免その他の進退を適切に行うため、市町村委員会の行う県費負担教職員の服務の監督又は前条若しくは前項の規定により都道府県が制定する条例の実施について、技術的な基準を設けることができる。

（人事評価）

第四十四条　県費負担教職員の人事評価は、地方公務員法第二十三条の二第一項の規定にかかわらず、都道府県委員会の計画の下に、市町村委員会が行うものとする。

（研修）

第四十五条　県費負担教職員の研修は、地方公務員法第三十九条第二項の規定にかかわらず、市町村委員会も行うことができる。

2　市町村委員会は、都道府県委員会が行う県費負担教職員の研修に協力しなければならない。

（県費負担教職員の免職及び都道府県の職への採用）

第四十七条の二　都道府県委員会は、地方公務員法第二十七条第二項及び第二十八条第一項の規定にかかわらず、その任命に係る市町村の県費負担教職員（教諭、養護教諭、栄養教諭、助教諭及び養護助教諭（同法第二十八条の四第一項又は第二十八条の五第一項の規定により採用された者

（以下この項において「再任用職員」という。）を除く。）並びに講師（再任用職員及び同法第二十二条の二第一項各号に掲げる者を除く。）に限る。）で次の各号のいずれにも該当するもの（同法第二十八条第一項各号又は第二項各号のいずれかに該当する者を除く。）を免職し、引き続いて当該都道府県の常時勤務を要する職（指導主事並びに校長、園長及び教員の職を除く。）に採用することができる。

一　児童又は生徒に対する指導が不適切であること。

二　研修等必要な措置が講じられたとしてもなお児童又は生徒に対する指導を適切に行うことができないと認められること。

2　事実の確認の方法その他前項の県費負担教職員が同項各号に該当するかどうかを判断するための手続に関し必要な事項は、都道府県の教育委員会規則で定めるものとする。

3　都道府県委員会は、第一項の規定による採用に当たつては、公務の能率的な運営を確保する見地から、同項の県費負担教職員の適性、知識等について十分に考慮するものとする。

4　第四十条後段の規定は、第一項の場合について準用する。この場合において、同条後段中「当該他の市町村」とあるのは、「当該都道府県」と読み替えるものとする。

（共同学校事務室）

第四十七条の四　教育委員会は、教育委員会規則で定めるところにより、その所管に属する学校のうちその指定する二以上の学校に係る事務（学校教育法第三十七条第十四項（同法第二十八条、第四十九条、第四十九条の八、第六十二条、第七十条第一項及び第八十二条において準用する場合を含む。）の規定により事務職員がつかさどる事務その他の事務であつて共同処理することが当該事務の効果的な処理に資するものとして政令で定めるものに限る。）を当該学校の事務職員が共同処理するための組織として、当該指定する二以上の学校のうちいずれか一の学校に、共同学校事務室を置くことができる。

2　共同学校事務室に、室長及び所要の職員を置く。

〔学校運営協議会〕

第四十七条の五　教育委員会は、教育委員会規則で定めるところにより、その所管に属する学校ごとに、当該学校の運営及び当該運営への必要な支援に関して協議する機関として、学校運営協議会を置くように努めなければならない。ただし、二以上の学校の運営に関し相互に密接な連携を図る必要がある場合として文部科学省令で定める場合には、二以上の学校について一の学校運営協議会を置くことができる。

2　学校運営協議会の委員は、次に掲げる者について、教育委員会が任命する。

一　対象学校（当該学校運営協議会が、その運営及び当該運営への必要な支援に関して協議する学校をいう。以下この条において同じ。）の所在する地域の住民

二　対象学校に在籍する生徒、児童又は幼児の保護者

三　社会教育法（昭和二十四年法律第二百七号）第九条の七第一項に規定する地域学校協働活動推進員その他の対象学校の運営に資する活動を行う者

四　その他当該教育委員会が必要と認める者

3　対象学校の校長は、前項の委員の任命に関する意見を教育委員会に申し出ることができる。

4　対象学校の校長は、当該対象学校の運営に関して、教育課程の編成その他教育委員会規則で定める事項について基本的な方針を作成し、当該対象学校の学校運営協議会の承認を得なければならない。

5　学校運営協議会は、前項に規定する基本的な方針に基づく対象学校の運営及び当該運営への必要な支援に関し、対象学校の所在する地域の住民、対象学校に在籍する生徒、児童又は幼児の保

（文部科学大臣又は都道府県委員会）

護者その他の関係者の理解を深めるとともに、対象学校とこれらの者との連携及び協力の推進に資するため、対象学校の運営及び当該運営への必要な支援に関する協議の結果に関する情報を積極的に提供するよう努めるものとする。

6　学校運営協議会は、対象学校の運営に関する事項（次項に規定する事項を除く。）について、教育委員会又は校長に対して、意見を述べることができる。

7　学校運営協議会は、対象学校の職員の採用その他の任用に関して教育委員会規則で定める事項について、当該職員の任命権者に対して意見を述べることができる。この場合において、当該職員が県費負担教職員（第五十五条第一項又は第六十一条第一項の規定により市町村委員会がその任用に関する事務を行う職員を除く。）であるときは、市町村委員会を経由するものとする。

8　対象学校の職員の任命権者は、当該職員の任用に当たつては、前項の規定により述べられた意見を尊重するものとする。

9　教育委員会は、学校運営協議会の運営が適正を欠くことにより、対象学校の運営に現に支障が生じ、又は生ずるおそれがあると認められる場合においては、当該学校運営協議会の適正な運営を確保するために必要な措置を講じなければならない。

10　学校運営協議会の委員の任免の手続及び任期、学校運営協議会の議事の手続その他学校運営協議会の運営に関し必要な事項については、教育委員会規則で定める。

第五章　文部科学大臣及び教育委員会相互間の関係等

第四十八条　地方自治法第二百四十五条の四第一項の規定によるほか、文部科学大臣は都道府県又は市町村に対し、都道府県委員会は市町村に対し、都道府県又は市町村の教育に関する事務の適

（指導、助言及び援助）

正な処理を図るため、必要な指導、助言又は援助を行うことができる。
2　前項の指導、助言又は援助を例示すると、おおむね次のとおりである。
一　学校その他の教育機関の設置及び管理並びに整備に関し、指導及び助言を与えること。
二　学校の組織編制、教育課程、学習指導、生徒指導、職業指導、教科書その他の教材の取扱いその他学校運営に関し、指導及び助言を与えること。
三　学校における保健及び安全並びに学校給食に関し、指導及び助言を与えること。
四　教育委員会の委員及び校長、教員その他の教育関係職員の研究集会、講習会その他研修に関し、指導及び助言を与え、又はこれらを主催すること。
五　生徒及び児童の就学に関する事務に関し、指導及び助言を与えること。
六　青少年教育、女性教育及び公民館の事業その他社会教育の振興並びに芸術の普及及び向上に関し、指導及び助言を与えること。
七　スポーツの振興に関し、指導及び助言を与えること。
八　指導主事、社会教育主事その他の職員を派遣すること。
九　教育及び教育行政に関する資料、手引書等を作成し、利用に供すること。
十　教育に係る調査及び統計並びに広報及び教育行政に関する相談に関し、指導及び助言を与えること。
十一　教育委員会の組織及び運営に関し、指導及び助言を与えること。
3　文部科学大臣は、都道府県委員会に対し、第一項の規定による市町村に対する指導、助言又は援助に関し、必要な指示をすることができる。
4　地方自治法第二百四十五条の四第三項の規定によるほか、都道府県知事又は都道府県委員会は文部科学大臣に対し、市町村長又は市町村委員会は文部科学大臣又は都道府県委員会に対し、教育に関する事務の処理について必要な指導、助言又は援助を求めることができる。

（文部科学大臣及び教育委員会相互間の関係）

第五十一条　文部科学大臣は都道府県委員会又は市町村委員会相互の間の、都道府県委員会は市町村委員会相互の間の連絡調整を図り、並びに教育委員会は、相互の間の連絡を密にし、及び文部科学大臣又は他の教育委員会と協力し、教職員の適正な配置と円滑な交流及び教職員の勤務能率の増進を図り、もつてそれぞれその所掌する教育に関する事務の適正な執行と管理に努めなければならない。

（調査）

第五十三条　文部科学大臣又は都道府県委員会は、第四十八条第一項及び第五十一条の規定による権限を行うため必要があるときは、地方公共団体の長又は教育委員会が管理し、及び執行する教育に関する事務について、必要な調査を行うことができる。

2　文部科学大臣は、前項の調査に関し、都道府県委員会に対し、市町村長又は市町村委員会が管理し、及び執行する教育に関する事務について、その特に指定する事項の調査を行うよう指示をすることができる。

（資料及び報告）

第五十四条　教育行政機関は、的確な調査、統計その他の資料に基いて、その所掌する事務の適切かつ合理的な処理に努めなければならない。

2　文部科学大臣は地方公共団体の長又は教育委員会に対し、都道府県委員会は市町村長又は市町村委員会に対し、それぞれ都道府県又は市町村の区域内の教育に関する事務に関し、必要な調査、統計その他の資料又は報告の提出を求めることができる。

（幼保連携型認定こども園に係る事

第五十四条の二　地方公共団体の長が管理し、及び執行する当該地方公共団体が設置する幼保連携型認定こども園に関する事務に係る第四十八条から第五十条の二まで、第五十三条及び前条第二

（務の処理に関する指導、助言及び援助等）

項の規定の適用については、これらの規定（第四十八条第四項を除く。）中「都道府県委員会」とあるのは「都道府県知事」と、第四十八条第四項中「都道府県委員会に」とあるのは「都道府県知事に」と、第四十九条及び第五十条中「市町村委員会」とあるのは「市町村長」と、「当該教育委員会」とあるのは「当該地方公共団体の長」と、第五十条の二中「長及び議会」とあるのは「議会」と、第五十三条第一項中「第四十八条第一項及び第五十一条」とあるのは「第四十八条第一項」と、「地方公共団体の長又は教育委員会」とあるのは「地方公共団体の長」と、同条第二項中「市町村長又は市町村委員会」とあるのは「市町村長」と、前条第二項中「地方公共団体の長又は教育委員会」とあるのは「地方公共団体の長」と、「市町村長又は市町村委員会」とあるのは「市町村長」とする。

第六章　雑　則

（中核市に関する特例）

第五十九条　地方自治法第二百五十二条の二十二第一項の中核市（以下「中核市」という。）の県費負担教職員の研修は、第四十五条並びに教育公務員特例法第二十一条第二項、第二十二条の四、第二十三条第一項、第二十四条第一項及び第二十五条の規定にかかわらず、当該中核市の教育委員会が行う。

（中等教育学校を設置する市町村に関する特例）

第六十一条　市（指定都市を除く。以下この項及び附則第二十八条において同じ。）町村の設置する中等教育学校（後期課程に定時制の課程のみを置くものを除く。以下この条及び附則第二十八条において同じ。）の県費負担教職員の任免、給与（非常勤の講師にあつては、報酬、職務を行うために要する費用の弁償及び期末手当の額）の決定、休職及び懲戒に関する事務は、第三十七条第一項の規定にかかわらず、当該市町村の教育委員会が行う。

2　市（指定都市及び中核市を除く。以下この項において同じ。）町村が設置する中等教育学校の県費負担教職員の研修は、第四十五条並びに教育公務員特例法第二十一条第二項、第二十二条の三から第二十二条の五まで、第二十三条第一項及び第二十四条第一項の規定にかかわらず、当該市町村の教育委員会が行う。

3　中核市が設置する中等教育学校の県費負担教職員に係る第五十九条の規定の適用については、同条中「第二十二条の四」とあるのは、「第二十二条の三から第二十二条の五まで」とする。

●文部科学省設置法（平一一・七・一六 法九六）

最終改正　平三〇—法一〇三

第一章　総　則

（目的）

第一条　この法律は、文部科学省の設置並びに任務及びこれを達成するため必要となる明確な範囲の所掌事務を定めるとともに、その所掌する行政事務を能率的に遂行するため必要な組織を定めることを目的とする。

第二章　文部科学省の設置並びに任務及び所掌事務

（設置）

第二条　国家行政組織法（昭和二十三年法律第百二十号）第三条第二項の規定に基づいて、文部科学省を設置する。

2　文部科学省の長は、文部科学大臣とする。

（任務）

第三条　文部科学省は、教育の振興及び生涯学習の推進を中核とした豊かな人間性を備えた創造的な人材の育成、学術の振興、科学技術の総合的な振興並びにスポーツ及び文化に関する施策の総合的な推進を図るとともに、宗教に関する行政事務を適切に行うことを任務とする。

（所掌事務）

第四条　文部科学省は、前条第一項の任務を達成するため、次に掲げる事務をつかさどる。

一　豊かな人間性を備えた創造的な人材の育成のための教育改革に関すること。

二　生涯学習に係る機会の整備の推進に関すること。

三　地方教育行政に関する制度の企画及び立案並びに地方教育行政の組織及び一般的運営に関する指導、助言及び勧告に関すること。

四　地方教育費に関する企画に関すること。

五　地方公務員である教育関係職員の任免、給与その他の身分取扱いに関する制度の企画及び立案並びにこれらの制度の運営に関する指導、助言及び勧告に関すること。

六　地方公務員である教育関係職員の福利厚生に関すること。

七　初等中等教育（幼稚園、小学校、中学校、義務教育学校、高等学校、中等教育学校、特別支援学校及び幼保連携型認定こども園における教育をいう。以下同じ。）の振興に関する企画及び立案並びに援助及び助言に関すること。

八　初等中等教育のための補助に関すること。

九　初等中等教育の基準の設定に関すること。

十　教科用図書の検定に関すること。

十一　教科用図書その他の教授上用いられる図書の発行及び義務教育諸学校（小学校、中学校、義務教育学校、中等教育学校の前期課程並びに特別支援学校の小学部及び中学部をいう。）において使用する教科用図書の無償措置に関すること。
十二　学校保健（学校における保健教育及び保健管理をいう。）、学校安全（学校における安全教育及び安全管理をいう。）、学校給食及び災害共済給付（学校の管理下における幼児、児童、生徒及び学生の負傷その他の災害に関する共済給付をいう。）に関すること。
十二の二　公認心理師に関する事務のうち所掌に係るものに関すること。
十三　教育職員の養成並びに資質の保持及び向上に関すること。
十四　海外に在留する邦人の子女のための在外教育施設及び関係団体が行う教育、海外から帰国した児童及び生徒の教育並びに本邦に在留する外国人の児童及び生徒の学校生活への適応のための指導に関すること。
十五　大学及び高等専門学校における教育の振興に関する企画及び立案並びに援助及び助言に関すること。
十六　大学及び高等専門学校における教育のための補助に関すること。
十七　大学及び高等専門学校における教育の基準の設定に関すること。
十八　大学及び高等専門学校の設置、廃止、設置者の変更その他の事項の認可に関すること。
十九　大学の入学者の選抜及び学位の授与に関すること。
二十　学生及び生徒の奨学、厚生及び補導に関すること。
二十一　外国人留学生の受入れの連絡及び教育並びに海外への留学生の派遣に関すること。
二十二　政府開発援助のうち外国人留学生に係る技術協力に関すること（外交政策に係るものを除く。）。
二十三　専修学校及び各種学校における教育の振興に関する企画及び立案並びに援助及び助言に

関すること。
二十四　専修学校及び各種学校における教育の基準の設定に関すること。
二十五　国立大学（国立大学法人法（平成十五年法律第百十二号）第二条第二項に規定する国立大学をいう。）及び大学共同利用機関（同条第四項に規定する大学共同利用機関をいう。）における教育及び研究に関すること。
二十六　国立高等専門学校（独立行政法人国立高等専門学校機構法（平成十五年法律第百十三号）第三条に規定する国立高等専門学校をいう。）における教育に関すること。
二十七　国立研究開発法人宇宙航空研究開発機構における学術研究及び教育に関すること。
二十八　私立学校に関する行政の制度の企画及び立案並びにこれらの行政の組織及び一般的運営に関する指導、助言及び勧告に関すること。
二十九　文部科学大臣が所轄庁である学校法人についての認可及び認定並びにその経営に関する指導及び助言に関すること。
三十　私立学校教育の振興のための学校法人その他の私立学校の設置者、地方公共団体及び関係団体に対する助成に関すること。
三十一　私立学校教職員の共済制度に関すること。
三十二　社会教育の振興に関する企画及び立案並びに援助及び助言に関すること。
三十三　社会教育のための補助に関すること。
三十四　青少年教育に関する施設において行う青少年の団体宿泊訓練に関すること。
三十五　通信教育及び視聴覚教育に関すること。
三十六　外国人に対する日本語教育に関すること（外交政策に係るものを除く。）。

三十七　家庭教育の支援に関すること。
三十八　公立及び私立の文教施設並びに地方独立行政法人が設置する文教施設の整備に関する指導及び助言に関すること。
三十九　公立の文教施設の整備のための補助に関すること。
四十　学校施設及び教育用品の基準の設定に関すること。
四十一　学校環境の整備に関する指導及び助言に関すること。
四十二　青少年の健全な育成の推進に関すること（内閣府の所掌に属するものを除く。）。
四十三　科学技術に関する基本的な政策の企画及び立案並びに推進に関すること（内閣府の所掌に属するものを除く。）。
四十四　科学技術に関する研究及び開発（以下「研究開発」という。）に関する計画の作成及び推進に関すること。
四十五　科学技術に関する関係行政機関の事務の調整に関すること（内閣府の所掌に属するものを除く。）。
四十六　学術の振興に関すること。
四十七　研究者の養成及び資質の向上に関すること。
四十八　技術者の養成及び資質の向上に関すること（文部科学省に置かれる試験研究機関及び文部科学大臣が所管する法人において行うものに限る。）。
四十九　技術士に関すること。
五十　研究開発に必要な施設及び設備（関係行政機関に重複して設置することが多額の経費を要するため適当でないと認められるものに限る。）の整備（共用に供することを含む。）、研究開発に関する情報処理の高度化及び情報の流通の促進その他の科学技術に関する研究開発の基盤の整備に関すること。
五十一　科学技術に関する研究開発に係る交流の助成に関すること。
五十二　前二号に掲げるもののほか、科学技術に関する研究開発の推進のための環境の整備に関すること。
五十三　科学技術に関する研究開発の成果の普及及び成果の活用の促進に関すること。
五十四　発明及び実用新案の奨励並びにこれらの実施化の推進に関すること。
五十五　科学技術に関する知識の普及並びに国民の関心及び理解の増進に関すること。
五十六　科学技術に関する研究開発が経済社会及び国民生活に及ぼす影響に関し、評価を行うことその他の措置に関すること。
五十七　科学技術に関する基礎研究及び科学技術に関する共通的な研究開発（二以上の府省のそれぞれの所掌に係る研究開発に共通する研究開発をいう。）に関すること。
五十八　科学技術に関する研究開発で、関係行政機関に重複して設置することが多額の経費を要するため適当でないと認められる施設及び設備を必要とするものに関すること。
五十九　科学技術に関する研究開発で多数部門の協力を要する総合的なものに関すること（他の府省の所掌に属するものを除く。）。
六十　国立研究開発法人理化学研究所の行う科学技術に関する試験及び研究に関すること。
六十一　放射線の利用に関する研究開発に関すること。
六十二　宇宙の開発及び原子力に関する技術開発で科学技術の水準の向上を図るためのものに関すること。

六十三　宇宙の利用の推進に関する事務のうち科学技術の水準の向上を図るためのものに関すること。
六十四　放射性同位元素の利用の推進に関すること。
六十五　資源の総合的利用に関すること（他の府省の所掌に属するものを除く。）。
六十六　原子力政策のうち科学技術に関するものに関すること。
六十七　原子力に関する関係行政機関の試験及び研究に係る経費その他これに類する経費の配分計画に関すること。
六十八　原子力損害の賠償に関すること。
六十九　スポーツに関する基本的な政策の企画及び立案並びに推進に関すること。
七十　スポーツに関する関係行政機関の事務の調整に関すること。
七十一　スポーツの振興に関する企画及び立案並びに援助及び助言に関すること。
七十二　スポーツのための助成に関すること。
七十三　心身の健康の保持増進に資するスポーツの機会の確保に関すること。
七十四　国際的又は全国的な規模において行われるスポーツ事業に関すること。
七十五　スポーツに関する競技水準の向上に関すること。
七十六　スポーツ振興投票に関すること。
七十七　文化に関する基本的な政策の企画及び立案並びに推進に関すること。
七十八　文化に関する関係行政機関の事務の調整に関すること。
七十九　文化（文化財（文化財保護法（昭和二十五年法律第二百十四号）第二条第一項に規定する文化財をいう。第八十五号において同じ。）に係る事項を除く。次号及び第八十二号において同じ。）の振興に関する企画及び立案並びに援助及び助言に関すること。

八十　文化の振興のための助成に関すること。
八十一　劇場、音楽堂、美術館その他の文化施設に関すること。
八十二　文化に関する展示会、講習会その他の催しを主催すること。
八十三　国語の改善及びその普及に関すること。
八十四　著作者の権利、出版権及び著作隣接権の保護及び利用に関すること。
八十五　文化財の保存及び活用に関すること。
八十六　アイヌ文化の振興に関すること。
八十六の二　興行入場券（特定興行入場券の不正転売の禁止等による興行入場券の適正な流通の確保に関する法律（平成三十年法律第百三号）第二条第二項に規定する興行入場券をいう。）の適正な流通の確保に関する関係行政機関の事務の調整に関すること。
八十七　宗教法人の規則、規則の変更、合併及び任意解散の認証並びに宗教に関する情報資料の収集及び宗教団体との連絡に関すること。
八十八　国際文化交流の振興に関すること（外交政策に係るものを除く。）。
八十九　ユネスコ活動（ユネスコ活動に関する法律（昭和二十七年法律第二百七号）第二条に規定するユネスコ活動をいう。）の振興に関すること（外交政策に係るものを除く。）。
九十　文化功労者に関すること。
九十一　地方公共団体の機関、大学、高等専門学校、研究機関その他の関係機関に対し、教育、学術、スポーツ、文化及び宗教に係る専門的、技術的な指導及び助言を行うこと。
九十二　教育関係職員、研究者、社会教育に関する団体、社会教育指導者、スポーツの指導者その他の関係者に対し、教育、学術、スポーツ及び文化に係る専門的、技術的な指導及び助言を行うこと。

九十三　所掌事務に係る国際協力に関すること。

九十四　政令で定める文教研修施設において所掌事務に関する研修を行うこと。

九十五　前各号に掲げるもののほか、法律（法律に基づく命令を含む。）に基づき文部科学省に属させられた事務

第四章　外局

〔設置〕

第十三条　国家行政組織法第三条第二項の規定に基づいて、文部科学省に、次の外局を置く。

スポーツ庁

文化庁

（長官）

第十四条　スポーツ庁の長は、スポーツ庁長官とする。

（任務）

第十五条　スポーツ庁は、スポーツの振興その他のスポーツに関する施策の総合的な推進を図ることを任務とする。

（所掌事務）

第十六条　スポーツ庁は、前条の任務を達成するため、第四条第一項第三号、第五号、第三十号、第三十八号、第三十九号、第六十九号から第七十六号まで、第八十八号（スポーツの振興に係るものに限る。）、第八十九号及び第九十一号から第九十五号までに掲げる事務並びに学校における体育及び保健教育の基準の設定に関する事務をつかさどる。

（長官）

第十七条　文化庁の長は、文化庁長官とする。

（任務）

第十八条　文化庁は、文化の振興その他の文化に関する施策の総合的な推進並びに国際文化交流の振興及び博物館による社会教育の振興を図るとともに、宗教に関する行政事務を適切に行うことを任務とする。

（所掌事務）

第十九条　文化庁は、前条の任務を達成するため、第四条第一項第三号、第五号、第三十号、第三十二号（博物館に係るものに限る。）、第三十三号（博物館に係るものに限る。）、第三十六号、第三十八号、第三十九号、第七十七号から第八十七号まで、第八十八号（学術及びスポーツの振興に係るものを除く。）、第八十九号及び第九十一号から第九十五号までに掲げる事務並びに学校における芸術に関する教育の基準の設定に関する事務をつかさどる。

●義務教育費国庫負担法（昭二七・八・八 法三〇三）

最終改正　平二九―法五

（この法律の目的）

第一条　この法律は、義務教育について、義務教育無償の原則に則り、国民のすべてに対しその妥当な規模と内容とを保障するため、国が必要な経費を負担することにより、教育の機会均等とその水準の維持向上とを図ることを目的とする。

（教職員の給与及び報酬等に要する経費の国庫負担）

第二条　国は、毎年度、各都道府県ごとに、公立の小学校、中学校、義務教育学校、中等教育学校の前期課程並びに特別支援学校の小学部及び中学部（学校給食法（昭和二十九年法律第百六十号）第六条に規定する施設を含むものとし、以下「義務教育諸学校」という。）に要する経費のうち、次に掲げるものについて、その実支出額の三分の一を負担する。ただし、特別の事情があるときは、各都道府県ごとの国庫負担額の最高限度を政令で定めることができる。

一　市（地方自治法（昭和二十二年法律第六十七号）第二百五十二条の十九第一項の指定都市（以下「指定都市」という。）を除き、特別区を含む。）町村立の義務教育諸学校に係る市町村立学校職員給与負担法（昭和二十三年法律第百三十五号）第一条に掲げる職員の給料その他の給与（退職手当、退職年金及び退職一時金並びに旅費を除く。）及び報酬等に要する経費（以下「教職員の給与及び報酬等に要する経費」という。）

二　都道府県立の中学校（学校教育法（昭和二十二年法律第二十六号）第七十一条の規定により高等学校における教育と一貫した教育を施すものに限る。）、中等教育学校及び特別支援学校に係る教職員の給与及び報酬等に要する経費

●義務教育諸学校等の施設費の国庫負担等に関する法律

（昭三三・四・二五　法八一）

最終改正　平二七―法五二

（目的）

第一条　この法律は、公立の義務教育諸学校等の施設の整備を促進するため、公立の義務教育諸学校の建物の建築に要する経費について国がその一部を負担することを定めるとともに、文部科学大臣による施設整備基本方針の策定及び地方公共団体による施設整備計画に基づく事業に充てるための交付金の交付等について定め、もつて義務教育諸学校等における教育の円滑な実施を確保することを目的とする。

（定義）

第二条　この法律において「義務教育諸学校」とは、学校教育法（昭和二十二年法律第二十六号）に規定する小学校、中学校、義務教育学校、中等教育学校の前期課程並びに特別支援学校の小学部及び中学部をいう。

2　この法律において「建物」とは、校舎、屋内運動場及び寄宿舎をいう。

3　この法律において「学級数」とは、公立義務教育諸学校の学級編制及び教職員定数の標準に関する法律（昭和三十三年法律第百十六号）に規定する学級編制の標準により算定した学級の数を

いう。ただし、第五条第一項の規定により、同項の政令で定める事情があるため、校舎又は屋内運動場の不足を生ずるおそれがある場合における校舎又は屋内運動場の新築又は増築に係る工事費の算定を行うとき、及び同条第二項の規定により、同項第一号に掲げる場合における校舎又は屋内運動場の新築又は増築に係る工事費の算定を行うとき、並びに第五条の三第一項の規定により、特別支援学校の校舎又は屋内運動場の新築又は増築に係る工事費の算定を行うときは、文部科学大臣が同法に規定する学級編制の標準に準じて定める方法により算定した学級の数をいう。

（国の負担）

第三条　国は、政令で定める限度において、次の各号に掲げる経費について、その一部を負担する。この場合において、その負担割合は、それぞれ当該各号に定める割合によるものとする。

一　公立の小学校、中学校（第二号の二に該当する中学校を除く。同号を除き、以下同じ。）及び義務教育学校における教室の不足を解消するための校舎の新築又は増築（買収その他これに準ずる方法による取得を含む。以下同じ。）に要する経費　二分の一

二　公立の小学校、中学校及び義務教育学校の屋内運動場の新築又は増築に要する経費　二分の一

二の二　公立の中学校で学校教育法第七十一条の規定により高等学校における教育と一貫した教育を施すもの及び公立の中等教育学校の前期課程（以下「中等教育学校等」という。）の建物の新築又は増築に要する経費　二分の一

三　公立の特別支援学校の小学部及び中学部の建物の新築又は増築に要する経費　二分の一

四　公立の小学校、中学校及び義務教育学校を適正な規模にするため統合しようとすることに伴つて必要となり、又は統合したことに伴つて必要となつた校舎又は屋内運動場の新築又は増築に要する経費　二分の一

2　前項第一号の教室の不足の範囲及び同項第四号の適正な規模の条件は、政令で定める。

第8編　児童・社会福祉

●児童福祉法（昭二二・一二・一二 法一六四）

最終改正　令二―法四一

第一章　総　則

〔児童福祉の理念〕

第一条　全て児童は、児童の権利に関する条約の精神にのつとり、適切に養育されること、その生活を保障されること、愛され、保護されること、その心身の健やかな成長及び発達並びにその自立が図られることその他の福祉を等しく保障される権利を有する。

〔児童育成の責任〕

第二条　全て国民は、児童が良好な環境において生まれ、かつ、社会のあらゆる分野において、児童の年齢及び発達の程度に応じて、その意見が尊重され、その最善の利益が優先して考慮され、心身ともに健やかに育成されるよう努めなければならない。

②　児童の保護者は、児童を心身ともに健やかに育成することについて第一義的責任を負う。

③　国及び地方公共団体は、児童の保護者とともに、児童を心身ともに健やかに育成する責任を負う。

〔児童福祉原理の尊重〕

第三条　前二条に規定するところは、児童の福祉を保障するための原理であり、この原理は、すべて児童に関する法令の施行にあたつて、常に尊重されなければならない。

〔国及び地方公共団体の責務〕

第三条の二　国及び地方公共団体は、児童が家庭において心身ともに健やかに養育されるよう、児童の保護者を支援しなければならない。ただし、児童及びその保護者の心身の状況、これらの者の置かれている環境その他の状況を勘案し、児童を家庭において養育することが困難であり又は適当でない場合にあつては児童が家庭における養育環境と同様の養育環境において継続的に養育されるよう、児童を家庭及び当該養育環境において養育することが適当でない場合にあつては児童ができる限り良好な家庭的環境において養育されるよう、必要な措置を講じなければならない。

〔児童等〕

第四条　この法律で、児童とは、満十八歳に満たない者をいい、児童を左のように分ける。

一　乳児　満一歳に満たない者

二　幼児　満一歳から、小学校就学の始期に達するまでの者

三　少年　小学校就学の始期から、満十八歳に達するまでの者

②　この法律で、障害児とは、身体に障害のある児童、知的障害のある児童、精神に障害のある児童（発達障害者支援法（平成十六年法律第百六十七号）第二条第二項に規定する発達障害児を含む。）又は治療方法が確立していない疾病その他の特殊の疾病であつて障害者の日常生活及び社会生活を総合的に支援するための法律（平成十七年法律第百二十三号）第四条第一項の政令で定めるものによる障害の程度が同項の厚生労働大臣が定める程度である児童をいう。

〔保護者〕

第六条　この法律で、保護者とは、第十九条の三、第五十七条の三第二項、第五十七条の三の三第二項及び第五十七条の四第二項を除き、親権を行う者、未成年後見人その他の者で、児童を現に監護する者をいう。

〔児童自立生活援助事業等〕

第六条の三　この法律で、児童自立生活援助事業とは、次に掲げる者に対しこれらの者が共同生活を営むべき住居における相談その他の日常生活上の援助及び生活指導並びに就業の支援（以下「児童自立生活援助」という。）を行い、あわせて児童自立生活援助の実施を解除された者に対し相談その他の援助を行う事業をいう。

②　この法律で、放課後児童健全育成事業とは、小学校に就学している児童であつて、その保護者が労働等により昼間家庭にいないものに、授業の終了後に児童厚生施設等の施設を利用して適切

な遊び及び生活の場を与えて、その健全な育成を図る事業をいう。

③　この法律で、子育て短期支援事業とは、保護者の疾病その他の理由により家庭において養育を受けることが一時的に困難となつた児童について、厚生労働省令で定めるところにより、児童養護施設その他の厚生労働省令で定める施設に入所させ、又は里親（次条第三号に掲げる者を除く。）その他の厚生労働省令で定める者に委託し、当該児童につき必要な保護を行う事業をいう。

④　この法律で、乳児家庭全戸訪問事業とは、一の市町村の区域内における原則として全ての乳児のいる家庭を訪問することにより、厚生労働省令で定めるところにより、子育てに関する情報の提供並びに乳児及びその保護者の心身の状況及び養育環境の把握を行うほか、養育についての相談に応じ、助言その他の援助を行う事業をいう。

⑤　この法律で、養育支援訪問事業とは、厚生労働省令で定めるところにより、乳児家庭全戸訪問事業の実施その他により把握した保護者の養育を支援することが特に必要と認められる児童（第八項に規定する要保護児童に該当するものを除く。以下「要支援児童」という。）若しくは保護者に監護させることが不適当であると認められる児童及びその保護者又は出産後の養育について出産前において支援を行うことが特に必要と認められる妊婦（以下「特定妊婦」という。）（以下「要支援児童等」という。）に対し、その養育が適切に行われるよう、当該要支援児童等の居宅において、養育に関する相談、指導、助言その他必要な支援を行う事業をいう。

⑥　この法律で、地域子育て支援拠点事業とは、厚生労働省令で定めるところにより、乳児又は幼児及びその保護者が相互の交流を行う場所を開設し、子育てについての相談、情報の提供、助言その他の援助を行う事業をいう。

⑦　この法律で、一時預かり事業とは、家庭において保育（養護及び教育（第三十九条の二第一項

に規定する満三歳以上の幼児に対する教育を除く。）を行うことをいう。以下同じ。）を受けることが一時的に困難となつた乳児又は幼児について、厚生労働省令で定めるところにより、主として昼間において、保育所、認定こども園（就学前の子どもに関する教育、保育等の総合的な提供の推進に関する法律（平成十八年法律第七十七号。以下「認定こども園法」という。）第二条第六項に規定する認定こども園をいい、保育所であるものを除く。第二十四条第二項を除き、以下同じ。）その他の場所において、一時的に預かり、必要な保護を行う事業をいう。

⑧　この法律で、小規模住居型児童養育事業とは、第二十七条第一項第三号の措置に係る児童について、厚生労働省令で定めるところにより、保護者のない児童又は保護者に監護させることが不適当であると認められる児童（以下「要保護児童」という。）の養育に関し相当の経験を有する者その他の厚生労働省令で定める者（次条に規定する里親を除く。）の住居において養育を行う事業をいう。

⑨　この法律で、家庭的保育事業とは、次に掲げる事業をいう。

一　子ども・子育て支援法（平成二十四年法律第六十五号）第十九条第一項第二号の内閣府令で定める事由により家庭において必要な保育を受けることが困難である乳児又は幼児（以下「保育を必要とする乳児・幼児」という。）であつて満三歳未満のものについて、家庭的保育者（市町村長（特別区の区長を含む。以下同じ。）が行う研修を修了した保育士その他の厚生労働省令で定める者であつて、当該保育を必要とする乳児・幼児の保育を行う者として市長村長が適当と認めるものをいう。以下同じ。）の居宅その他の場所（当該保育を必要とする乳児・幼児の居宅を除く。）において、家庭的保育者による保育を行う事業（利用定員が五人以下であるものに限る。次号において同じ。）

二　満三歳以上の幼児に係る保育の体制の整備の状況その他の地域の事情を勘案して、保育が必要と認められる児童であつて満三歳以上のものについて、家庭的保育者の居宅その他の場所（当該保育が必要と認められる児童の居宅を除く。）において、家庭的保育者による保育を行う事業

⑩　この法律で、小規模保育事業とは、次に掲げる事業をいう。

一　保育を必要とする乳児・幼児であつて満三歳未満のものについて、当該保育を必要とする乳児・幼児を保育することを目的とする施設（利用定員が六人以上十九人以下であるものに限る。）において、保育を行う事業

二　満三歳以上の幼児に係る保育の体制の整備の状況その他の地域の事情を勘案して、保育が必要と認められる児童であつて満三歳以上のものについて、前号に規定する施設において、保育を行う事業

⑪　この法律で、居宅訪問型保育事業とは、次に掲げる事業をいう。

一　保育を必要とする乳児・幼児であつて満三歳未満のものについて、当該保育を必要とする乳児・幼児の居宅において家庭的保育者による保育を行う事業

二　満三歳以上の幼児に係る保育の体制の整備の状況その他の地域の事情を勘案して、保育が必要と認められる児童であつて満三歳以上のものについて、当該保育が必要と認められる児童の居宅において家庭的保育者による保育を行う事業

⑫　この法律で、事業所内保育事業とは、次に掲げる事業をいう。

一　保育を必要とする乳児・幼児であつて満三歳未満のものについて、次に掲げる施設において、保育を行う事業

イ　事業主がその雇用する労働者の監護する乳児若しくは幼児及びその他の乳児若しくは幼児を保育するために自ら設置する施設又は事業主から委託を受けて当該事業主が雇用する労働

者の監護する乳児若しくは幼児及びその他の乳児若しくは幼児の保育を実施する施設

ロ　事業主団体がその構成員である事業主の雇用する労働者の監護する乳児若しくは幼児及びその他の乳児若しくは幼児を保育するために自ら設置する施設又は事業主団体から委託を受けてその構成員である事業主の雇用する労働者の監護する乳児若しくは幼児及びその他の乳児若しくは幼児の保育を実施する施設

ハ　地方公務員等共済組合法（昭和三十七年法律第百五十二号）の規定に基づく共済組合その他の厚生労働省令で定める組合（以下ハにおいて「共済組合等」という。）が当該共済組合等の構成員として厚生労働省令で定める者（以下ハにおいて「共済組合等の構成員」という。）の監護する乳児若しくは幼児及びその他の乳児若しくは幼児を保育するために自ら設置する施設又は共済組合等から委託を受けて当該共済組合等の構成員の監護する乳児若しくは幼児及びその他の乳児若しくは幼児の保育を実施する施設

二　満三歳以上の幼児に係る保育の体制の整備の状況その他の地域の事情を勘案して、保育が必要と認められる児童であつて満三歳以上のものについて、前号に規定する施設において、保育を行う事業

⑬　この法律で、病児保育事業とは、保育を必要とする乳児・幼児又は保護者の労働若しくは疾病その他の事由により家庭において保育を受けることが困難となつた小学校に就学している児童であつて、疾病にかかつているものについて、保育所、認定こども園、病院、診療所その他厚生労働省令で定める施設において、保育を行う事業をいう。

⑭　この法律で、子育て援助活動支援事業とは、厚生労働省令で定めるところにより、次に掲げる援助のいずれか又は全てを受けることを希望する者と当該援助を行うことを希望する者（個人に

限る。以下この項において「援助希望者」という。）との連絡及び調整並びに援助希望者への講習の実施その他の必要な支援を行う事業をいう。
一　児童を一時的に預かり、必要な保護（宿泊を伴つて行うものを含む。）を行うこと。
二　児童が円滑に外出することができるよう、その移動を支援すること。

〔児童福祉施設等〕
第七条　この法律で、児童福祉施設とは、助産施設、乳児院、母子生活支援施設、保育所、幼保連携型認定こども園、児童厚生施設、児童養護施設、障害児入所施設、児童発達支援センター、児童心理治療施設、児童自立支援施設及び児童家庭支援センターとする。
②　この法律で、障害児入所支援とは、障害児入所施設に入所し、又は指定発達支援医療機関に入院する障害児に対して行われる保護、日常生活の指導及び知識技能の付与並びに障害児入所施設に入所し、又は指定発達支援医療機関に入院する障害児のうち知的障害のある児童、肢体不自由のある児童又は重度の知的障害及び重度の肢体不自由が重複している児童（以下「重症心身障害児」という。）に対し行われる治療をいう。

〔市町村の義務〕
第十条　市町村は、この法律の施行に関し、次に掲げる業務を行わなければならない。
一　児童及び妊産婦の福祉に関し、必要な実情の把握に努めること。
二　児童及び妊産婦の福祉に関し、必要な情報の提供を行うこと。
三　児童及び妊産婦の福祉に関し、家庭その他からの相談に応ずること並びに必要な調査及び指導を行うこと並びにこれらに付随する業務を行うこと。

〔都道府県の義務〕
第十一条　都道府県は、この法律の施行に関し、次に掲げる業務を行わなければならない。
一　第十条第一項各号に掲げる市町村の業務の実施に関し、市町村相互間の連絡調整、市町村に対する情報の提供、市町村職員の研修その他必要な援助を行うこと及びこれらに付随する業務を行うこと。

二　児童及び妊産婦の福祉に関し、主として次に掲げる業務を行うこと。

イ　各市町村の区域を超えた広域的な見地から、実情の把握に努めること。

ロ　児童に関する家庭その他からの相談のうち、専門的な知識及び技術を必要とするものに応ずること。

ハ　児童及びその家庭につき、必要な調査並びに医学的、心理学的、教育学的、社会学的及び精神保健上の判定を行うこと。

ニ　児童及びその保護者につき、ハの調査又は判定に基づいて心理又は児童の健康及び心身の発達に関する専門的な知識及び技術を必要とする指導その他必要な指導を行うこと。

ホ　児童の一時保護を行うこと。

〔児童相談所の設置〕

第十二条　都道府県は、児童相談所を設置しなければならない。

②　児童相談所は、児童の福祉に関し、主として前条第一項第一号に掲げる業務（市町村職員の研修を除く。）並びに同項第二号（イを除く。）及び第三号に掲げる業務並びに障害者の日常生活及び社会生活を総合的に支援するための法律第二十二条第二項及び第三項並びに第二十六条第一項に規定する業務を行うものとする。

③　都道府県は、児童相談所が前項に規定する業務のうち法律に関する専門的な知識経験を必要とするものを適切かつ円滑に行うことの重要性に鑑み、児童相談所における弁護士の配置又はこれに準ずる措置を行うものとする。

④　児童相談所は、必要に応じ、巡回して、第二項に規定する業務（前条第一項第二号ホに掲げる業務を除く。）を行うことができる。

⑤　児童相談所長は、その管轄区域内の社会福祉法に規定する福祉に関する事務所（以下「福祉事務所」という。）の長（以下「福祉事務所長」という。）に必要な調査を委嘱することができる。

〔児童福祉司の任用等〕

第十三条　都道府県は、その設置する児童相談所に、児童福祉司を置かなければならない。

②　児童福祉司の数は、各児童相談所の管轄区域内の人口、児童虐待の防止等に関する法律（平成十二年法律第八十二号）第二条に規定する児童虐待（以下単に「児童虐待」という。）に係る相談に応じた件数、第二十七条第一項第三号の規定による里親への委託の状況及び市町村におけるこの法律による事務の実施状況その他の条件を総合的に勘案して政令で定める基準を標準として都道府県が定めるものとする。

③　児童福祉司は、都道府県知事の補助機関である職員とし、次の各号のいずれかに該当する者のうちから、任用しなければならない。

一　都道府県知事の指定する児童福祉司若しくは児童福祉施設の職員を養成する学校その他の施設を卒業し、又は都道府県知事の指定する講習会の課程を修了した者

二　学校教育法に基づく大学又は旧大学令に基づく大学において、心理学、教育学若しくは社会学を専修する学科又はこれらに相当する課程を修めて卒業した者（当該学科又は当該課程を修めて同法に基づく専門職大学の前期課程を修了した者を含む。）であつて、厚生労働省令で定める施設において一年以上児童その他の者の福祉に関する相談に応じ、助言、指導その他の援助を行う業務に従事したもの

三　医師

四　社会福祉士

五　精神保健福祉士

六　公認心理師

七　社会福祉主事として二年以上児童福祉事業に従事した者であつて、厚生労働大臣が定める講習会の課程を修了したもの

八　前各号に掲げる者と同等以上の能力を有すると認められる者であつて、厚生労働省令で定めるもの

〔保育士の定義〕

第十八条の四　この法律で、保育士とは、第十八条の十八第一項の登録を受け、保育士の名称を用いて、専門的知識及び技術をもつて、児童の保育及び児童の保護者に対する保育に関する指導を行うことを業とする者をいう。

〔欠格事由〕

第十八条の五　次の各号のいずれかに該当する者は、保育士となることができない。

一　心身の故障により保育士の業務を適正に行うことができない者として厚生労働省令で定めるもの

二　禁錮以上の刑に処せられ、その執行を終わり、又は執行を受けることがなくなつた日から起算して二年を経過しない者

三　この法律の規定その他児童の福祉に関する法律の規定であつて政令で定めるものにより、罰金の刑に処せられ、その執行を終わり、又は執行を受けることがなくなつた日から起算して二年を経過しない者

四　第十八条の十九第一項第二号又は第二項の規定により登録を取り消され、その取消しの日から起算して二年を経過しない者

五　国家戦略特別区域法（平成二十五年法律第百七号）第十二条の五第八項において準用する第十八条の十九第一項第二号又は第二項の規定により登録を取り消され、その取消しの日から起

算して二年を経過しない者

〔資格〕
第十八条の六　次の各号のいずれかに該当する者は、保育士となる資格を有する。
一　都道府県知事の指定する保育士を養成する学校その他の施設（以下「指定保育士養成施設」という。）を卒業した者（学校教育法に基づく専門職大学の前期課程を修了した者を含む。）
二　保育士試験に合格した者

〔保育士試験の実施〕
第十八条の八　保育士試験は、厚生労働大臣の定める基準により、保育士として必要な知識及び技能について行う。
②　保育士試験は、毎年一回以上、都道府県知事が行う。

〔登録〕
第十八条の十八　保育士となる資格を有する者が保育士となるには、保育士登録簿に、氏名、生年月日その他厚生労働省令で定める事項の登録を受けなければならない。
②　保育士登録簿は、都道府県に備える。
③　都道府県知事は、保育士の登録をしたときは、申請者に第一項に規定する事項を記載した保育士登録証を交付する。

〔登録の取消し等〕
第十八条の十九　都道府県知事は、保育士が次の各号のいずれかに該当する場合には、その登録を取り消さなければならない。
一　第十八条の五各号（第四号を除く。）のいずれかに該当するに至つた場合
二　虚偽又は不正の事実に基づいて登録を受けた場合
②　都道府県知事は、保育士が第十八条の二十一又は第十八条の二十二の規定に違反したときは、その登録を取り消し、又は期間を定めて保育士の名称の使用の停止を命ずることができる。

〔信用失墜行為の禁止〕
第十八条の二十一　保育士は、保育士の信用を傷つけるような行為をしてはならない。

〔秘密保持義務〕
第十八条の二十二　保育士は、正当な理由がなく、その業務に関して知り得た人の秘密を漏らしてはならない。保育士でなくなつた後においても、同様とする。

〔名称の使用制限〕
第十八条の二十三　保育士でない者は、保育士又はこれに紛らわしい名称を使用してはならない。

第二章　福祉の保障

〔子育て支援事業の実施〕
第二十一条の九　市町村は、児童の健全な育成に資するため、その区域内において、放課後児童健全育成事業、子育て短期支援事業、乳児家庭全戸訪問事業、養育支援訪問事業、地域子育て支援拠点事業、一時預かり事業、病児保育事業及び子育て援助活動支援事業並びに次に掲げる事業であつて主務省令で定めるもの（以下「子育て支援事業」という。）が着実に実施されるよう、必要な措置の実施に努めなければならない。

一　児童及びその保護者又はその他の者の居宅において保護者の児童の養育を支援する事業
二　保育所その他の施設において保護者の児童の養育を支援する事業
三　地域の児童の養育に関する各般の問題につき、保護者からの相談に応じ、必要な情報の提供及び助言を行う事業

〔放課後児童健全育成事業〕
第二十一条の十　市町村は、児童の健全な育成に資するため、地域の実情に応じた放課後児童健全育成事業を行うとともに、当該市町村以外の放課後児童健全育成事業を行う者との連携を図る等により、第六条の三第二項に規定する児童の放課後児童健全育成事業の利用の促進に努めなければならない。

〔乳児家庭全戸訪問事業等〕
第二十一条の十の二　市町村は、児童の健全な育成に資するため、乳児家庭全戸訪問事業及び養育支援訪問事業を行うよう努めるとともに、乳児家庭全戸訪問事業により要支援児童等（特定妊婦

を除く。）を把握したとき又は当該市町村の長が第二十六条第一項第三号の規定による送致若しくは同項第八号の規定による通知若しくは児童虐待の防止等に関する法律第八条第二項第二号の規定による送致若しくは同項第四号の規定による通知を受けたときは、養育支援訪問事業の実施その他の必要な支援を行うものとする。

② 市町村は、母子保健法（昭和四十年法律第百四十一号）第十条、第十一条第一項若しくは第二項（同法第十九条第二項において準用する場合を含む。）、第十七条第一項又は第十九条第一項の指導に併せて、乳児家庭全戸訪問事業を行うことができる。

〔要支援児童等についての通知〕

第二十一条の十の四　都道府県知事は、母子保健法に基づく母子保健に関する事業又は事務の実施に際して要支援児童等と思われる者を把握したときは、これを当該者の現在地の市町村長に通知するものとする。

〔子育て支援事業に関する情報提供、相談・助言等〕

第二十一条の十一　市町村は、子育て支援事業に関し必要な情報の収集及び提供を行うとともに、保護者から求めがあつたときは、当該保護者の希望、その児童の養育の状況、当該児童に必要な支援の内容その他の事情を勘案し、当該保護者が最も適切な子育て支援事業の利用ができるよう、相談に応じ、必要な助言を行うものとする。

〔保育の実施〕

第二十四条　市町村は、この法律及び子ども・子育て支援法の定めるところにより、保護者の労働又は疾病その他の事由により、その監護すべき乳児、幼児その他の児童について保育を必要とする場合において、次項に定めるところによるほか、当該児童を保育所（認定こども園法第三条第一項の認定を受けたもの及び同条第十一項の規定による公示がされたものを除く。）において保育しなければならない。

〔禁止行為〕

第三十四条　何人も、次に掲げる行為をしてはならない。

一　身体に障害又は形態上の異常がある児童を公衆の観覧に供する行為
二　児童にこじきをさせ、又は児童を利用してこじきをする行為
三　公衆の娯楽を目的として、満十五歳に満たない児童にかるわざ又は曲馬をさせる行為
四　満十五歳に満たない児童に戸々について、又は道路その他これに準ずる場所で歌謡、遊芸その他の演技を業務としてさせる行為
四の二　児童に午後十時から午前三時までの間、戸々について、又は道路その他これに準ずる場所で物品の販売、配布、展示若しくは拾集又は役務の提供を業務としてさせる行為
四の三　戸々について、又は道路その他これに準ずる場所で物品の販売、配布、展示若しくは拾集又は役務の提供を業務として行う満十五歳に満たない児童を、当該業務を行うために、風俗営業等の規制及び業務の適正化等に関する法律（昭和二十三年法律第百二十二号）第二条第四項の接待飲食等営業、同条第六項の店舗型性風俗特殊営業及び同条第九項の店舗型電話異性紹介営業に該当する営業を営む場所に立ち入らせる行為
五　満十五歳に満たない児童に酒席に侍する行為を業務としてさせる行為
六　児童に淫行をさせる行為

②　児童養護施設、障害児入所施設、児童発達支援センター又は児童自立支援施設においては、それぞれ第四十一条から第四十三条まで及び第四十四条に規定する目的に反して、入所した児童を酷使してはならない。

第三章　事業、養育里親及び養子縁組里親並びに施設

（児童福祉施設の

第三十五条　国は、政令の定めるところにより、児童福祉施設（助産施設、母子生活支援施設、保

育所及び幼保連携型認定こども園を除く。）を設置するものとする。

〔設置・廃休止〕

② 都道府県は、政令の定めるところにより、児童福祉施設（幼保連携型認定こども園を除く。以下この条、第四十五条、第四十六条、第四十九条、第五十条第九号、第五十一条第七号、第五十六条の二、第五十七条及び第五十八条において同じ。）を設置しなければならない。

③ 市町村は、厚生労働省令の定めるところにより、あらかじめ、厚生労働省令で定める事項を都道府県知事に届け出て、児童福祉施設を設置することができる。

④ 国、都道府県及び市町村以外の者は、厚生労働省令の定めるところにより、都道府県知事の認可を得て、児童福祉施設を設置することができる。

〔助産施設〕

第三十六条 助産施設は、保健上必要があるにもかかわらず、経済的理由により、入院助産を受けることができない妊産婦を入所させて、助産を受けさせることを目的とする施設とする。

〔乳児院〕

第三十七条 乳児院は、乳児（保健上、安定した生活環境の確保その他の理由により特に必要のある場合には、幼児を含む。）を入院させて、これを養育し、あわせて退院した者について相談その他の援助を行うことを目的とする施設とする。

〔母子生活支援施設〕

第三十八条 母子生活支援施設は、配偶者のない女子又はこれに準ずる事情にある女子及びその者の監護すべき児童を入所させて、これらの者を保護するとともに、これらの者の自立の促進のためにその生活を支援し、あわせて退所した者について相談その他の援助を行うことを目的とする施設とする。

〔保育所〕

第三十九条 保育所は、保育を必要とする乳児・幼児を日々保護者の下から通わせて保育を行うことを目的とする施設（利用定員が二十人以上であるものに限り、幼保連携型認定こども園を除く。）とする。

〔幼保連携型認定こども園〕

〔児童厚生施設〕

〔児童養護施設〕

〔障害児入所施設〕

〔児童発達支援センター〕

② 保育所は、前項の規定にかかわらず、特に必要があるときは、保育を必要とするその他の児童を日々保護者の下から通わせて保育することができる。

第三十九条の二 幼保連携型認定こども園は、義務教育及びその後の教育の基礎を培うものとしての満三歳以上の幼児に対する教育（教育基本法（平成十八年法律第百二十号）第六条第一項に規定する法律に定める学校において行われる教育をいう。）及び保育を必要とする乳児・幼児に対する保育を一体的に行い、これらの乳児又は幼児の健やかな成長が図られるよう適当な環境を与えて、その心身の発達を助長することを目的とする施設とする。

第四十条 児童厚生施設は、児童遊園、児童館等児童に健全な遊びを与えて、その健康を増進し、又は情操をゆたかにすることを目的とする施設とする。

第四十一条 児童養護施設は、保護者のない児童（乳児を除く。ただし、安定した生活環境の確保その他の理由により特に必要のある場合には、乳児を含む。以下この条において同じ。）、虐待されている児童その他環境上養護を要する児童を入所させて、これを養護し、あわせて退所した者に対する相談その他の自立のための援助を行うことを目的とする施設とする。

第四十二条 障害児入所施設は、次の各号に掲げる区分に応じ、障害児を入所させて、当該各号に定める支援を行うことを目的とする施設とする。

一 福祉型障害児入所施設 保護、日常生活の指導及び独立自活に必要な知識技能の付与

二 医療型障害児入所施設 保護、日常生活の指導、独立自活に必要な知識技能の付与及び治療

第四十三条 児童発達支援センターは、次の各号に掲げる区分に応じ、障害児を日々保護者の下から通わせて、当該各号に定める支援を提供することを目的とする施設とする。

一 福祉型児童発達支援センター 日常生活における基本的動作の指導、独立自活に必要な知識

技能の付与又は集団生活への適応のための訓練

二　医療型児童発達支援センター　日常生活における基本的動作の指導、独立自活に必要な知識技能の付与又は集団生活への適応のための訓練及び治療

〔児童心理治療施設〕

第四十三条の二　児童心理治療施設は、家庭環境、学校における交友関係その他の環境上の理由により社会生活への適応が困難となつた児童を、短期間、入所させ、又は保護者の下から通わせて、社会生活に適応するために必要な心理に関する治療及び生活指導を主として行い、あわせて退所した者について相談その他の援助を行うことを目的とする施設とする。

〔児童自立支援施設〕

第四十四条　児童自立支援施設は、不良行為をなし、又はなすおそれのある児童及び家庭環境その他の環境上の理由により生活指導等を要する児童を入所させ、又は保護者の下から通わせて、個々の児童の状況に応じて必要な指導を行い、その自立を支援し、あわせて退所した者について相談その他の援助を行うことを目的とする施設とする。

〔児童家庭支援センター〕

第四十四条の二　児童家庭支援センターは、地域の児童の福祉に関する各般の問題につき、児童に関する家庭その他からの相談のうち、専門的な知識及び技術を必要とするものに応じ、必要な助言を行うとともに、市町村の求めに応じ、技術的助言その他必要な援助を行うほか、第二十六条第一項第二号及び第二十七条第一項第二号の規定による指導を行い、あわせて児童相談所、児童福祉施設等との連絡調整その他厚生労働省令の定める援助を総合的に行うことを目的とする施設とする。

②　児童家庭支援センターの職員は、その職務を遂行するに当たつては、個人の身上に関する秘密を守らなければならない。

〔児童自立生活援助事業等を行う者〕

第四十四条の三　第六条の三各項に規定する事業を行う者、里親及び児童福祉施設（指定障害児入所施設及び指定通所支援に係る児童発達支援センターを除く。）の設置者は、児童、妊産婦その

〔等の職務〕

他これらの事業を利用する者又は当該児童福祉施設に入所する者の人格を尊重するとともに、この法律又はこの法律に基づく命令を遵守し、これらの者のため忠実にその職務を遂行しなければならない。

〔入所児童の教育〕

第四十八条 児童養護施設、障害児入所施設、児童心理治療施設及び児童自立支援施設の長、その住居において養育を行う第六条の三第八項に規定する厚生労働省令で定める者並びに里親は、学校教育法に規定する保護者に準じて、その施設に入所中又は受託中の児童を就学させなければならない。

〔保育所の情報提供、相談・助言〕

第四十八条の四 保育所は、当該保育所が主として利用される地域の住民に対してその行う保育に関し情報の提供を行い、並びにその行う保育に支障がない限りにおいて、乳児、幼児等の保育に関する相談に応じ、及び助言を行うよう努めなければならない。

② 保育所に勤務する保育士は、乳児、幼児等の保育に関する相談に応じ、及び助言を行うために必要な知識及び技能の修得、維持及び向上に努めなければならない。

●児童福祉施設の設備及び運営に関する基準

（昭二三・一二・二九）
（厚生省令六三）
最終改正　令二―厚労令七二

第一章　総　則

〔趣旨〕

第一条 児童福祉法（昭和二十二年法律第百六十四号。以下「法」という。）第四十五条第二項の厚生労働省令で定める基準（以下「設備運営基準」という。）は、次の各号に掲げる基準に応じ、それぞれ当該各号に定める規定による基準とする。

一　法第四十五条第一項の規定により、同条第二項第一号に掲げる事項について都道府県が条例を定めるに当たつて従うべき基準　第八条ただし書（入所している者の保護に直接従事する職員に係る部分に限る。）、第十七条、第二十一条、第二十二条、第二十二条の二第一項、第二十七条、第二十七条の二第一項、第二十八条、第三十条第二項、第三十三条第一項（第三十条第一項において準用する場合を含む。）及び第二項、第三十八条、第四十二条、第四十二条の二第一項、第四十三条、第四十九条、第五十八条、第六十三条、第六十九条、第七十三条、第七十四条第一項、第八十条、第八十一条第一項、第八十二条、第八十三条、第八十八条の三、第九十条並びに第九十四条から第九十七条までの規定による基準

二　法第四十五条第一項の規定により、同条第二項第二号に掲げる事項について都道府県が条例を定めるに当たつて従うべき基準　第八条ただし書（入所している者の居室及び各施設に特有の設備に係る部分に限る。）、第十九条第一号（寝室及び観察室に係る部分に限る。）、第二号及び第三号、第二十条第一号（乳幼児の養育のための専用の室に係る部分に限る。）、第二号、第二十六条第一号（母子室に係る部分に限る。）、第二号（母子室を一世帯につき一室以上とする部分に限る。）及び第三号、第三十二条第一号（乳児室及びほふく室に係る部分に限る。）（第三十条第一項において準用する場合を含む。）、第二号（第三十条第一項において準用する場合を含む。）、第三号（第三十条第一項において準用する場合を含む。）、第五号（保育室及び遊戯室に係る部分に限る。）（第三十条第一項において準用する場合を含む。）及び第六号（保育室及び遊戯室に係る部分に限る。）（第三十条第一項において準用する場合を含む。）、第四十一条第一号（居室に係る部分に限る。）（第七十九条第二項において準用する場合を含む。）、第

及び第二号（面積に係る部分に限る。）（第七十九条第二項において準用する場合を含む。）、第四十八条第一号（居室に係る部分に限る。）及び第七号（面積に係る部分に限る。）、第五十七条第一号（病室に係る部分に限る。）、第六十二条第一号（指導訓練室及び遊戯室に係る部分に限る。）、第二号（面積に係る部分に限る。）及び第三号、第六十八条第一号（病室に係る部分に限る。）、第七十二条第一号（居室に係る部分に限る。）及び第二号（面積に係る部分に限る。）並びに附則第九十四条第一項の規定による基準

三　法第四十五条第一項の規定により、同条第二項第三号に掲げる事項について都道府県が条例を定めるに当たつて従うべき基準　第九条から第九条の三まで、第十一条、第十四条の二、第十五条、第十九条第一号（調理室に係る部分に限る。）、第二十六条第二号（調理設備に係る部分に限る。）、第三十二条第一号（調理室に係る部分に限る。）（第三十条第一項において準用する場合を含む。）及び第五号（調理室に係る部分に限る。）（第三十条第一項において準用する場合を含む。）、第三十二条の二（第三十条第一項において準用する場合を含む。）、第三十五条、第四十一条第一号（調理室に係る部分に限る。）（第七十九条第二項において準用する場合を含む。）、第四十八条第一号（調理室に係る部分に限る。）、第五十七条第一号（給食施設に係る部分に限る。）、第六十二条第一号（調理室に係る部分に限る。）及び第六号（調理室に係る部分に限る。）、第六十八条第一号（調理室に係る部分に限る。）並びに第七十二条第一号（調理室に係る部分に限る。）の規定による基準

四　法第四十五条第一項の規定により、同条第二項各号に掲げる事項以外の事項について都道府県が条例を定めるに当たつて参酌すべき基準　この省令に定める基準のうち、前三号に定める規定による基準以外のもの

2　設備運営基準は、都道府県知事の監督に属する児童福祉施設に入所している者が、明るくて、衛生的な環境において、素養があり、かつ、適切な訓練を受けた職員（児童福祉施設の長を含む。以下同じ。）の指導により、心身ともに健やかにして、社会に適応するように育成されることを保障するものとする。

3　厚生労働大臣は、設備運営基準を常に向上させるように努めるものとする。

（最低基準の目的）

第二条　法第四十五条第一項の規定により都道府県が条例で定める基準（以下「最低基準」という。）は、都道府県知事の監督に属する児童福祉施設に入所している者が、明るくて、衛生的な環境において、素養があり、かつ、適切な訓練を受けた職員の指導により、心身ともに健やかにして、社会に適応するように育成されることを保障するものとする。

第五章　保育所

（設備の基準）

第三十二条　保育所の設備の基準は、次のとおりとする。

一　乳児又は満二歳に満たない幼児を入所させる保育所には、乳児室又はほふく室、医務室、調理室及び便所を設けること。

二　乳児室の面積は、乳児又は前号の幼児一人につき一・六五平方メートル以上であること。

三　ほふく室の面積は、乳児又は第一号の幼児一人につき三・三平方メートル以上であること。

四　乳児室又はほふく室には、保育に必要な用具を備えること。

五　満二歳以上の幼児を入所させる保育所には、保育室又は遊戯室、屋外遊戯場（保育所の付近にある屋外遊戯場に代わるべき場所を含む。次号において同じ。）、調理室及び便所を設けること。

六　保育室又は遊戯室の面積は、前号の幼児一人につき一・九八平方メートル以上、屋外遊戯場の面積は、前号の幼児一人につき三・三平方メートル以上であること。
七　保育室又は遊戯室には、保育に必要な用具を備えること。
八　乳児室、ほふく室、保育室又は遊戯室（以下「保育室等」という。）を二階に設ける建物は、次のイ、ロ及びへの要件に、保育室等を三階以上に設ける建物は、次に掲げる要件に該当するものであること。

（保育所の設備の基準の特例）

第三十二条の二　次の各号に掲げる要件を満たす保育所は、第十一条第一項の規定にかかわらず、当該保育所の満三歳以上の幼児に対する食事の提供について、当該保育所外で調理し搬入する方法により行うことができる。この場合において、当該保育所は、当該食事の提供について当該方法によることとしてもなお当該保育所において行うことが必要な調理のための加熱、保存等の調理機能を有する設備を備えるものとする。
一　幼児に対する食事の提供の責任が当該保育所にあり、その管理者が、衛生面、栄養面等業務上必要な注意を果たし得るような体制及び調理業務の受託者との契約内容が確保されていること。
二　当該保育所又は他の施設、保健所、市町村等の栄養士により、献立等について栄養の観点からの指導が受けられる体制にある等、栄養士による必要な配慮が行われること。
三　調理業務の受託者を、当該保育所における給食の趣旨を十分に認識し、衛生面、栄養面等、調理業務を適切に遂行できる能力を有する者とすること。
四　幼児の年齢及び発達の段階並びに健康状態に応じた食事の提供や、アレルギー、アトピー等への配慮、必要な栄養素量の給与等、幼児の食事の内容、回数及び時機に適切に応じることができること。
五　食を通じた乳幼児の健全育成を図る観点から、乳幼児の発育及び発達の過程に応じて食に関し配慮すべき事項を定めた食育に関する計画に基づき食事を提供するよう努めること。

（職員）

第三十三条　保育所には、保育士（特区法第十二条の五第五項に規定する事業実施区域内にある保育所にあつては、保育士又は当該事業実施区域に係る国家戦略特別区域限定保育士。次項において同じ。）、嘱託医及び調理員を置かなければならない。ただし、調理業務の全部を委託する施設にあつては、調理員を置かないことができる。

2　保育士の数は、乳児おおむね三人につき一人以上、満一歳以上満三歳に満たない幼児おおむね六人につき一人以上、満三歳以上満四歳に満たない幼児おおむね二十人につき一人以上、満四歳以上の幼児おおむね三十人につき一人以上とする。ただし、保育所一につき二人を下ることはできない。

（保育時間）

第三十四条　保育所における保育時間は、一日につき八時間を原則とし、その地方における乳幼児の保護者の労働時間その他家庭の状況等を考慮して、保育所の長がこれを定める。

（保育の内容）

第三十五条　保育所における保育は、養護及び教育を一体的に行うことをその特性とし、その内容については、厚生労働大臣が定める指針に従う。

（保護者との連絡）

第三十六条　保育所の長は、常に入所している乳幼児の保護者と密接な連絡をとり、保育の内容等につき、その保護者の理解及び協力を得るよう努めなければならない。

（業務の質の評価等）

第三十六条の二　保育所は、自らその行う法第三十九条に規定する業務の質の評価を行い、常にその改善を図らなければならない。

2　保育所は、定期的に外部の者による評価を受けて、それらの結果を公表し、常にその改善を図るよう努めなければならない。

第七章　児童養護施設

（設備の基準）

第四十一条　児童養護施設の設備の基準は、次のとおりとする。

一　児童の居室、相談室、調理室、浴室及び便所を設けること。

二　児童の居室の一室の定員は、これを四人以下とし、その面積は、一人につき四・九五平方メートル以上とすること。ただし、乳幼児のみの居室の一室の定員は、これを六人以下とし、その面積は、一人につき三・三平方メートル以上とする。

三　入所している児童の年齢等に応じ、男子と女子の居室を別にすること。

四　便所は、男子用と女子用とを別にすること。ただし、少数の児童を対象として設けるときは、この限りでない。

五　児童三十人以上を入所させる児童養護施設には、医務室及び静養室を設けること。

六　入所している児童の年齢、適性等に応じ職業指導に必要な設備（以下「職業指導に必要な設備」という。）を設けること。

（職員）

第四十二条　児童養護施設には、児童指導員、嘱託医、保育士（特区法第十二条の五第五項に規定する事業実施区域内にある児童養護施設にあつては、保育士又は当該事業実施区域に係る国家戦略特別区域限定保育士。第六項及び第四十六条において同じ。）、個別対応職員、家庭支援専門相談員、栄養士及び調理員並びに乳児が入所している施設にあつては看護師を置かなければならない。ただし、児童四十人以下を入所させる施設にあつては栄養士を、調理業務の全部を委託する施設にあつては調理員を置かないことができる。

2　家庭支援専門相談員は、社会福祉士若しくは精神保健福祉士の資格を有する者、児童養護施設

（児童指導員の資格）

において児童の指導に五年以上従事した者又は法第十三条第三項各号のいずれかに該当する者でなければならない。

3　心理療法を行う必要があると認められる児童十人以上に心理療法を行う場合には、心理療法担当職員を置かなければならない。

4　心理療法担当職員は、学校教育法の規定による大学（短期大学を除く。）において、心理学を専修する学科若しくはこれに相当する課程を修めて卒業した者であつて、個人及び集団心理療法の技術を有するもの又はこれと同等以上の能力を有すると認められる者でなければならない。

5　実習設備を設けて職業指導を行う場合には、職業指導員を置かなければならない。

6　児童指導員及び保育士の総数は、通じて、満二歳に満たない幼児おおむね一・六人につき一人以上、満二歳以上満三歳に満たない幼児おおむね二人につき一人以上、満三歳以上の幼児おおむね四人につき一人以上、少年おおむね五・五人につき一人以上とする。ただし、児童四十五人以下を入所させる施設にあつては、更に一人以上を加えるものとする。

7　看護師の数は、乳児おおむね一・六人につき一人以上とする。ただし、一人を下ることはできない。

第四十三条　児童指導員は、次の各号のいずれかに該当する者でなければならない。

一　都道府県知事の指定する児童福祉施設の職員を養成する学校その他の養成施設を卒業した者

二　社会福祉士の資格を有する者

三　精神保健福祉士の資格を有する者

四　学校教育法の規定による大学（短期大学を除く。次号において同じ。）において、社会福祉学、心理学、教育学若しくは社会学を専修する学科又はこれらに相当する課程を修めて卒業し

た者

五　学校教育法の規定による大学において、社会福祉学、心理学、教育学又は社会学に関する科目の単位を優秀な成績で修得したことにより、同法第百二条第二項の規定により大学院への入学を認められた者

（養護）

第四十四条　児童養護施設における養護は、児童に対して安定した生活環境を整えるとともに、生活指導、学習指導、職業指導及び家庭環境の調整を行いつつ児童を養育することにより、児童の心身の健やかな成長とその自立を支援することを目的として行わなければならない。

（児童と起居を共にする職員）

第四十六条　児童養護施設の長は、児童指導員及び保育士のうち少なくとも一人を児童と起居を共にさせなければならない。

（関係機関との連携）

第四十七条　児童養護施設の長は、児童の通学する学校及び児童相談所並びに必要に応じ児童家庭支援センター、児童委員、公共職業安定所等関係機関と密接に連携して児童の指導及び家庭環境の調整に当たらなければならない。

●児童虐待の防止等に関する法律

（平一二・五・二四 法八二）

最終改正　令二―法四一

（目的）

第一条　この法律は、児童虐待が児童の人権を著しく侵害し、その心身の成長及び人格の形成に重大な影響を与えるとともに、我が国における将来の世代の育成にも懸念を及ぼすことにかんがみ、児童に対する虐待の禁止、児童虐待の予防及び早期発見その他の児童虐待の防止に関する国及び地方公共団体の責務、児童虐待を受けた児童の保護及び自立の支援のための措置等を定める

ことにより、児童虐待の防止等に関する施策を促進し、もって児童の権利利益の擁護に資することを目的とする。

（児童虐待の定義）

第二条　この法律において、「児童虐待」とは、保護者（親権を行う者、未成年後見人その他の者で、児童を現に監護するものをいう。以下同じ。）がその監護する児童（十八歳に満たない者をいう。以下同じ。）について行う次に掲げる行為をいう。

一　児童の身体に外傷が生じ、又は生じるおそれのある暴行を加えること。

二　児童にわいせつな行為をすること又は児童をしてわいせつな行為をさせること。

三　児童の心身の正常な発達を妨げるような著しい減食又は長時間の放置、保護者以外の同居人による前二号又は次号に掲げる行為と同様の行為の放置その他の保護者としての監護を著しく怠ること。

四　児童に対する著しい暴言又は著しく拒絶的な対応、児童が同居する家庭における配偶者に対する暴力（配偶者（婚姻の届出をしていないが、事実上婚姻関係と同様の事情にある者を含む。）の身体に対する不法な攻撃であって生命又は身体に危害を及ぼすもの及びこれに準ずる心身に有害な影響を及ぼす言動をいう。第十六条において同じ。）その他の児童に著しい心理的外傷を与える言動を行うこと。

（児童に対する虐待の禁止）

第三条　何人も、児童に対し、虐待をしてはならない。

（国及び地方公共団体の責務等）

第四条　国及び地方公共団体は、児童虐待の予防及び早期発見、迅速かつ適切な児童虐待を受けた児童の保護及び自立の支援（児童虐待を受けた後十八歳となった者に対する自立の支援を含む。第三項及び次条第二項において同じ。）並びに児童虐待を行った保護者に対する親子の再統合の促進への配慮その他の児童虐待を受けた児童が家庭（家庭における養育環境と同様の養育環境及び良好な家庭的環境を含む。）で生活するために必要な配慮をした適切な指導及び支援を行うため、関係省庁相互間又は関係地方公共団体相互間、市町村、児童相談所、福祉事務所、配偶者からの暴力の防止及び被害者の保護等に関する法律（平成十三年法律第三十一号）第三条第一項に規定する配偶者暴力相談支援センター（次条第一項において単に「配偶者暴力相談支援センター」という。）、学校及び医療機関の間その他関係機関及び民間団体の間の連携の強化、民間団体の支援、医療の提供体制の整備その他児童虐待の防止等のために必要な体制の整備に努めなければならない。

2　国及び地方公共団体は、児童相談所等関係機関の職員及び学校の教職員、児童福祉施設の職員、医師、歯科医師、保健師、助産師、看護師、弁護士その他児童の福祉に職務上関係のある者が児童虐待を早期に発見し、その他児童虐待の防止に寄与することができるよう、研修等必要な措置を講ずるものとする。

3　国及び地方公共団体は、児童虐待を受けた児童の保護及び自立の支援を専門的知識に基づき適切に行うことができるよう、児童相談所等関係機関の職員、学校の教職員、児童福祉施設の職員その他児童虐待を受けた児童の保護及び自立の支援の職務に携わる者の人材の確保及び資質の向上を図るため、研修等必要な措置を講ずるものとする。

4　国及び地方公共団体は、児童虐待の防止に資するため、児童の人権、児童虐待が児童に及ぼす影響、児童虐待に係る通告義務等について必要な広報その他の啓発活動に努めなければならない。

5　国及び地方公共団体は、児童虐待を受けた児童がその心身に著しく重大な被害を受けた事例の分析を行うとともに、児童虐待の予防及び早期発見のための方策、児童虐待を受けた児童のケア並びに児童虐待を行った保護者の指導及び支援のあり方、学校の教職員及び児童福祉施設の職員が児童虐待の防止に果たすべき役割その他児童虐待の防止等のために必要な事項についての調査研究及び検証を行うものとする。

6　児童相談所の所長は、児童虐待を受けた児童が住所又は居所を当該児童相談所の管轄区域外に移転する場合においては、当該児童の家庭環境その他の環境の変化による影響に鑑み、当該児童及び当該児童虐待を行った保護者について、その移転の前後において指導、助言その他の必要な支援が切れ目なく行われるよう、移転先の住所又は居所を管轄する児童相談所の所長に対し、速やかに必要な情報の提供を行うものとする。この場合において、当該情報の提供を受けた児童相談所長は、児童福祉法（昭和二十二年法律第百六十四号）第二十五条の二第一項に規定する要保護児童対策地域協議会が速やかに当該情報の交換を行うことができるための措置その他の緊密な連携を図るために必要な措置を講ずるものとする。

（児童虐待の早期発見等）

第五条　学校、児童福祉施設、病院、都道府県警察、婦人相談所、教育委員会、配偶者暴力相談支援センターその他児童の福祉に業務上関係のある団体及び学校の教職員、児童福祉施設の職員、医師、歯科医師、保健師、助産師、看護師、弁護士、警察官、婦人相談員その他児童の福祉に職務上関係のある者は、児童虐待を発見しやすい立場にあることを自覚し、児童虐待の早期発見に努めなければならない。

2　前項に規定する者は、児童虐待の予防その他の児童虐待の防止並びに児童虐待を受けた児童の保護及び自立の支援に関する国及び地方公共団体の施策に協力するよう努めなければならない。

（児童虐待に係る通告）

第六条　児童虐待を受けたと思われる児童を発見した者は、速やかに、これを市町村、都道府県の設置する福祉事務所若しくは児童相談所又は児童委員を介して市町村、都道府県の設置する福祉事務所若しくは児童相談所に通告しなければならない。

2　前項の規定による通告は、児童福祉法第二十五条第一項の規定による通告とみなして、同法の規定を適用する。

3　刑法（明治四十年法律第四十五号）の秘密漏示罪の規定その他の守秘義務に関する法律の規定は、第一項の規定による通告をする義務の遵守を妨げるものと解釈してはならない。

（親権の行使に関する配慮等）

第十四条　児童の親権を行う者は、児童のしつけに際して、体罰を加えることその他民法（明治二十九年法律第八十九号）第八百二十条の規定による監護及び教育に必要な範囲を超える行為により当該児童を懲戒してはならず、当該児童の親権の適切な行使に配慮しなければならない。

●児童買春、児童ポルノに係る行為等の規制及び処罰並びに児童の保護等に関する法律

（平一一・五・二六　法五二）

最終改正　平二六―法七九

（目的）

第一条　この法律は、児童に対する性的搾取及び性的虐待が児童の権利を著しく侵害することの重大性に鑑み、あわせて児童の権利の擁護に関する国際的動向を踏まえ、児童買春、児童ポルノに係る行為等を規制し、及びこれらの行為等を処罰するとともに、これらの行為等により心身に有害な影響を受けた児童の保護のための措置等を定めることにより、児童の権利を擁護することを目的とする。

（定義）

第二条　この法律において「児童」とは、十八歳に満たない者をいう。

2　この法律において「児童買春」とは、次の各号に掲げる者に対し、対償を供与し、又はその供与の約束をして、当該児童に対し、性交等（性交若しくは性交類似行為をし、又は自己の性的好奇心を満たす目的で、児童の性器等（性器、肛門又は乳首をいう。以下同じ。）を触り、若しくは

は児童に自己の性器等を触らせることをいう。以下同じ。）をすることをいう。

一　児童

二　児童に対する性交等の周旋をした者

三　児童の保護者（親権を行う者、未成年後見人その他の者で、児童を現に監護するものをいう。以下同じ。）又は児童をその支配下に置いている者

3　この法律において「児童ポルノ」とは、写真、電磁的記録（電子的方式、磁気的方式その他人の知覚によっては認識することができない方式で作られる記録であって、電子計算機による情報処理の用に供されるものをいう。以下同じ。）に係る記録媒体その他の物であって、次の各号のいずれかに掲げる児童の姿態を視覚により認識することができる方法により描写したものをいう。

一　児童を相手方とする又は児童による性交又は性交類似行為に係る児童の姿態

二　他人が児童の性器等を触る行為又は児童が他人の性器等を触る行為に係る児童の姿態であって性欲を興奮させ又は刺激するもの

三　衣服の全部又は一部を着けない児童の姿態であって、殊更に児童の性的な部位（性器等若しくはその周辺部、臀部又は胸部をいう。）が露出され又は強調されているものであり、かつ、性欲を興奮させ又は刺激するもの

●青少年が安全に安心してインターネットを利用できる環境の整備等に関する法律

（平二〇・六・一八　法七九）

最終改正　平二九—法七五

（目的）

第一条　この法律は、インターネットにおいて青少年有害情報が多く流通している状況にかんが

み、青少年のインターネットを適切に活用する能力の習得に必要な措置を講ずるとともに、青少年有害情報フィルタリングソフトウェアの性能の向上及び利用の普及その他の青少年がインターネットを利用して青少年有害情報を閲覧する機会をできるだけ少なくするための措置等を講ずることにより、青少年が安全に安心してインターネットを利用できるようにして、青少年の権利の擁護に資することを目的とする。

（保護者の責務）

第六条 保護者は、インターネットにおいて青少年有害情報が多く流通していることを認識し、自らの教育方針及び青少年の発達段階に応じ、その保護する青少年について、インターネットの利用の状況を適切に把握するとともに、青少年有害情報フィルタリングソフトウェアの利用その他の方法によりインターネットの利用を適切に管理し、及びその青少年のインターネットを適切に活用する能力の習得の促進に努めるものとする。

2 保護者は、携帯電話端末等からのインターネットの利用が不適切に行われた場合には、青少年の売春、犯罪の被害、いじめ等様々な問題が生じることに特に留意するものとする。

●少年法（昭二三・七・一五 法一六八）

最終改正 令元―法四六

（この法律の目的）

第一条 この法律は、少年の健全な育成を期し、非行のある少年に対して性格の矯正及び環境の調整に関する保護処分を行うとともに、少年の刑事事件について特別の措置を講ずることを目的とする。

（少年、成人、保護者）

第二条 この法律で「少年」とは、二十歳に満たない者をいい、「成人」とは、満二十歳以上の者をいう。

2　この法律で「保護者」とは、少年に対して法律上監護教育の義務ある者及び少年を現に監護する者をいう。

（審判に付すべき少年）

第三条　次に掲げる少年は、これを家庭裁判所の審判に付する。

一　罪を犯した少年

二　十四歳に満たないで刑罰法令に触れる行為をした少年

三　次に掲げる事由があつて、その性格又は環境に照して、将来、罪を犯し、又は刑罰法令に触れる行為をする虞のある少年

イ　保護者の正当な監督に服しない性癖のあること。

ロ　正当の理由がなく家庭に寄り附かないこと。

ハ　犯罪性のある人若しくは不道徳な人と交際し、又はいかがわしい場所に出入すること。

ニ　自己又は他人の徳性を害する行為をする性癖のあること。

●生活保護法

（昭二五・五・四　法一四四）

最終改正　令二—法五二

（この法律の目的）

第一条　この法律は、日本国憲法第二十五条に規定する理念に基き、国が生活に困窮するすべての国民に対し、その困窮の程度に応じ、必要な保護を行い、その最低限度の生活を保障するとともに、その自立を助長することを目的とする。

（種類）

第十一条　保護の種類は、次のとおりとする。

一　生活扶助

二　教育扶助
三　住宅扶助
四　医療扶助
五　介護扶助
六　出産扶助
七　生業扶助
八　葬祭扶助

2　前項各号の扶助は、要保護者の必要に応じ、単給又は併給として行われる。

（教育扶助）

第十三条　教育扶助は、困窮のため最低限度の生活を維持することのできない者に対して、左に掲げる事項の範囲内において行われる。

一　義務教育に伴つて必要な教科書その他の学用品
二　義務教育に伴つて必要な通学用品
三　学校給食その他義務教育に伴つて必要なもの

（教育扶助の方法）

第三十二条　教育扶助は、金銭給付によつて行うものとする。但し、これによることができないとき、これによることが適当でないとき、その他保護の目的を達するために必要があるときは、現物給付によつて行うことができる。

2　教育扶助のための保護金品は、被保護者、その親権者若しくは未成年後見人又は被保護者の通学する学校の長に対して交付するものとする。

●障害者基本法（昭四五・五・二一 法八四）

最終改正 平二五－法六五

（目的）

第一条 この法律は、全ての国民が、障害の有無にかかわらず、等しく基本的人権を享有するかけがえのない個人として尊重されるものであるとの理念にのつとり、全ての国民が、障害の有無によつて分け隔てられることなく、相互に人格と個性を尊重し合いながら共生する社会を実現するため、障害者の自立及び社会参加の支援等のための施策に関し、基本原則を定め、及び国、地方公共団体等の責務を明らかにするとともに、障害者の自立及び社会参加の支援等のための施策の基本となる事項を定めること等により、障害者の自立及び社会参加の支援等のための施策を総合的かつ計画的に推進することを目的とする。

（定義）

第二条 この法律において、次の各号に掲げる用語の意義は、それぞれ当該各号に定めるところによる。

一 障害者 身体障害、知的障害、精神障害（発達障害を含む。）その他の心身の機能の障害（以下「障害」と総称する。）がある者であつて、障害及び社会的障壁により継続的に日常生活又は社会生活に相当な制限を受ける状態にあるものをいう。

二 社会的障壁 障害がある者にとつて日常生活又は社会生活を営む上で障壁となるような社会における事物、制度、慣行、観念その他一切のものをいう。

（地域社会における共生等）

第三条 第一条に規定する社会の実現は、全ての障害者が、障害者でない者と等しく、基本的人権を享有する個人としてその尊厳が重んぜられ、その尊厳にふさわしい生活を保障される権利を有することを前提としつつ、次に掲げる事項を旨として図られなければならない。

一　全て障害者は、社会を構成する一員として社会、経済、文化その他あらゆる分野の活動に参加する機会が確保されること。

二　全て障害者は、可能な限り、どこで誰と生活するかについての選択の機会が確保され、地域社会において他の人々と共生することを妨げられないこと。

三　全て障害者は、可能な限り、言語（手話を含む。）その他の意思疎通のための手段についての選択の機会が確保されるとともに、情報の取得又は利用のための手段についての選択の機会の拡大が図られること。

（差別の禁止）

第四条　何人も、障害者に対して、障害を理由として、差別することその他の権利利益を侵害する行為をしてはならない。

2　社会的障壁の除去は、それを必要としている障害者が現に存し、かつ、その実施に伴う負担が過重でないときは、それを怠ることによつて前項の規定に違反することとならないよう、その実施について必要かつ合理的な配慮がされなければならない。

3　国は、第一項の規定に違反する行為の防止に関する啓発及び知識の普及を図るため、当該行為の防止を図るために必要となる情報の収集、整理及び提供を行うものとする。

（教育）

第十六条　国及び地方公共団体は、障害者が、その年齢及び能力に応じ、かつ、その特性を踏まえた十分な教育が受けられるようにするため、可能な限り障害者である児童及び生徒が障害者でない児童及び生徒と共に教育を受けられるよう配慮しつつ、教育の内容及び方法の改善及び充実を図る等必要な施策を講じなければならない。

2　国及び地方公共団体は、前項の目的を達成するため、障害者である児童及び生徒並びにその保護者に対し十分な情報の提供を行うとともに、可能な限りその意向を尊重しなければならない。

3　国及び地方公共団体は、障害者である児童及び生徒と障害者でない児童及び生徒との交流及び共同学習を積極的に進めることによつて、その相互理解を促進しなければならない。
4　国及び地方公共団体は、障害者の教育に関し、調査及び研究並びに人材の確保及び資質の向上、適切な教材等の提供、学校施設の整備その他の環境の整備を促進しなければならない。

●障害者虐待の防止、障害者の養護者に対する支援等に関する法律

（平二三・六・二四　法七九）
最終改正　平二八―法六五

（目的）
第一条　この法律は、障害者に対する虐待が障害者の尊厳を害するものであり、障害者の自立及び社会参加にとって障害者に対する虐待を防止することが極めて重要であること等に鑑み、障害者に対する虐待の禁止、障害者虐待の予防及び早期発見その他の障害者虐待の防止等に関する国等の責務、障害者虐待を受けた障害者に対する保護及び自立の支援のための措置、養護者の負担の軽減を図ること等の養護者に対する養護者による障害者虐待の防止に資する支援（以下「養護者に対する支援」という。）のため措置等を定めることにより、障害者虐待の防止、養護者に対する支援等に関する施策を促進し、もって障害者の権利利益の擁護に資することを目的とする。

（定義）
第二条　この法律において「障害者」とは、障害者基本法（昭和四十五年法律第八十四号）第二条第一号に規定する障害者をいう。
2　この法律において「障害者虐待」とは、養護者による障害者虐待、障害者福祉施設従事者等による障害者虐待及び使用者による障害者虐待をいう。

（障害者に対する虐待の禁止）
第三条　何人も、障害者に対し、虐待をしてはならない。

（就学する障害者に対する虐待の防止等）

第二十九条　学校（学校教育法（昭和二十二年法律第二十六号）第一条に規定する学校、同法第百二十四条に規定する専修学校又は同法第百三十四条第一項に規定する各種学校をいう。以下同じ。）の長は、教職員、児童、生徒、学生その他の関係者に対する障害及び障害者に関する理解を深めるための研修の実施及び普及啓発、就学する障害者に対する虐待に関する相談に係る体制の整備、就学する障害者に対する虐待に対処するための措置その他の当該学校に就学する障害者に対する虐待を防止するため必要な措置を講ずるものとする。

●発達障害者支援法

（平一六・一二・一〇
法一六七）

最終改正　平二八—法六四

（目的）

第一条　この法律は、発達障害者の心理機能の適正な発達及び円滑な社会生活の促進のために発達障害の症状の発現後できるだけ早期に発達支援を行うとともに、切れ目なく発達障害者の支援を行うことが特に重要であることに鑑み、障害者基本法（昭和四十五年法律第八十四号）の基本的な理念にのっとり、発達障害者が基本的人権を享有する個人としての尊厳にふさわしい日常生活又は社会生活を営むことができるよう、発達障害を早期に発見し、発達支援を行うことに関する国及び地方公共団体の責務を明らかにするとともに、学校教育における発達障害者への支援、発達障害者の就労の支援、発達障害者支援センターの指定等について定めることにより、発達障害者の自立及び社会参加のためのその生活全般にわたる支援を図り、もって全ての国民が、障害の有無によって分け隔てられることなく、相互に人格と個性を尊重し合いながら共生する社会の実現に資することを目的とする。

（定義）

第二条　この法律において「発達障害」とは、自閉症、アスペルガー症候群その他の広汎性発達障害、学習障害、注意欠陥多動性障害その他これに類する脳機能の障害であってその症状が通常低年齢において発現するものとして政令で定めるものをいう。

2　この法律において「発達障害者」とは、発達障害がある者であって発達障害及び社会的障壁により日常生活又は社会生活に制限を受けるものをいい、「発達障害児」とは、発達障害者のうち十八歳未満のものをいう。

3　この法律において「社会的障壁」とは、発達障害がある者にとって日常生活又は社会生活を営む上で障壁となるような社会における事物、制度、慣行、観念その他一切のものをいう。

4　この法律において「発達支援」とは、発達障害者に対し、その心理機能の適正な発達を支援し、及び円滑な社会生活を促進するため行う個々の発達障害者の特性に対応した医療的、福祉的及び教育的援助をいう。

（基本理念）

第二条の二　発達障害者の支援は、全ての発達障害者が社会参加の機会が確保されること及びどこで誰と生活するかについての選択の機会が確保され、地域社会において他の人々と共生することを妨げられないことを旨として、行われなければならない。

2　発達障害者の支援は、社会的障壁の除去に資することを旨として、行われなければならない。

3　発達障害者の支援は、個々の発達障害者の性別、年齢、障害の状態及び生活の実態に応じて、かつ、医療、保健、福祉、教育、労働等に関する業務を行う関係機関及び民間団体相互の緊密な連携の下に、その意思決定の支援に配慮しつつ、切れ目なく行われなければならない。

（児童の発達障害の早期発見等）

第五条　市町村は、母子保健法（昭和四十年法律第百四十一号）第十二条及び第十三条に規定する健康診査を行うに当たり、発達障害の早期発見に十分留意しなければならない。

2　市町村の教育委員会は、学校保健安全法（昭和三十三年法律第五十六号）第十一条に規定する健康診断を行うに当たり、発達障害の早期発見に十分留意しなければならない。

（早期の発達支援）

第六条　市町村は、発達障害児が早期の発達支援を受けることができるよう、発達障害児の保護者に対し、その相談に応じ、センター等を紹介し、又は助言を行い、その他適切な措置を講じるものとする。

（保育）

第七条　市町村は、児童福祉法（昭和二十二年法律第百六十四号）第二十四条第一項の規定により保育所における保育を行う場合又は同条第二項の規定による必要な保育を確保するための措置を講じる場合は、発達障害児の健全な発達が他の児童と共に生活することを通じて図られるよう適切な配慮をするものとする。

（教育）

第八条　国及び地方公共団体は、発達障害児（十八歳以上の発達障害者であって高等学校、中等教育学校及び特別支援学校並びに専修学校の高等課程に在学する者を含む。以下この項において同じ。）が、その年齢及び能力に応じ、かつ、その特性を踏まえた十分な教育を受けられるようにするため、可能な限り発達障害児が発達障害児でない児童と共に教育を受けられるよう配慮しつつ、適切な教育的支援を行うこと、個別の教育支援計画の作成（教育に関する業務を行う関係機関と医療、保健、福祉、労働等に関する業務を行う関係機関及び民間団体との連携の下に行う個別の長期的な支援に関する計画の作成をいう。）及び個別の指導に関する計画の作成の推進、いじめの防止等のための対策の推進その他の支援体制の整備を行うことその他必要な措置を講じるものとする。

2　大学及び高等専門学校は、個々の発達障害者の特性に応じ、適切な教育上の配慮をするものとする。

（放課後児童健全育成事業の利用）

第九条 市町村は、放課後児童健全育成事業について、発達障害児の利用の機会の確保を図るため、適切な配慮をするものとする。

（発達障害者支援センター等）

第十四条 都道府県知事は、次に掲げる業務を、社会福祉法人その他の政令で定める法人であって当該業務を適正かつ確実に行うことができると認めて指定した者（以下「発達障害者支援センター」という。）に行わせ、又は自ら行うことができる。

一 発達障害の早期発見、早期の発達支援等に資するよう、発達障害者及びその家族その他の関係者に対し、専門的に、その相談に応じ、又は情報の提供若しくは助言を行うこと。

二 発達障害者に対し、専門的な発達支援及び就労の支援を行うこと。

●障害者の日常生活及び社会生活を総合的に支援するための法律

（平一七・一一・七 法一二三）

最終改正 令二―法七

（目的）

第一条 この法律は、障害者基本法（昭和四十五年法律第八十四号）の基本的な理念にのっとり、身体障害者福祉法（昭和二十四年法律第二百八十三号）、知的障害者福祉法（昭和三十五年法律第三十七号）、精神保健及び精神障害者福祉に関する法律（昭和二十五年法律第百二十三号）、児童福祉法（昭和二十二年法律第百六十四号）その他障害者及び障害児の福祉に関する法律と相まって、障害者及び障害児が基本的人権を享有する個人としての尊厳にふさわしい日常生活又は社会生活を営むことができるよう、必要な障害福祉サービスに係る給付、地域生活支援事業その他の支援を総合的に行い、もって障害者及び障害児の福祉の増進を図るとともに、障害の有無にかかわらず国民が相互に人格と個性を尊重し安心して暮らすことのできる地域社会の実現に寄与することを目的とする。

●男女共同参画社会基本法

（平一一・六・二三 法七八）
最終改正　平一一―法一六〇

（目的）
第一条　この法律は、男女の人権が尊重され、かつ、社会経済情勢の変化に対応できる豊かで活力ある社会を実現することの緊要性にかんがみ、男女共同参画社会の形成に関し、基本理念を定め、並びに国、地方公共団体及び国民の責務を明らかにするとともに、男女共同参画社会の形成の促進に関する施策の基本となる事項を定めることにより、男女共同参画社会の形成を総合的かつ計画的に推進することを目的とする。

（定義）
第二条　この法律において、次の各号に掲げる用語の意義は、当該各号に定めるところによる。

一　男女共同参画社会の形成　男女が、社会の対等な構成員として、自らの意思によって社会のあらゆる分野における活動に参画する機会が確保され、もって男女が均等に政治的、経済的、社会的及び文化的利益を享受することができ、かつ、共に責任を担うべき社会を形成することをいう。

二　積極的改善措置　前号に規定する機会に係る男女間の格差を改善するため必要な範囲内において、男女のいずれか一方に対し、当該機会を積極的に提供することをいう。

（男女の人権の尊重）
第三条　男女共同参画社会の形成は、男女の個人としての尊厳が重んぜられること、男女が性別による差別的取扱いを受けないこと、男女が個人として能力を発揮する機会が確保されることその他の男女の人権が尊重されることを旨として、行われなければならない。

（社会における制度又は慣行についての配慮）
第四条　男女共同参画社会の形成に当たっては、社会における制度又は慣行が、性別による固定的な役割分担等を反映して、男女の社会における活動の選択に対して中立でない影響を及ぼすことにより、男女共同参画社会の形成を阻害する要因となるおそれがあることにかんがみ、社会における制度又は慣行が男女の社会における活動の選択に対して及ぼす影響をできる限り中立なものとするように配慮されなければならない。

（政策等の立案及び決定への共同参画）

第五条　男女共同参画社会の形成は、男女が、社会の対等な構成員として、国若しくは地方公共団体における政策又は民間の団体における方針の立案及び決定に共同して参画する機会が確保されることを旨として、行われなければならない。

（家庭生活における活動と他の活動の両立）

第六条　男女共同参画社会の形成は、家族を構成する男女が、相互の協力と社会の支援の下に、子の養育、家族の介護その他の家庭生活における活動について家族の一員としての役割を円滑に果たし、かつ、当該活動以外の活動を行うことができるようにすることを旨として、行われなければならない。

（国際的協調）

第七条　男女共同参画社会の形成の促進が国際社会における取組と密接な関係を有していることにかんがみ、男女共同参画社会の形成は、国際的協調の下に行われなければならない。

（国の責務）

第八条　国は、第三条から前条までに定める男女共同参画社会の形成についての基本理念（以下「基本理念」という。）にのっとり、男女共同参画社会の形成の促進に関する施策（積極的改善措置を含む。以下同じ。）を総合的に策定し、及び実施する責務を有する。

（地方公共団体の責務）

第九条　地方公共団体は、基本理念にのっとり、男女共同参画社会の形成の促進に関し、国の施策に準じた施策及びその他のその地方公共団体の区域の特性に応じた施策を策定し、及び実施する責務を有する。

●人権教育及び人権啓発の推進に関する法律（平一二・一二・六 法一四七）

（目的）
第一条 この法律は、人権の尊重の緊要性に関する認識の高まり、社会的身分、門地、人種、信条又は性別による不当な差別の発生等の人権侵害の現状その他人権の擁護に関する内外の情勢にかんがみ、人権教育及び人権啓発に関する施策の推進について、国、地方公共団体及び国民の責務を明らかにするとともに、必要な措置を定め、もって人権の擁護に資することを目的とする。

（定義）
第二条 この法律において、人権教育とは、人権尊重の精神の涵養を目的とする教育活動をいい、人権啓発とは、国民の間に人権尊重の理念を普及させ、及びそれに対する国民の理解を深めることを目的とする広報その他の啓発活動（人権教育を除く。）をいう。

（基本理念）
第三条 国及び地方公共団体が行う人権教育及び人権啓発は、学校、地域、家庭、職域その他の様々な場を通じて、国民が、その発達段階に応じ、人権尊重の理念に対する理解を深め、これを体得することができるよう、多様な機会の提供、効果的な手法の採用、国民の自主性の尊重及び実施機関の中立性の確保を旨として行われなければならない。

（国の責務）
第四条 国は、前条に定める人権教育及び人権啓発の基本理念（以下「基本理念」という。）にのっとり、人権教育及び人権啓発に関する施策を策定し、及び実施する責務を有する。

（地方公共団体の責務）
第五条 地方公共団体は、基本理念にのっとり、国との連携を図りつつ、その地域の実情を踏まえ、人権教育及び人権啓発に関する施策を策定し、及び実施する責務を有する。

（国民の責務）
第六条 国民は、人権尊重の精神の涵養に努めるとともに、人権が尊重される社会の実現に寄与するよう努めなければならない。

●少子化社会対策基本法（平一五・七・三〇 法一三三）

（目的）

第一条　この法律は、我が国において急速に少子化が進展しており、その状況が二十一世紀の国民生活に深刻かつ多大な影響を及ぼすものであることにかんがみ、このような事態に対し、長期的な視点に立って的確に対処するため、少子化社会において講ぜられる施策の基本理念を明らかにするとともに、国及び地方公共団体の責務、少子化に対処するために講ずべき施策の基本となる事項その他の事項を定めることにより、少子化に対処するための施策を総合的に推進し、もって国民が豊かで安心して暮らすことのできる社会の実現に寄与することを目的とする。

（施策の基本理念）

第二条　少子化に対処するための施策は、父母その他の保護者が子育てについての第一義的責任を有するとの認識の下に、国民の意識の変化、生活様式の多様化等に十分留意しつつ、男女共同参画社会の形成とあいまって、家庭や子育てに夢を持ち、かつ、次代の社会を担う子どもを安心して生み、育てることができる環境を整備することを旨として講ぜられなければならない。

2　少子化に対処するための施策は、人口構造の変化、財政の状況、経済の成長、社会の高度化その他の状況に十分配意し、長期的な展望に立って講ぜられなければならない。

3　少子化に対処するための施策を講ずるに当たっては、子どもの安全な生活が確保されるとともに、子どもがひとしく心身ともに健やかに育つことができるよう配慮しなければならない。

4　社会、経済、教育、文化その他あらゆる分野における施策は、少子化の状況に配慮して、講ぜられなければならない。

（保育サービス等）

第十一条　国及び地方公共団体は、子どもを養育する者の多様な需要に対応した良質な保育サービス等が提供されるよう、病児保育、低年齢児保育、休日保育、夜間保育、延長保育及び一時保育の充実、放課後児童健全育成事業等の拡充その他の保育等に係る体制の整備並びに保育サービスに係る情報の提供の促進に必要な施策を講ずるとともに、保育所、幼稚園その他の保育サービスを提供する施設の活用による子育てに関する情報の提供及び相談の実施その他の子育て支援が図られるよう必要な施策を講ずるものとする。（の充実）

2　国及び地方公共団体は、保育において幼稚園の果たしている役割に配慮し、その充実を図るとともに、前項の保育等に係る体制の整備に必要な施策を講ずるに当たっては、幼稚園と保育所との連携の強化及びこれらに係る施設の総合化に配慮するものとする。

（地域社会における子育て支援体制の整備）

第十二条　国及び地方公共団体は、地域において子どもを生み、育てる者を支援する拠点の整備を図るとともに、安心して子どもを生み、育てることができる地域社会の形成に係る活動を行う民間団体の支援、地域における子どもと他の世代との交流の促進等について必要な施策を講ずることにより、子どもを生み、育てる者を支援する地域社会の形成のための環境の整備を行うものとする。

（ゆとりのある教育の推進等）

第十四条　国及び地方公共団体は、子どもを生み、育てる者の教育に関する心理的な負担を軽減するため、教育の内容及び方法の改善及び充実、入学者の選抜方法の改善等によりゆとりのある学校教育の実現が図られるよう必要な施策を講ずるとともに、子どもの文化体験、スポーツ体験、社会体験その他の体験を豊かにするための多様な機会の提供、家庭教育に関する学習機会及び情報の提供、家庭教育に関する相談体制の整備等子どもが豊かな人間性をはぐくむことができる社会環境を整備するために必要な施策を講ずるものとする。

（教育及び啓発）

第十七条　国及び地方公共団体は、生命の尊厳並びに子育てにおいて家庭が果たす役割及び家庭生活における男女の協力の重要性について国民の認識を深めるよう必要な教育及び啓発を行うものとする。

2　国及び地方公共団体は、安心して子どもを生み、育てることができる社会の形成について国民の関心と理解を深めるよう必要な教育及び啓発を行うものとする。

●次世代育成支援対策推進法（平一五・七・一六 法一二〇）

最終改正　平二九―法一四

（目的）

第一条　この法律は、我が国における急速な少子化の進行並びに家庭及び地域を取り巻く環境の変化にかんがみ、次世代育成支援対策に関し、基本理念を定め、並びに国、地方公共団体、事業主及び国民の責務を明らかにするとともに、行動計画策定指針並びに地方公共団体及び事業主の行動計画の策定その他の次世代育成支援対策を推進するために必要な事項を定めることにより、次世代育成支援対策を迅速かつ重点的に推進し、もって次代の社会を担う子どもが健やかに生まれ、かつ、育成される社会の形成に資することを目的とする。

（定義）

第二条　この法律において「次世代育成支援対策」とは、次代の社会を担う子どもを育成し、又は育成しようとする家庭に対する支援その他の次代の社会を担う子どもが健やかに生まれ、かつ、育成される環境の整備のための国若しくは地方公共団体が講ずる施策又は事業主が行う雇用環境の整備その他の取組をいう。

（基本理念）

第三条　次世代育成支援対策は、父母その他の保護者が子育てについての第一義的責任を有するという基本的認識の下に、家庭その他の場において、子育ての意義についての理解が深められ、かつ、子育てに伴う喜びが実感されるように配慮して行われなければならない。

●子ども・若者育成支援推進法（平二一・七・八 法七一）

最終改正　平二七―法六六

（目的）

第一条　この法律は、子ども・若者が次代の社会を担い、その健やかな成長が我が国社会の発展の基礎をなすものであることにかんがみ、日本国憲法及び児童の権利に関する条約の理念にのっとり、子ども・若者をめぐる環境が悪化し、社会生活を円滑に営む上での困難を有する子ども・若者の問題が深刻な状況にあることを踏まえ、子ども・若者の健やかな育成、子ども・若者が社会生活を円滑に営むことができるようにするための支援その他の取組（以下「子ども・若者育成支援」という。）について、その基本理念、国及び地方公共団体の責務並びに施策の基本となる事項を定めるとともに、子ども・若者育成支援推進本部を設置すること等により、他の関係法律による施策と相まって、総合的な子ども・若者育成支援のための施策（以下「子ども・若者育成支援施策」という。）を推進することを目的とする。

（基本理念）

第二条　子ども・若者育成支援は、次に掲げる事項を基本理念として行われなければならない。

一　一人一人の子ども・若者が、健やかに成長し、社会とのかかわりを自覚しつつ、自立した個人としての自己を確立し、他者とともに次代の社会を担うことができるようになることを目指すこと。

二　子ども・若者について、個人としての尊厳が重んぜられ、不当な差別的取扱いを受けることがないようにするとともに、その意見を十分に尊重しつつ、その最善の利益を考慮すること。

三　子ども・若者が成長する過程においては、様々な社会的要因が影響を及ぼすものであるとともに、とりわけ良好な家庭的環境で生活することが重要であることを旨とすること。

四　子ども・若者育成支援において、家庭、学校、職域、地域その他の社会のあらゆる分野におけるすべての構成員が、各々の役割を果たすとともに、相互に協力しながら一体的に取り組むこと。
五　子ども・若者の発達段階、生活環境、特性その他の状況に応じてその健やかな成長が図られるよう、良好な社会環境（教育、医療及び雇用に係る環境を含む。以下同じ。）の整備その他必要な配慮を行うこと。
六　教育、福祉、保健、医療、矯正、更生保護、雇用その他の各関連分野における知見を総合して行うこと。
七　修学及び就業のいずれもしていない子ども・若者その他の子ども・若者であって、社会生活を円滑に営む上での困難を有するものに対しては、その困難の内容及び程度に応じ、当該子ども・若者の意思を十分に尊重しつつ、必要な支援を行うこと。

●子ども・子育て支援法（平二四・八・二二　法六五）

最終改正　令二一法四一

（目的）

第一条　この法律は、我が国における急速な少子化の進行並びに家庭及び地域を取り巻く環境の変化に鑑み、児童福祉法（昭和二十二年法律第百六十四号）その他の子どもに関する法律による施策と相まって、子ども・子育て支援給付その他の子ども及び子どもを養育している者に必要な支援を行い、もって一人一人の子どもが健やかに成長することができる社会の実現に寄与することを目的とする。

（基本理念）

第二条　子ども・子育て支援は、父母その他の保護者が子育てについての第一義的責任を有するという基本的認識の下に、家庭、学校、地域、職域その他の社会のあらゆる分野における全ての構成員が、各々の役割を果たすとともに、相互に協力して行われなければならない。

（市町村等の責務）

第三条 市町村（特別区を含む。以下同じ。）は、この法律の実施に関し、次に掲げる責務を有する。

一 子どもの健やかな成長のために適切な環境が等しく確保されるよう、子ども及びその保護者に必要な子ども・子育て支援給付及び地域子ども・子育て支援事業を総合的かつ計画的に行うこと。

二 子ども及びその保護者が、確実に子ども・子育て支援給付を受け、及び地域子ども・子育て支援事業その他の子ども・子育て支援を円滑に利用するために必要な援助を行うとともに、関係機関との連絡調整その他の便宜の提供を行うこと。

（子ども・子育て支援給付の種類）

第八条 子ども・子育て支援給付は、子どものための現金給付、子どものための教育・保育給付及び子育てのための施設等利用給付とする。

（子どものための教育・保育給付）

第十一条 子どものための教育・保育給付は、施設型給付費、特例施設型給付費、地域型保育給付費及び特例地域型保育給付費の支給とする。

●子どもの貧困対策の推進に関する法律

（平成二五・六・二六 法六四）

最終改正 令元―法四一

（目的）

第一条 この法律は、子どもの現在及び将来がその生まれ育った環境によって左右されることのないよう、全ての子どもが心身ともに健やかに育成され、及びその教育の機会均等が保障され、子ども一人一人が夢や希望を持つことができるようにするため、子どもの貧困の解消に向けて、児童の権利に関する条約の精神にのっとり、子どもの貧困対策に関し、基本理念を定め、国等の責務を明らかにし、及び子どもの貧困対策の基本となる事項を定めることにより、子どもの貧困対策を総合的に推進することを目的とする。

（基本理念）

第二条　子どもの貧困対策は、社会のあらゆる分野において、子どもの年齢及び発達の程度に応じて、その意見が尊重され、その最善の利益が優先して考慮され、子どもが心身ともに健やかに育成されることを旨として、推進されなければならない。

2　子どもの貧困対策は、子ども等に対する教育の支援、生活の安定に資するための支援、職業生活の安定と向上に資するための就労の支援、経済的支援等の施策を、子どもの現在及び将来がその生まれ育った環境によって左右されることのない社会を実現することを旨として、子ども等の生活及び取り巻く環境の状況に応じて包括的かつ早期に講ずることにより、推進されなければならない。

（教育の支援）

第十条　国及び地方公共団体は、教育の機会均等が図られるよう、就学の援助、学資の援助、学習の支援その他の貧困の状況にある子どもの教育に関する支援のために必要な施策を講ずるものとする。

（生活の安定に資するための支援）

第十一条　国及び地方公共団体は、貧困の状況にある子ども及びその保護者に対する生活に関する相談、貧困の状況にある子どもに対する社会との交流の機会の提供その他の貧困の状況にある子どもの生活の安定に資するための支援に関し必要な施策を講ずるものとする。

第9編　関　連　法

●国家賠償法（昭二二・一〇・二七 法一二五）

〔公権力の行使に当る公務員の加害行為に対する国家賠償責任〕

第一条 国又は公共団体の公権力の行使に当る公務員が、その職務を行うについて、故意又は過失によつて違法に他人に損害を加えたときは、国又は公共団体が、これを賠償する責に任ずる。

② 前項の場合において、公務員に故意又は重大な過失があつたときは、国又は公共団体は、その公務員に対して求償権を有する。

〔公の営造物の設置管理の瑕疵に対する国家賠償責任〕

第二条 道路、河川その他の公の営造物の設置又は管理に瑕疵があつたために他人に損害を生じたときは、国又は公共団体は、これを賠償する責に任ずる。

② 前項の場合において、他に損害の原因について責に任ずべき者があるときは、国又は公共団体は、これに対して求償権を有する。

●民法（明二九・四・二七 法八九）

最終改正　令元―法七一

（親権者）

第八百十八条 成年に達しない子は、父母の親権に服する。

2　子が養子であるときは、養親の親権に服する。

3　親権は、父母の婚姻中は、父母が共同して行う。ただし、父母の一方が親権を行うことができないときは、他の一方が行う。

（監護及び教育の権利義務）

第八百二十条 親権を行う者は、子の利益のために子の監護及び教育をする権利を有し、義務を負

権利義務）

う。

（居所の指定）

第八百二十一条　子は、親権を行う者が指定した場所に、その居所を定めなければならない。

（懲戒）

第八百二十二条　親権を行う者は、第八百二十条の規定による監護及び教育に必要な範囲内でその子を懲戒することができる。

（職業の許可）

第八百二十三条　子は、親権を行う者の許可を得なければ、職業を営むことができない。

（親権喪失の審判）

第八百三十四条　父又は母による虐待又は悪意の遺棄があるときその他父又は母による親権の行使が著しく困難又は不適当であることにより子の利益を著しく害するときは、家庭裁判所は、子、その親族、未成年後見人、未成年後見監督人又は検察官の請求により、その父又は母について、親権喪失の審判をすることができる。ただし、二年以内にその原因が消滅する見込みがあるときは、この限りでない。

（親権停止の審判）

第八百三十四条の二　父又は母による親権の行使が困難又は不適当であることにより子の利益を害するときは、家庭裁判所は、子、その親族、未成年後見人、未成年後見監督人又は検察官の請求により、その父又は母について、親権停止の審判をすることができる。

2　家庭裁判所は、親権停止の審判をするときは、その原因が消滅するまでに要すると見込まれる期間、子の心身の状態及び生活の状況その他一切の事情を考慮して、二年を超えない範囲内で、親権を停止する期間を定める。

●国民の祝日に関する法律（昭二三・七・二〇 法一七八）

最終改正 平三〇―法五七

〔国民の祝日の意義〕

第一条 自由と平和を求めてやまない日本国民は、美しい風習を育てつつ、よりよき社会、より豊かな生活を築きあげるために、ここに国民こぞつて祝い、感謝し、又は記念する日を定め、これを「国民の祝日」と名づける。

〔国民の祝日の日〕

第二条 「国民の祝日」を次のように定める。

元日　一月一日　年のはじめを祝う。

成人の日　一月の第二月曜日　おとなになつたことを自覚し、みずから生き抜こうとする青年を祝いはげます。

建国記念の日　政令で定める日　建国をしのび、国を愛する心を養う。

天皇誕生日　二月二十三日　天皇の誕生日を祝う。

春分の日　春分日　自然をたたえ、生物をいつくしむ。

昭和の日　四月二十九日　激動の日々を経て、復興を遂げた昭和の時代を顧み、国の将来に思いをいたす。

憲法記念日　五月三日　日本国憲法の施行を記念し、国の成長を期する。

みどりの日　五月四日　自然に親しむとともにその恩恵に感謝し、豊かな心をはぐくむ。

こどもの日　五月五日　こどもの人格を重んじ、こどもの幸福をはかるとともに、母に感謝する。

海の日　七月の第三月曜日　海の恩恵に感謝するとともに、海洋国日本の繁栄を願う。

山の日　八月十一日　山に親しむ機会を得て、山の恩恵に感謝する。

敬老の日　九月の第三月曜日　多年にわたり社会につくしてきた老人を敬愛し、長寿を祝う。
秋分の日　秋分日　祖先をうやまい、なくなつた人々をしのぶ。
スポーツの日　十月の第二月曜日　スポーツを楽しみ、他者を尊重する精神を培うとともに、健康で活力ある社会の実現を願う。
文化の日　十一月三日　自由と平和を愛し、文化をすすめる。
勤労感謝の日　十一月二十三日　勤労をたつとび、生産を祝い、国民たがいに感謝しあう。

〔祝日の休日扱い〕
第三条　「国民の祝日」は、休日とする。
2　「国民の祝日」が日曜日に当たるときは、その日後においてその日に最も近い「国民の祝日」でない日を休日とする。
3　その前日及び翌日が「国民の祝日」である日（「国民の祝日」でない日に限る。）は、休日とする。

●国旗及び国歌に関する法律（平一一・八・一三 法一二七）

（国旗）
第一条　国旗は、日章旗とする。
2　日章旗の制式は、別記第一のとおりとする。

（国歌）
第二条　国歌は、君が代とする。
2　君が代の歌詞及び楽曲は、別記第二のとおりとする。

別記第一（第一条関係）

日章旗の制式

一　寸法の割合及び日章の位置

縦　横の三分の二

日章

直径　縦の五分の三

中心　旗の中心

二　彩色

地　白色

日章　紅色

別記第二（第二条関係）

君が代の歌詞及び楽曲

一　歌詞

君が代は
千代に八千代に
さざれ石の
いわおとなりて
こけのむすまで

二　楽曲

●著作権法（昭四五・五・六 法四八）
最終改正　令二―法四八

（学校その他の教育機関における複製等）

第三十五条　学校その他の教育機関（営利を目的として設置されているものを除く。）において教育を担任する者及び授業を受ける者は、その授業の過程における利用に供することを目的とする場合には、その必要と認められる限度において、公表された著作物を複製し、若しくは公衆送信（自動公衆送信の場合にあつては、送信可能化を含む。以下この条において同じ。）を行い、又は公表された著作物であつて公衆送信されるものを受信装置を用いて公に伝達することができる。ただし、当該著作物の種類及び用途並びに当該複製の部数及び当該複製、公衆送信又は伝達の態様に照らし著作権者の利益を不当に害することとなる場合は、この限りでない。

2　前項の規定により公衆送信を行う場合には、同項の教育機関を設置する者は、相当な額の補償金を著作権者に支払わなければならない。

3　前項の規定は、公表された著作物について、第一項の教育機関における授業の過程において、当該授業を直接受ける者に対して当該著作物をその原作品若しくは複製物を提供し、若しくは提示して利用する場合又は当該著作物を第三十八条第一項の規定により上演し、演奏し、上映し、若しくは口述して利用する場合において、当該授業が行われる場所以外の場所において当該授業を同時に受ける者に対して公衆送信を行うときには、適用しない。

（試験問題としての複製等）

第三十六条　公表された著作物については、入学試験その他人の学識技能に関する試験又は検定の目的上必要と認められる限度において、当該試験又は検定の問題として複製し、又は公衆送信（放送又は有線放送を除き、自動公衆送信の場合にあつては送信可能化を含む。次項において同じ。）を行うことができる。ただし、当該著作物の種類及び用途並びに当該公衆送信の態様に照らし著作権者の利益を不当に害することとなる場合は、この限りでない。

（営利を目的としない上演等）

2　営利を目的として前項の複製又は公衆送信を行う者は、通常の使用料の額に相当する額の補償金を著作権者に支払わなければならない。

第三十八条　公表された著作物は、営利を目的とせず、かつ、聴衆又は観衆から料金（いずれの名義をもつてするかを問わず、著作物の提供又は提示につき受ける対価をいう。以下この条において同じ。）を受けない場合には、公に上演し、演奏し、上映し、又は口述することができる。ただし、当該上演、演奏、上映又は口述について実演家又は口述を行う者に対し報酬が支払われる場合は、この限りでない。

●公職選挙法（昭二五・四・一五 法一〇〇）

最終改正　令二一法四五

（選挙権）

第九条　日本国民で年齢満十八年以上の者は、衆議院議員及び参議院議員の選挙権を有する。

2　日本国民たる年齢満十八年以上の者で引き続き三箇月以上市町村の区域内に住所を有する者は、その属する地方公共団体の議会の議員及び長の選挙権を有する。

（教育者の地位利用の選挙運動の禁止）

第百三十七条　教育者（学校教育法（昭和二十二年法律第二十六号）に規定する学校及び就学前の子どもに関する教育、保育等の総合的な提供の推進に関する法律（平成十八年法律第七十七号）に規定する幼保連携型認定こども園の長及び教員をいう。）は、学校の児童、生徒及び学生に対する教育上の地位を利用して選挙運動をすることができない。

（年齢満十八年未満の者の選挙運動の禁止）

第百三十七条の二　年齢満十八年未満の者は、選挙運動をすることができない。

2　何人も、年齢満十八年未満の者を使用して選挙運動をすることができない。ただし、選挙運動のための労務に使用する場合は、この限りでない。

附　　録

〈資料一〉

●学制布告書（学事奨励に関する被仰出書）

（一八七二（明治五）年八月二日
太政官布告第二一四号）

人々自ら其身を立て其産を治め其業を昌にして以て其生を遂るゆゑんのものは他なし身を脩め智を開き才芸を長するによるなり而て其身を脩め智を開き才芸を長するは学にあらされは能はす是れ学校の設あるゆゑんにして日用常行言語書算を初め士官農商百工技芸及び法律政治天文医療等に至る迄凡人の営むところの事学あらさるはなし人能く其才のあるところに応し勉励して之に従事ししかして後初て生を治め産を興し業を昌にするを得へしされは学問は身を立るの財本ともいふへきものにして人たるもの誰か学はすして可ならんや夫の道路に迷ひ飢餓に陥り家を破り身を喪の徒の如きは畢竟不学よりしてかゝる過ちを生するなり従来学校の設ありてより年を歴ること久しといへとも或は其道を得さるよりして人其方向を誤り学問は士人以上の事とし農工商及婦女子に至つては之を度外におき学問の何物たるを辨せす又士人以上の稀に学ふものも動もすれは国家の為にすと唱へ身を立るの基たるを知すして或は詞章記誦の末に趨り空理虚談の途に陥り其論高尚に似たりといへとも之を身に行ひ事に施すこと能さるもの少からす是すなはち沿襲の習弊にして文明普ねからす才芸の長せすして貧乏破産喪家の徒多きゆゑんなり是故に人たるものは学はすんはあるへからす之を学ふに宜しく其旨を誤るへからす之に依て今般文部省に於て学制を定め追々教則をも改正し布告に及ふへきにつき自今以後一般の人民華士族卒農工商及婦女子必す邑に不学の戸なく家に不学の人なからしめん事を期す人の父兄たるもの宜しく此意を体認し其愛育の情を厚くし其子弟をして必す学に従事せしめさるへからさるものなり高上の学に至ては其人の材能に任かすといへとも幼童の子弟は男女の別なく

小学に従事せしめさるものは其父兄の越度たるへき事

但従来沿襲の弊学問は士人以上の事とし国家の為にすと唱ふるを以て学費及其衣食の用に至る迄多く官に依頼し之を給するに非されは学さる事と思ひ一生を自棄するもの少からす是皆惑へるの甚しきものなり自今以後此等の弊を改め一般の人民他事を抛ち自ら奮て必す学に従事せしむへき様心得へき事

右之通被　仰出候条地方官ニ於テ辺隅小民ニ至ル迄不洩様便宜解釈ヲ加ヘ精細申諭文部省規則ニ随ヒ学問普及致候様方法ヲ設可施行事

明治五年壬申七月　　太政官

●大日本帝国憲法

（一八八九（明治二二）年二月一一日発布
一八九〇（明治二三）年一一月二九日施行）

第一章　天皇

第一条　大日本帝国ハ万世一系ノ天皇之ヲ統治ス

第三条　天皇ハ神聖ニシテ侵スヘカラス

第四条　天皇ハ国ノ元首ニシテ統治権ヲ総攬シ此ノ憲法ノ条規ニ依リ之ヲ行フ

第九条　天皇ハ法律ヲ執行スル為ニ又ハ公共ノ安寧秩序ヲ保持シ及臣民ノ幸福ヲ増進スル為ニ必要ナル命令ヲ発シ又ハ発セシム但シ命令ヲ以テ法律ヲ変更スルコトヲ得ス

第二章　臣民権利義務

第二十条　日本臣民ハ法律ノ定ムル所ニ従ヒ兵役ノ義務ヲ有ス

第二十一条　日本臣民ハ法律ノ定ムル所ニ従ヒ納税ノ義務ヲ有ス

第二十二条　日本臣民ハ法律ノ範囲内ニ於テ居住及移転ノ

自由ヲ有ス

第二十三条　日本臣民ハ法律ニ依ルニ非スシテ逮捕監禁審問処罰ヲ受クルコトナシ

第二十八条　日本臣民ハ安寧秩序ヲ妨ケス及臣民タルノ義務ニ背カサル限ニ於テ信教ノ自由ヲ有ス

第二十九条　日本臣民ハ法律ノ範囲内ニ於テ言論著作印行集会及結社ノ自由ヲ有ス

第三十条　日本臣民ハ相当ノ敬礼ヲ守リ別ニ定ムル所ノ規程ニ従ヒ請願ヲ為スコトヲ得

第三十一条　本章ニ掲ケタル条規ハ戦時又ハ国家事変ノ場合ニ於テ天皇大権ノ施行ヲ妨クルコトナシ

●教育ニ関スル勅語（一八九〇（明治二三）年一〇月三〇日）

朕惟フニ我カ皇祖皇宗国ヲ肇ムルコト宏遠ニ徳ヲ樹ツルコト深厚ナリ我カ臣民克ク忠ニ克ク孝ニ億兆心ヲ一ニシテ世世厥ノ美ヲ済セルハ此レ我カ国体ノ精華ニシテ教育ノ淵源亦実ニ此ニ存ス爾臣民父母ニ孝ニ兄弟ニ友ニ夫婦相和シ朋友相信シ恭倹己レヲ持シ博愛衆ニ及ホシ学ヲ修メ業ヲ習ヒ以テ智能ヲ啓発シ徳器ヲ成就シ進テ公益ヲ広メ世務ヲ開キ常ニ国憲ヲ重シ国法ニ遵ヒ一旦緩急アレハ義勇公ニ奉シ以テ天壌無窮ノ皇運ヲ扶翼スヘシ是ノ如キハ独リ朕カ忠良ノ臣民タルノミナラス又以テ爾祖先ノ遺風ヲ顕彰スルニ足ラン

斯ノ道ハ実ニ我カ皇祖皇宗ノ遺訓ニシテ子孫臣民ノ倶ニ遵守スヘキ所之ヲ古今ニ通シテ謬ラス之ヲ中外ニ施シテ悖ラス朕爾臣民ト倶ニ拳拳服膺シテ咸其徳ヲ一ニセンコトヲ庶幾フ

明治二十三年十月三十日

御名　御璽

●教育基本法（旧法）（昭二二・三・三一 法二五公布・施行）

われらは、さきに、日本国憲法を確定し、民主的で文化的な国家を建設して、世界の平和と人類の福祉に貢献しようとする決意を示した。この理想の実現は、根本において教育の力にまつべきものである。

われらは、個人の尊厳を重んじ、真理と平和を希求する人間の育成を期するとともに、普遍的にしてしかも個性ゆたかな文化の創造をめざす教育を普及徹底しなければならない。

ここに、日本国憲法の精神に則り、教育の目的を明示して、新しい日本の教育の基本を確立するため、この法律を制定する。

第一条（教育の目的） 教育は、人格の完成をめざし、平和的な国家及び社会の形成者として、真理と正義を愛し、個人の価値をたつとび、勤労と責任を重んじ、自主的精神に充ちた心身ともに健康な国民の育成を期して行われなければならない。

第二条（教育の方針） 教育の目的は、あらゆる機会に、あらゆる場所において実現されなければならない。この目的を達成するためには、学問の自由を尊重し、実際生活に即し、自発的精神を養い、自他の敬愛と協力によつて、文化の創造と発展に貢献するように努めなければならない。

第三条（教育の機会均等） すべて国民は、ひとしく、その能力に応ずる教育を受ける機会を与えられなければならないものであつて、人種、信条、性別、社会的身分、経済的地位又は門地によつて、教育上差別されない。

② 国及び地方公共団体は、能力があるにもかかわらず、経済的理由によつて修学困難な者に対して、奨学の方法を講じなければならない。

第四条（義務教育） 国民は、その保護する子女に、九年の普通教育を受けさせる義務を負う。

② 国又は地方公共団体の設置する学校における義務教育については、授業料は、これを徴収しない。

第五条（男女共学） 男女は、互に敬重し、協力し合わなければならないものであつて、教育上男女の共学は、認められなければならない。

第六条（学校教育） 法律に定める学校は、公の性質をもつものであつて、国又は地方公共団体の外、法律に定める法人のみが、これを設置することができる。

② 法律に定める学校の教員は、全体の奉仕者であつて、自己の使命を自覚し、その職責の遂行に努めなければならない。このためには、教員の身分は、尊重され、その待遇の適正が、期せられなければならない。

第七条（社会教育） 家庭教育及び勤労の場所その他社会

において行われる教育は、国及び地方公共団体によつて奨励されなければならない。

② 国及び地方公共団体は、図書館、博物館、公民館等の施設の設置、学校の施設の利用その他適当な方法によつて教育の目的の実現に努めなければならない。

第八条（政治教育） 良識ある公民たるに必要な政治的教養は、教育上これを尊重しなければならない。

② 法律に定める学校は、特定の政党を支持し、又はこれに反対するための政治教育その他政治的活動をしてはならない。

第九条（宗教教育） 宗教に関する寛容の態度及び宗教の社会生活における地位は、教育上これを尊重しなければならない。

② 国及び地方公共団体が設置する学校は、特定の宗教のための宗教教育その他宗教的活動をしてはならない。

第十条（教育行政） 教育は、不当な支配に服することなく、国民全体に対し直接に責任を負つて行われるべきものである。

② 教育行政は、この自覚のもとに、教育の目的を遂行するに必要な諸条件の整備確立を目標として行われなければならない。

第十一条（補則） この法律に掲げる諸条項を実施するために必要がある場合には、適当な法令が制定されなければならない。

〈資料二〉
●学校教育制度図

日　本
2019（平成 31）年

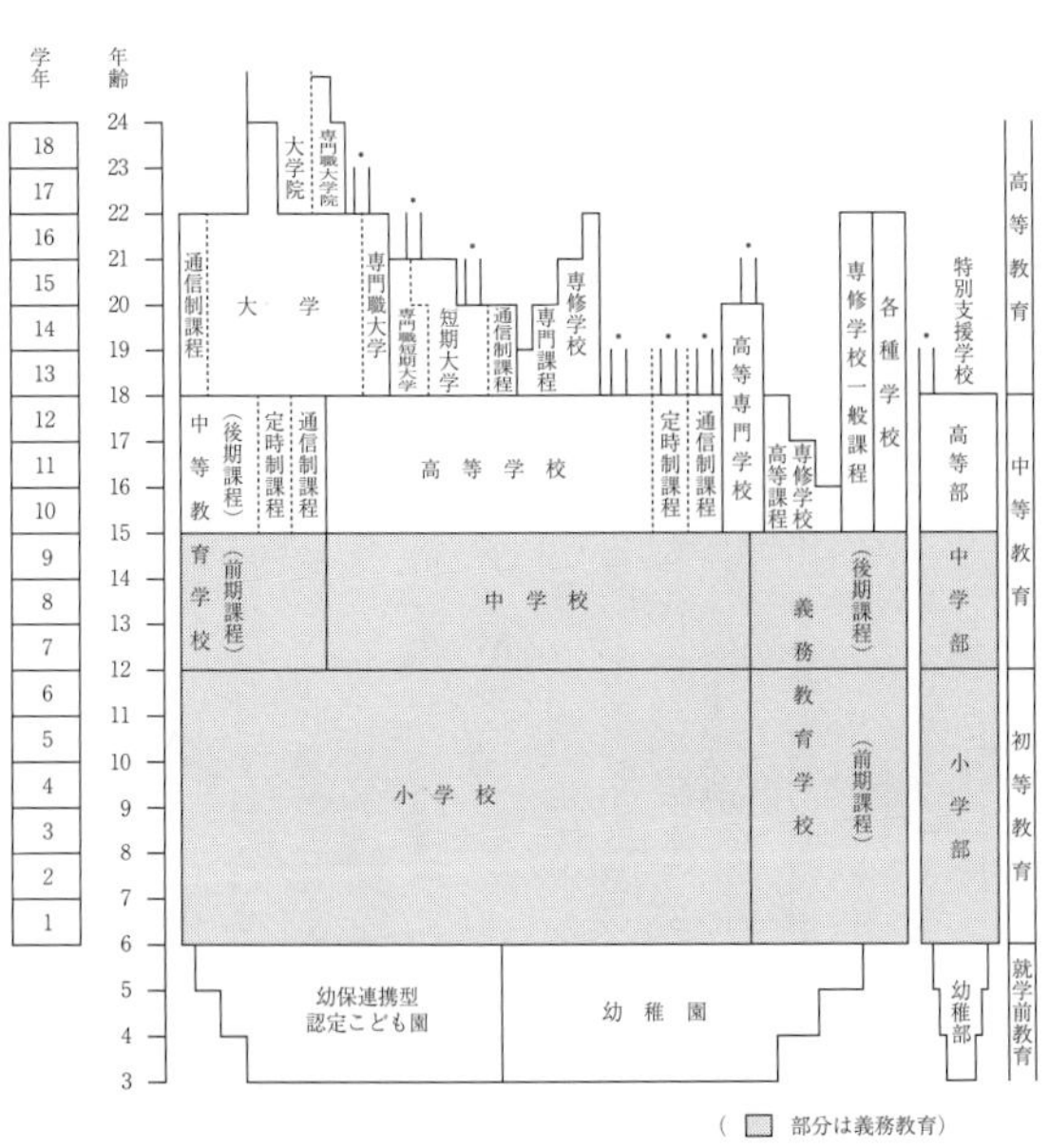

（注）1．*印は専攻科を示す。
2．高等学校、中等教育学校後期課程、大学、短期大学、特別支援学校高等部には修業年限1年以上の別科を置くことができる。
3．幼保連携型認定こども園は、学校かつ児童福祉施設であり0～2歳児も入園することができる。
4．専修学校の一般課程と各種学校については年齢や入学資格を一律に定めていない。

（出典）文部科学省「諸外国の教育統計」令和二（二〇二〇）年版。

アメリカ合衆国

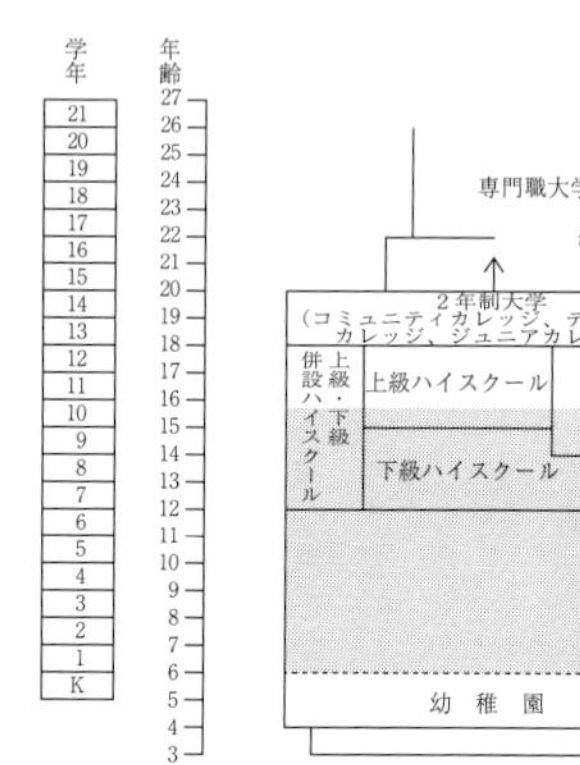
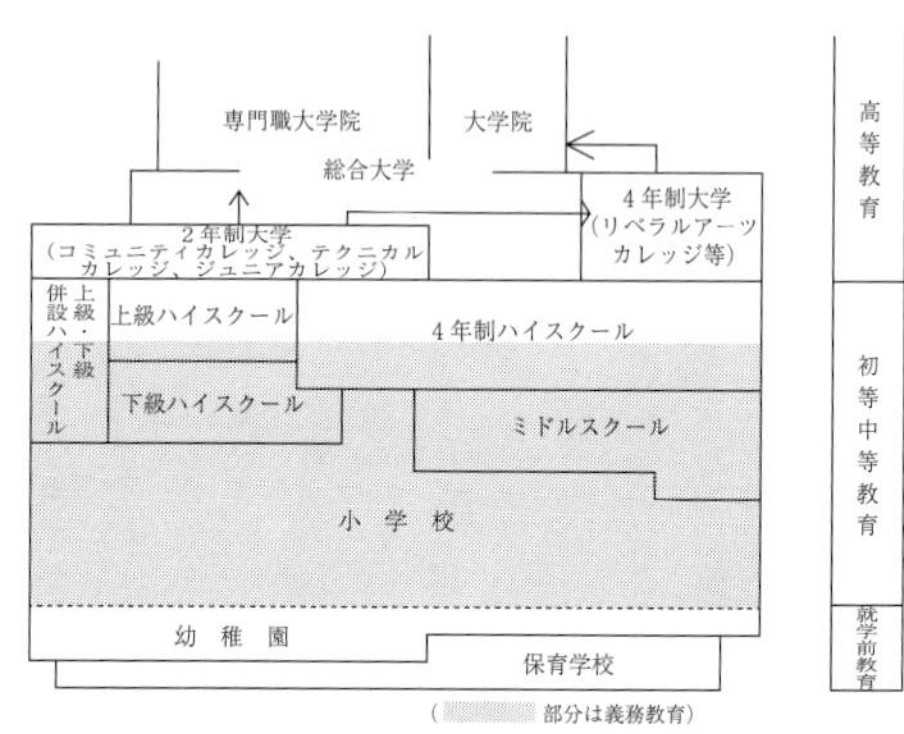

イ ギ リ ス

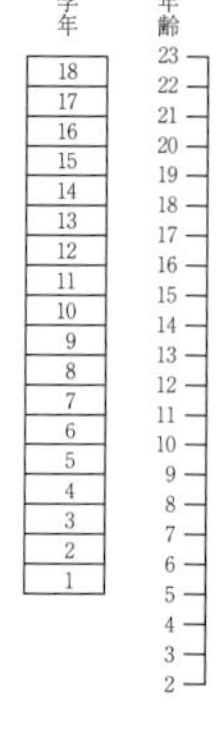
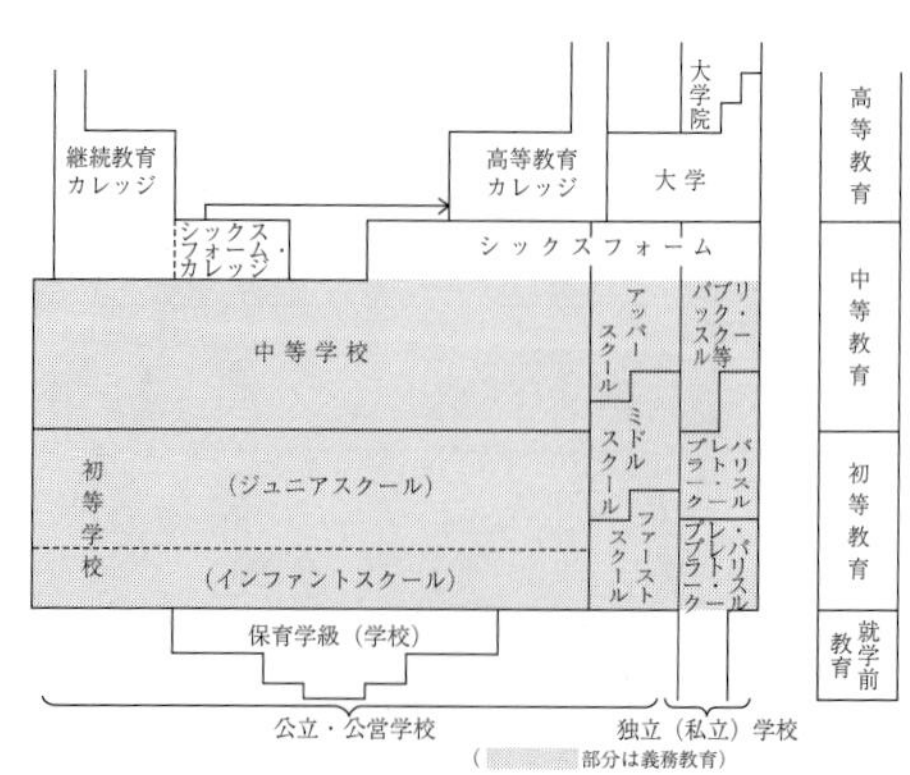

学校教育制度図

フランス

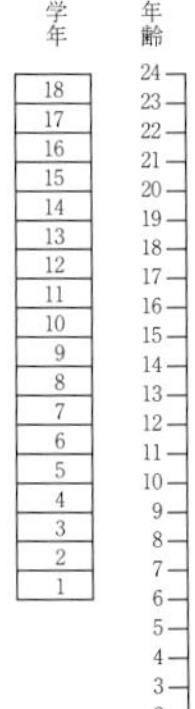

年齢
24
23
22
21
20
19
18
17
16
15
14
13
12
11
10
9
8
7
6
5
4
3
2

各種専門学校
グランゼコール
グランゼコール準備級
大学
高等教員養成学院
技術短期大学部
中級技術者養成課程
見習い技能者養成センター
リセ
職業リセ
コレージュ
小学校
幼稚園・幼児学級

高等教育
中等教育
初等教育
就学前教育

（　　部分は義務教育）

ドイツ

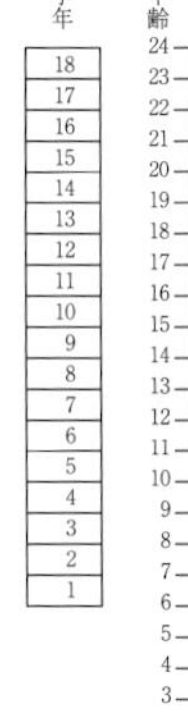

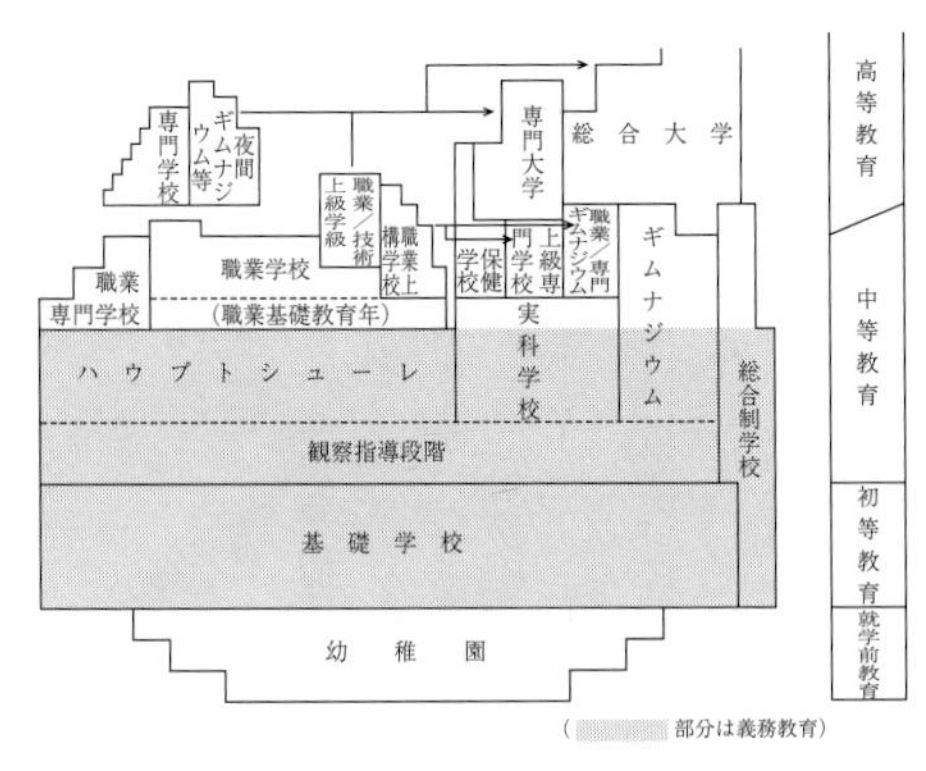

（　　部分は義務教育）

中　国

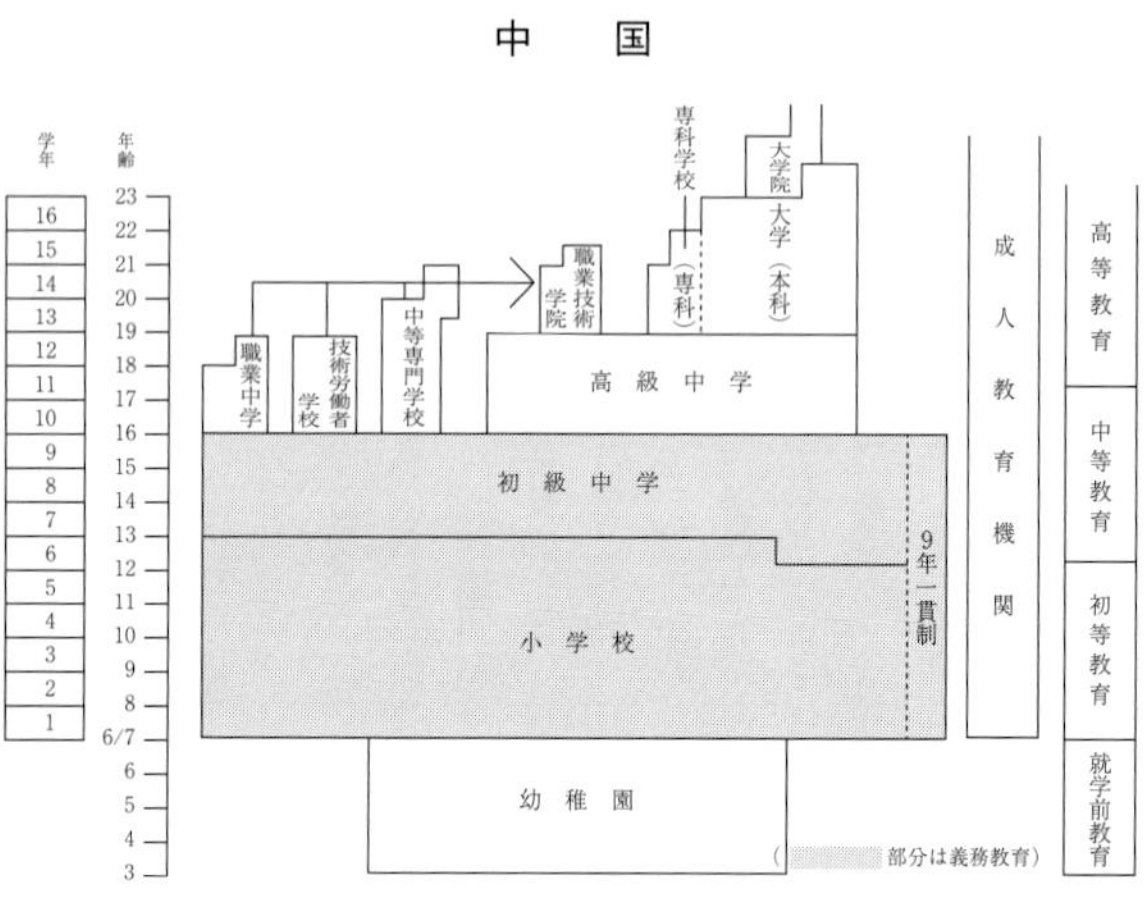
学年
年齢
16
15
14
13
12
11
10
9
8
7
6
5
4
3
2
1
23
22
21
20
19
18
17
16
15
14
13
12
11
10
9
8
6/7
6
5
4
3
専科学校
大学院
大学（本科）
（専科）
職業技術学院
中等専門学校
技術労働者学校
職業中学
高級中学
初級中学
9年一貫制
小学校
幼稚園
成人教育機関
高等教育
中等教育
初等教育
就学前教育
（　部分は義務教育）

韓　国

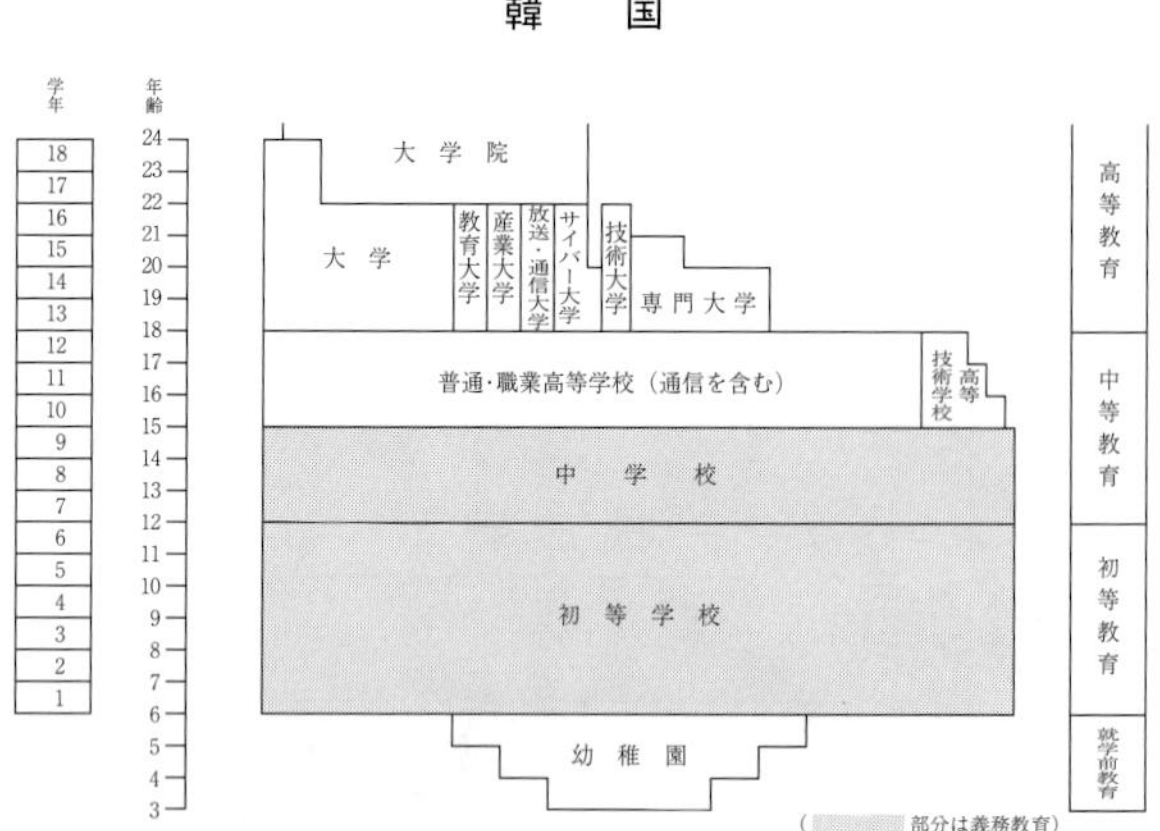
学年
年齢
18
17
16
15
14
13
12
11
10
9
8
7
6
5
4
3
2
1
24
23
22
21
20
19
18
17
16
15
14
13
12
11
10
9
8
7
6
5
4
3
大学院
大学
教育大学
産業大学
放送・通信大学
サイバー大学
技術大学
専門大学
普通・職業高等学校（通信を含む）
技術学校
高等
中学校
初等学校
幼稚園
高等教育
中等教育
初等教育
就学前教育
（　部分は義務教育）

〈日本の戦前〉1919（大正８）年

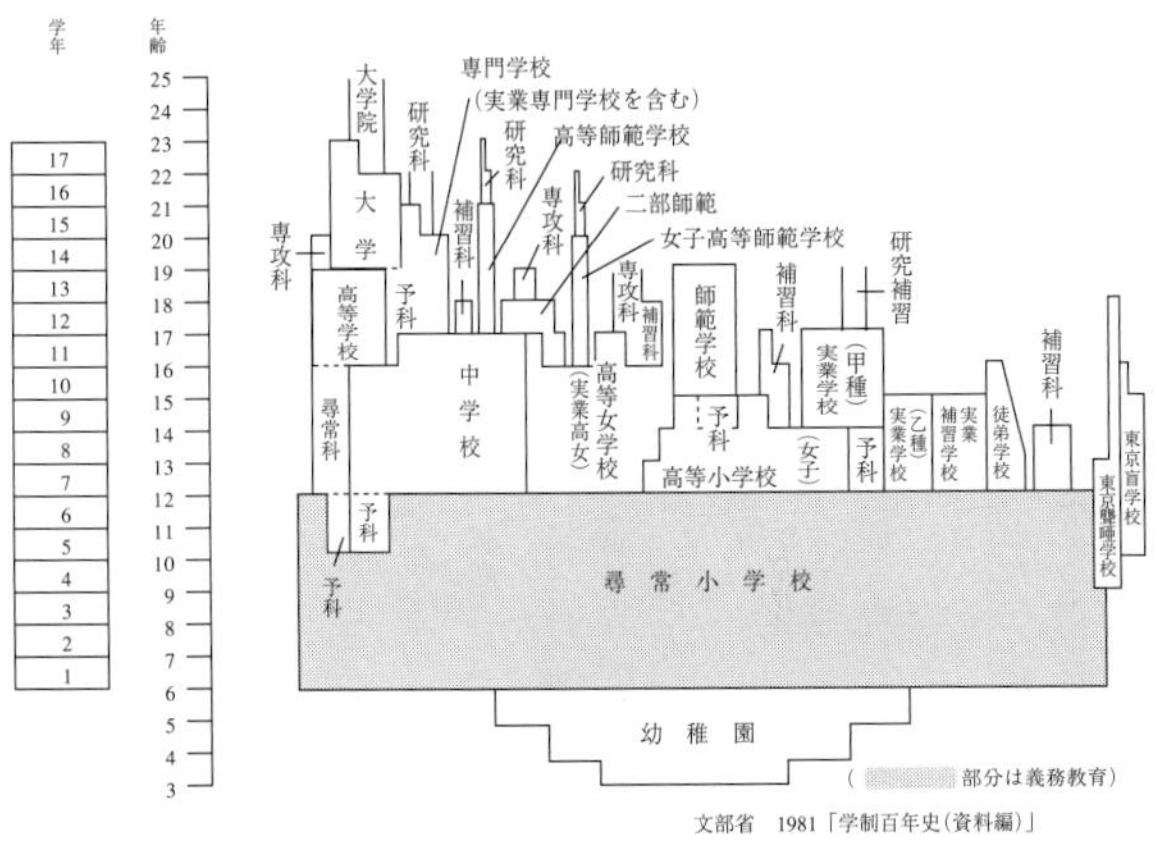

文部省　1981「学制百年史（資料編）」

〈資料三〉
●日本教育史年表

一八七一（M4）文部省設置
一八七二（M5）「学制布告書（学事奨励に関する被仰出書）」公布、「学制」発布
一八七九（M12）「（自由）教育令」公布
一八八〇（M13）「（改正）教育令」公布
一八八一（M14）「小学校教員心得」公布
一八八二（M15）「幼学綱要」下賜
一八八六（M19）「帝国大学令」「小学校令」「中学校令」「師範学校令」「諸学校通則」公布
一八八九（M22）「大日本帝国憲法」発布
一八九〇（M23）「教育ニ関スル勅語」渙発
一八九一（M24）「小学校祝日大祭日儀式規程」公布
一八九四（M27）「高等学校令」公布
一八九六（M29）「民法」公布
一八九九（M32）「実業学校令」「高等女学校令」「私立学校令」公布
一九〇三（M36）「専門学校令」公布
一九一八（T7）「大学令」「高等学校令」公布
一九二三（T12）「盲学校及聾唖学校令」公布
一九二六（T15）「幼稚園令」公布
一九三五（S10）「青年学校令」公布
一九三九（S14）「青少年学徒ニ賜ハリタル勅語」渙発
一九四一（S16）「国民学校令」公布
一九四三（S18）「中等学校令」公布
一九四四（S19）「日本育英会法」公布
一九四五（S20）「戦時教育令」公布、ポツダム宣言受諾、国際連合教育科学文化機関憲章（ユネスコ憲章）採択
一九四六（S21）「日本国憲法」公布
一九四七（S22）「教育基本法」（H18全部改正）「学校教育法」「労働基準法」「国家公務員法」「国家賠償法」「児童福祉法」公布、「学習指導要領一般編（試案）」刊行、六・三制発足
一九四八（S23）「予防接種法」「教科書の発行に関する臨時措置法」「少年法」「教育委員会法」（S31廃止）「国民の祝日に関する法

律」「児童福祉施設最低基準」（現「児童福祉施設の設備及び運営に関する基準」）公布、「保育要領」刊行、国連総会「世界人権宣言」採択

一九四九（S24）「教育公務員特例法」「教育職員免許法」「社会教育法」「私立学校法」公布、新制大学発足

一九五〇（S25）「図書館法」「生活保護法」「文化財保護法」「地方公務員法」公布

一九五一（S26）「結核予防法」（H18廃止。「感染症の予防及び感染症の患者に対する医療に関する法律」が役割を引き継ぐ）「産業教育振興法」「博物館法」公布、「児童憲章」制定

一九五二（S27）「義務教育費国庫負担法」公布

一九五三（S28）「学校図書館法」「理科教育振興法」「公立学校施設費国庫負担法」（現「公立学校施設災害復旧費国庫負担法」）公布、中央教育審議会発足

一九五四（S29）「へき地教育振興法」「盲学校、聾学校及び養護学校への就学奨励に関する法律」（現「特別支援学校への就学奨励に関する法律」）「教育公務員特例法の一部を改正する法律」「義務教育諸学校における教育の政治的中立の確保に関する臨時措置法」「学校給食法」公布

一九五六（S31）「就学困難な児童及び生徒に係る就学奨励についての国の援助に関する法律」「地方教育行政の組織及び運営に関する法律」「大学設置基準」「各種学校規程」「幼稚園設置基準」公布、「幼稚園教育要領」発表

一九五八（S33）「学校保健法」（現「学校保健安全法」）「義務教育諸学校施設費国庫負担法」（現「義務教育諸学校等の施設費の国庫負担等に関する法律」）「公立義務教育諸学校の学級編制及び教職員定数の標準に関する法律」公布、「小学校学習指導要領」「中学校学習指導要領」告示

一九五九（S34）国連総会「児童の権利宣言」採択

一九六〇（S35）「高等学校学習指導要領」（現在全部改正）告示
一九六一（S36）「公立高等学校の設置、適正配置及び教職員定数の標準等に関する法律」（現「公立高等学校の適正配置及び教職員定数の標準等に関する法律」）「高等専門学校設置基準」公布
一九六二（S37）「義務教育諸学校の教科用図書の無償に関する法律」公布
一九六三（S38）「義務教育諸学校の教科用図書の無償措置に関する法律」公布、経済審議会「経済発展における人的能力開発の課題と対策」答申
一九六四（S39）「幼稚園教育要領」（現在全部改正）告示
一九六五（S40）「保育所保育指針」（現在は告示）発表
一九六六（S41）国連総会「国際人権規約」採択
一九七〇（S45）「著作権法」「心身障害者対策基本法」（現「障害者基本法」）公布
一九七四（S49）「学校教育の水準の維持向上のための義務教育諸学校の教育職員の人材確保に関する特別措置法」公布
一九七五（S50）「私立学校振興助成法」公布
一九七六（S51）「専修学校設置基準」公布、専修学校制度創設、学力テスト旭川事件最高裁判決
一九七九（S54）養護学校義務制実施
一九八四（S59）「日本育英会法」（H15廃止。「独立行政法人日本学生支援機構法」が役割を引継ぐ）公布、「臨時教育審議会設置法」（現在失効）公布
一九八七（S62）「社会福祉士及び介護福祉士法」公布、臨時教育審議会第四次（最終）答申
一九八九（H元）国連総会「児童（子ども）の権利に関する条約」採択
一九九〇（H2）「生涯学習の振興のための施策の推進体制等の整備に関する法律」公布
一九九一（H3）「地方公務員の育児休業等に関する法律」公布
一九九七（H9）「日本私立学校振興・共済事業団法」「小学校及び中学校の教諭の普通免許状

授与に係る教育職員免許法の特例等に関する法律」公布

一九九八（H10）「感染症の予防及び感染症の患者に対する医療に関する法律」公布

一九九九（H11）「児童買春、児童ポルノに係る行為等の処罰及び児童の保護等に関する法律」（現「児童買春、児童ポルノに係る行為等の規制及び処罰並びに児童の保護等に関する法律」）「男女共同参画社会基本法」「文部科学省設置法」「国旗及び国歌に関する法律」公布

二〇〇〇（H12）「児童虐待の防止等に関する法律」「人権教育及び人権啓発の推進に関する法律」公布

二〇〇一（H13）「子どもの読書活動の推進に関する法律」公布、文部科学省（文部省と科学技術庁が統合）発足

二〇〇二（H14）「健康増進法」「放送大学学園法」「独立行政法人日本スポーツ振興センター法」「構造改革特別区域法」「小学校設置基準」「中学校設置基準」公布

二〇〇三（H15）「個人情報の保護に関する法律」「独立行政法人日本学生支援機構法」「国立大学法人法」「次世代育成支援対策推進法」「少子化社会対策基本法」「専門職大学院設置基準」公布、「全国保育士会倫理綱領」採択

二〇〇四（H16）「発達障害者支援法」「高等学校設置基準」公布

二〇〇五（H17）「食育基本法」「文字・活字文化振興法」「障害者自立支援法」（現「障害者の日常生活及び社会生活を総合的に支援するための法律」）公布

二〇〇六（H18）「就学前の子どもに関する教育、保育等の総合的な提供の推進に関する法律」「（改正）教育基本法」公布、国連総会「障害者の権利に関する条約」採択

二〇〇八（H20）「青少年が安全に安心してインターネットを利用できる環境の整備等に関する法律」「障害のある児童及び生徒のための

教科用特定図書等の普及の促進等に関する法律」公布、「保育所保育指針」（H29全部改正）告示

二〇〇九（H21）「子ども・若者育成支援推進法」公布

二〇一〇（H22）「公立高等学校に係る授業料の不徴収及び高等学校等就学支援金の支給に関する法律」（現「高等学校等就学支援金の支給に関する法律」）公布

二〇一一（H23）「スポーツ基本法」「障害者虐待の防止、障害者の養護者に対する支援等に関する法律」公布

二〇一二（H24）「社会保障制度改革推進法」「子ども・子育て支援法」公布

二〇一三（H25）「子どもの貧困対策の推進に関する法律」「障害を理由とする差別の解消の推進に関する法律」「いじめ防止対策推進法」「持続可能な社会保障制度の確立を図るための改革の推進に関する法律」公布

二〇一四（H26）「少年院法」「幼保連携型認定こども園の学級の編制、職員、設備及び運営に関する基準」公布、「幼保連携型認定こども園教育・保育要領」告示

二〇一五（H27）「公職選挙法等の一部を改正する法律」公布、スポーツ庁設置

二〇一六（H28）「義務教育の段階における普通教育に相当する教育の機会の確保等に関する法律」公布

二〇一七（H29）「専門職大学設置基準」「専門職短期大学設置基準」公布、「幼保連携型認定こども園教育・保育要領」「幼稚園教育要領」「小学校学習指導要領」「中学校学習指導要領」「特別支援学校幼稚部教育要領」「特別支援学校小学部・中学部学習指導要領」「保育所保育指針」告示、国立教員養成大学・学部、大学院、附属学校の改革に関する有識者会議報告書

二〇一八（H30）「民法の一部を改正する法律」「成育過程にある者及びその保護者並びに妊産婦に対し必要な成育医療等を切れ目なく提

供するための施策の総合的な推進に関する法律」公布、「高等学校学習指導要領」告示

二〇一九（H31）「特別支援学校高等部学習指導要領」告示

二〇一九（R元）「大学等における修学の支援に関する法律」「学校教育の情報化の推進に関する法律」「日本語教育の推進に関する法律」「公立の義務教育諸学校等の教育職員の給与等に関する特別措置法の一部を改正する法律」「児童福祉法施行令の一部を改正する政令」「子ども・子育て支援法の一部を改正する法律の施行に伴う関係政令の整備及び経過措置に関する政令」（幼児教育・保育の無償化）公布

二〇二〇（R2）「新型コロナウイルス感染症の影響を踏まえた学校教育活動等の実施における「学びの保障」の方向性等について」（令和二年五月一五日付け二文科初第二六五号文部科学省初等中等教育局長通知）

《編集委員紹介》（50 音順）

荒井英治郎（信州大学准教授）

池上　　徹（関西福祉科学大学教授）

伊藤　良高（熊本学園大学教授：代表）

大津　尚志（武庫川女子大学准教授：副代表）

岡田　　愛（立正大学准教授）

香﨑智郁代（九州ルーテル学院大学准教授）

塩野谷　斉（鳥取大学教授）

冨江　英俊（関西学院大学教授）

永野　典詞（九州ルーテル学院大学教授）

橋本　一雄（中村学園大学短期大学部准教授：副代表）

森本　哲也（元芦屋学園短期大学非常勤講師）

2021 年版
ポケット　教育小六法

2021 年 4 月 10 日　初版第 1 刷発行　　＊定価はカバーに表示してあります

編集代表　伊　藤　良　高 ©
発行者　萩　原　淳　平
印刷者　藤　森　英　夫

発行所　株式会社　晃　洋　書　房

〒615-0026　京都市右京区西院北矢掛町 7 番地
電　話　075(312)0788 番(代)
振替口座　01040-6-32280

装丁　尾崎閑也　　印刷・製本　亜細亜印刷(株)

ISBN 978-4-7710-3488-4